THE BERLITZ SELF-TEACHER:

FRENCH

THE BERLITZ SELF-TEACHER:

FRENCH

BY THE EDITORIAL STAFF OF

THE BERLITZ SCHOOLS
OF LANGUAGES OF AMERICA, INC.

A Perigee Book

Perigee Books
are published by
The Putnam Publishing Group
200 Madison Avenue
New York, NY 10016

Published simultaneously in Canada by
General Publishing Co. Limited, Toronto
First Perigee printing 1987

Library of Congress Cataloging-in-Publication Data

The Berlitz self-teacher, French.

"A Perigee book."
1. French language—Textbooks for foreign speakers—
English.   2. French language—Self-instruction.
3. French language—Conversation and phrase books—
English   I. Berlitz Schools of Languages of America.
PC2129.E5B44   1986   448.3'421   86-16868
ISBN 0-399-51323-X

Printed in the United States of America

7   8   9   10

INTRODUCTION

The oldest man in the United States undoubtedly remembers the time-worn joke about the tourist who returned from a trip to France amazed at the extremely high IQ of the French people. "Why," he exclaimed, "even little tots of three and four speak French!"

This ancient witticism points up the very profound principle of language teaching upon which the Berlitz Schools of Languages have based a 71-year growth—from a one-room studio in Providence, Rhode Island, to a globe-circling institution with over 300 branches.

In a word, you learn to *speak* a language *by speaking it*—and in no other way. That is how French tots do it, and that is how you learned English.

You will succeed with the BERLITZ SELF-TEACHER to the extent that you *speak*. Do not deceive yourself into thinking you have "arrived" when you find yourself able to read or translate the French text. You master French only in the degree to which you can express *your* ideas in it. The ability to interpret the thoughts of others is only the first step.

One way of using the BERLITZ SELF-TEACHER is to pair off with someone else, or to organize a small group. After reading over the lesson in advance for meaning and pronunciation, each student then reads aloud, direct from the French text. The lesson is divided into convenient portions by agreement among the students. After each

student has practiced reading aloud, one of them assumes the role
of instructor and questions the others from the exercises called
"Thinking in French." When all can answer these questions without hesitation, each student should invent ten or twelve new questions, based on the same or preceding lessons, and then put these
questions to the others. Afterwards, answers to the exercise questions
should be written out and corrected from the keys in the appendix.

When a group of you are learning together, do not succumb to
the "community-sing" temptation. Each student must speak indi-
vidually, so that he can hear himself and the others, and profit
thereby.

Make no mistake, however! This book is designed primarily for
the student working alone. He must do exactly what pairs or groups
do, covering each operation for himself. If you are embarrassed by
the sound of your own voice, hide in the pantry! Put a sack over
your head! No matter what form of defense mechanism you set up,
see to it that you *speak out!* Do not mumble or whisper.

The authors have enjoyed preparing the BERLITZ SELF-TEACHER,
because they are confident that, properly used, it can provide you
with a flying start toward a working knowledge of French—and an
extra dividend of good, clean fun.

NOTES ON PRONUNCIATION

HAVE YOU NOTICED that many foreigners, particularly Frenchmen and Italians, have some difficulty in learning to pronounce the English *th*? They say *tink* for *think* and *dis* for *this*. The reason is that the *th* sound does not exist in French or Italian. Until he sees and hears an English speaking person pronounce *th*, he cannot know how to arrange his tongue, teeth, and jaws to reproduce the sound.

You may expect a similar experience in dealing with French pronunciation. In developing a phonetic system for this book, we have sometimes compromised with strict accuracy to gain simplicity, because, no matter how many symbols we dream up to indicate shades and tones of sound, you can still not be sure until you have heard the sounds spoken.

Here are some tips on the more important French sounds:

VOWELS: A   É   E   È   Ê   I   O   U
            ah   *ay*   *uh*   *eh*   *eh*   *ee*   *oh*   *ew*

The *ew* is arbitrary; the sound of U is made by pursing the lips as if to whistle and saying EE. It may sound a bit "cute" at first, but you will get used to it.

NASALS: Our phonetics for the nasals are arbitrary and purely suggestive. Practice them now, being careful to keep your mouth open and your tongue motionless. Then:

> for AWNG—try to say AHN as in English;
> for AHNG—try to say AN as in English;
> for OHNG—try to say OWN as in English;
> for UHNG—try to say UN as in English.

THE FRENCH R: This is best described as a dry gargle.

THE LIQUID L: LL after l is what we call liquid. With only a few exceptions, pronounce the "ill" (sometimes "il") like the Y in "yes".

G (*before* "*e*" *and* "*i*") *and* J: Pronounce like the "*s* in *leisure*" or "pleasure". We represent it as ZH.

LEÇON 1

Qu'est-ce que c'est?
Kess kuh seh?
What is this?

Le crayon	le livre	le papier	la plume
Luh kreh-yohng	*luh leevr*	*luh pahp-yay*	*lah plewm*
The pencil	the book	the paper	the pen

la boîte	la clé
lah bwaht	*lah klay*
the box	the key

Est-ce le crayon?   Oui, monsieur, c'est le crayon.
Ess luh kreh-yohng?   *Wee, muss-yuh, seh luh kreh-yohng.*
Is this the pencil?   Yes, Sir, it is the pencil.

Est-ce la boîte?
Ess lah bwaht?
Is this the box?

Non, monsieur, ce n'est pas la boîte, c'est le crayon.
Nohng, muss-yuh, suh neh pah lah bwaht, seh luh kreh-yohng.
No, Sir, it is not the box, it is the pencil.

REMEMBER: The difference between *LE* and *LA*. Those words that take *LE* are said to be masculine, and those that take *LA* are called feminine.

1

THAT the word "not" is expressed by *ne........pas*, and that the verb is placed between them. Before a vowel, *n'* is used instead of *ne*.

THAT *c'est* means "it is", "this is", or "that is".

la chaise	la lampe	la table	Est-ce la lampe?
lah shez	*lah lawmp*	*lah tahbl*	*Ess lah lawmp?*
the chair	the lamp	the table	Is this the lamp?

Non, madame, ce n'est pas la lampe, mais la table.
Nohng, mah-dahm, suh neh pah lah lawmp, meh lah tahbl.
No, Madam, it is not the lamp, but the table.

le tableau	la porte	la fenêtre
luh tah-bloh	*lah pohrt*	*lah fuh-nehtr*
the picture	the door	the window

le mur	le plafond	le plancher
luh mewr	*luh plah-fohng*	*luh plawn-shay*
the wall	the ceiling	the floor

Qu'est-ce que c'est?	C'est le tableau, la porte, le mur, etc.
Kess kuh seh?	*Seh luh tah-bloh, lah pohrt, luh mewr, etc.*
What is this?	It is the picture, the door, the wall, etc.

Très bien, monsieur.
Treh b'yahng, muss-yuh.
Very good, Sir.

un	deux	trois	quatre	cinq
uhng	*duh*	*trwah*	*kahtr*	*sank*
one	two	three	four	five

 HINTS on pronunciation: Words like *non, plafond, crayon*, have a nasal sound; i.e., the *on* syllable is pronounced as though you were holding your nose. The nasal sound is suggested by adding "g" in the phonetic spelling. Do not pronounce it fully.

The *u* between two consonants, as in *plume* and *mur*, is pronounced like "ee" with the lips pursed as in whistling. We suggest this sound by "ew".

THINKING IN FRENCH

Answer the following questions aloud; then write the answers and check them in the key beginning on page 248.

1. Est-ce le livre?
2. Est-ce le crayon?
3. Est-ce la table?
4. Qu'est-ce que c'est?

5. Est-ce la boîte?
6. Est-ce la fenêtre?
7. Est-ce la porte?
8. Qu'est-ce que c'est?

9. Est-ce la clé?
10. Est-ce la chaise?
11. Est-ce la lampe?
12. Qu'est-ce que c'est?

13. Est-ce le crayon?
14. Est-ce la boîte?
15. Est-ce la clé?
16. Qu'est-ce que c'est?

17. Est-ce la table?
18. Est-ce la chaise?
19. Est-ce la porte?
20. Qu'est-ce que c'est?

LEÇON 2

Les vêtements
Lay veht-mawng
Clothing

Qu'est-ce que c'est?
Kess kuh seh?
What is this?

C'est le chapeau.
Seh luh shah-poh.
It is the hat.

la chemise
lah shuh-meez
the shirt

le mouchoir
luh moosh-wahr
the handkerchief

le veston
luh vehs-tohng
the coat

le pantalon
luh pawn-tah-lohng
the trousers

la robe
lah rawb
the dress

le sac
luh sahk
the handbag

le manteau
luh mawn-toh
the overcoat

le soulier
luh sool-yay
the shoe

la montre
lah mohntr
the watch

le gant
luh gawng
the glove

l'argent
lahr-zhawng
the money

la cravate
lah krah-vaht
the necktie

Est-ce le mouchoir?
Ess luh moosh-wahr?
Is this the handkerchief?

Non, monsieur, ce n'est pas le mouchoir,   mais le chapeau.
Nohng, muss-yuh, suh neh pah luh moosh-wahr,   *meh luh shah-poh.*
No, Sir, it is not the handkerchief,   but the hat.

Est-ce la robe ou le sac?   C'est la robe.
Ess la rawb oo luh sahk?   *Seh lah rawb.*
Is this the dress or the handbag?   It is the dress.

Est-ce le manteau ou le veston?
Ess luh mawn-toh oo luh vehs-tohng?
Is this the overcoat or the coat?

Ce n'est ni le manteau ni   le veston,   c'est la chemise.
Suh neh nee luh mawn-toh nee   *luh vehs-tohng,*   *seh lah shuh-meez.*
It is neither the overcoat nor   the coat,   it is the shirt.

Est-ce la robe ou le sac?
Ess lah rawb oo luh sahk?
Is this the dress or the handbag?

Non, madame, ce n'est ni la robe
Nohng, mah-dahm, suh neh nee lah rawb
No, Madam, it is neither the dress

ni le sac,   mais le manteau.
nee luh sahk,   *meh luh mawn-toh.*
nor the handbag,   but the overcoat.

NOTE: When a noun begins with a vowel, as in the case of *argent*, the article, *le* or *la*, preceding it becomes simply *l'*. Therefore, you cannot tell from the article whether a word is masculine or feminine. There is, however, another way to tell, as we shall see in the next lesson.

HINT on pronunciation: G (before e or i) and J are pronounced like the "*s*" in leisure or pleasure. We indicate the sound by "zh".

THINKING IN FRENCH
(Answers on page 249)

1. Qu'est-ce que c'est?
2. Est-ce le soulier ou le gant?
3. Est-ce la cravate ou le mouchoir?

4. Qu'est-ce que c'est?
5. Est-ce le mouchoir ou le gant?
6. Est-ce le crayon?

7. Qu'est-ce que c'est?
8. Est-ce la robe?
9. Est-ce le manteau?
10. Est-ce le veston ou le pantalon?
11. Est-ce la cravate?
12. Est-ce le chapeau ou le manteau?

LEÇON 3

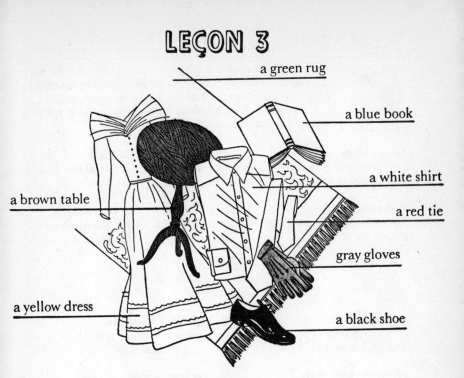

a green rug

a blue book

a white shirt

a red tie

gray gloves

a brown table

a yellow dress

a black shoe

De quelle couleur est-il?
Duh kell koo-luhr eh-teel?
What color is it?

		Masculine:	
rouge	**jaune**	**bleu**	**noir**
roozh	*zhohn*	*bluh*	*nwahr*
red	yellow	blue	black
		Feminine:	
rouge	**jaune**	**bleue**	**noire**
roozh	*zhohn*	*bluh*	*nwahr*
red	yellow	blue	black
		Masculine:	
vert	**gris**	**brun**	**blanc**
vair	*gree*	*bruhng*	*blawng*
green	gray	brown	white
		Feminine:	
verte	**grise**	**brune**	**blanche**
vairt	*greez*	*brewn*	*blawnsh*
green	gray	brown	white

7

REMARK: Note that adjectives, such as color words, have masculine and feminine forms for use with masculine and feminine nouns respectively. Sometimes, there is little or no change in pronunciation, but, generally, both spelling and pronunciation do change.

Le crayon est rouge,
Luh kreh-yohng eh roozh,
The pencil is red,

le livre est bleu,
luh leevr eh bluh,
the book is blue,

la boîte est jaune,
lah bwaht eh zhohn,
the box is yellow,

la cravate est rouge,
lah krah-vaht eh roozh,
the tie is red,

la robe est jaune,
lah rawb eh zhohn,
the dress is yellow,

le gant est gris,
luh gawng eh gree,
the glove is gray,

le veston est brun.
luh vehs-tohng eh bruhng.
the coat is brown.

Le crayon est-il rouge?
Luh kreh-yohng eh-teel roozh?
The pencil, is it red?

Oui, le crayon est rouge.
Wee, luh kreh-yohng eh roozh.
Yes, the pencil is red.

Le crayon est-il vert?
Luh kreh-yohng eh-teel vair?
The pencil, is it green?

Non, le crayon n'est pas vert.
Nohng, luh kreh-yohng neh pah vair.
No, the pencil is not green.

Le crayon est-il noir?
Luh kreh-yohng eh-teel nwahr?
The pencil, is it black?

Non, le crayon n'est pas noir.
Nohng, luh kreh-yohng neh pah nwahr.
No, the pencil is not black.

Le crayon est *brun.*
Luh kreh-yohng eh bruhng.
The pencil is brown.

La table est *brune.*
Lah tahbl eh brewn.
The table is brown.

Le chapeau est gris.
Luh shah-poh eh gree.
The hat is gray.

La cravate est *grise.*
Lah krah-vaht eh greez.
The tie is gray.

Le papier est *vert.*
Luh pahp-yay eh vair.
The paper is green.

La boîte est *verte.*
Lah bwaht eh vairt.
The box is green.

Le crayon est *blanc.*
Luh kreh-yohng eh blawng.
The pencil is white.

La chemise est *blanche.*
Lah shuh-meez eh blawnsh.
The shirt is white.

De quelle couleur est le crayon?
Duh kell koo-luhr eh luh kreh-yohng?
What color is the pencil?

Le crayon est rouge.
Luh kreh-yohng eh roozh.
The pencil is red.

Le livre est-il brun?
Luh leevr eh-teel bruhng?
The book, is it brown?

Non, le livre n'est pas brun.
Nohng, luh leevr neh pah bruhng.
No, the book is not brown.

De quelle couleur est le livre?
Duh kell koo-luhr eh luh leevr?
What color is the book?

Le livre est bleu.
Luh leevr eh bluh.
The book is blue.

De quelle couleur est la robe?
Duh kell koo-luhr eh lah rawb?
What color is the dress?

La robe est verte.
Lah rawb eh vairt.
The dress is green.

NOTE: "It is" can be translated by *c'est* when a noun follows. Example: "It is the pencil"—*C'est le crayon. Il est, elle est* are used when followed by an adjective.

Example:

     masculine: "It is white."—*Il est blanc.*
     feminine: "It is white."—*Elle est blanche.* ,

You do not say "Is the book black?"; but, "The book, is it black?" or "Is it that the book is black?" *Le livre est-il noir?* or *Est-ce que le livre est noir?*

De quelle couleur est le crayon?
Duh kell koo-luhr eh luh kreh-yohng?
What color is the pencil?

Il est noir.
Eel eh nwahr.
It is black.

De quelle couleur est la cravate?
Duh kell koo-luhr eh lah krah-vaht?
What color is the tie?

Elle est noire.
Ell eh nwahr.
It is black.

De quelle couleur est le livre?
Duh kell koo-luhr eh luh leevr?
What color is the book?

Il est bleu.
Eel eh bluh.
It is blue.

De quelle couleur est la boîte?
Duh kell koo-luhr eh lah bwaht?
What color is the box?

Elle est bleue.
Ell eh bluh.
It is blue.

De quelle couleur est le gant?
Duh kell koo-luhr eh luh gawng?
What color is the glove?

Il est jaune.
Eel eh zhohn.
It is yellow.

De quelle couleur est la robe?
Duh kell koo-luhr eh lah rawb?
What color is the dress?

Elle est jaune.
Ell eh zhohn.
It is yellow.

De quelle couleur est la chemise?
Duh kell koo-luhr eh lah shuh-meez?
What color is the shirt?

Elle est blanche.
Ell eh blawnsh.
It is white.

De quelle couleur est la table?
Duh kell koo-luhr eh lah tahbl?
What color is the table?

Elle est blanche.
Ell eh blawnsh.
It is white.

NOTE: Sometimes two French words are run together when the last letter of the first word is a consonant, and the first letter of the next word is a vowel. This trick of pronunciation is called "liaison" and you will find it constantly used in future lessons. For example: *Est* is usually pronounced "eh", but changes to "eh-t" when used in a liaison. Example: *Est-il*, which is pronounced "eh-teel". However, this will always be indicated to you in the phonetic pronunciation.

Le crayon est-il brun?
Luh kreh-yohng eh-teel bruhng?
The pencil, is it brown?

Oui, il est brun.
Wee, eel eh bruhng.
Yes, it is brown.

De quelle couleur est la table?
Duh kell koo-luhr eh lah tahbl?
What color is the table?

Elle est brune.
Ell eh brewn.
It is brown.

Le livre est rouge et noir.
Luh leevr eh roozh ay nwahr.
The book is red and black.

De quelle couleur est le livre?
Duh kell koo-luhr eh luh leevr?
What color is the book?

Il est rouge et noir.
Eel eh roozh ay nwahr.
It is red and black.

La boîte est bleue et blanche.
Lah bwaht eh bluh ay blawnsh.
The box is blue and white.

De quelle couleur est la boîte?
Duh kell koo-luhr eh lah bwaht?
What color is the box?

Elle est bleue et blanche.
Ell eh bluh ay blawnsh.
It is blue and white.

THINKING IN FRENCH
(Answers on page 249)

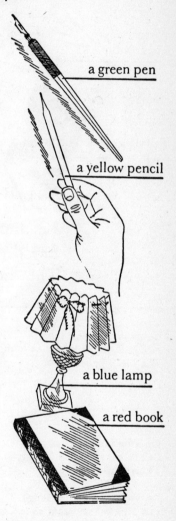

a green pen

a yellow pencil

a blue lamp

a red book

1. La plume est-elle bleue?
2. Est-ce que la plume est verte?
3. De quelle couleur est la plume?
4. Est-ce que la plume est rouge?
5. La plume est-elle blanche ou noire?

6. Qu'est-ce que c'est?
7. Est-ce le crayon?
8. Le crayon est-il rouge?
9. Le crayon est-il noir?
10. De quelle couleur est le crayon?

11. Est-ce la table?
12. Est-ce la porte?
13. Qu'est-ce que c'est?
14. De quelle couleur est la lampe?
15. La lampe est-elle rouge?
16. La lampe est-elle grise?
17. La lampe est-elle bleue?

18. Qu'est-ce que c'est?
19. Le livre est-il jaune?
20. Est-ce que le livre est noir?
21. Le livre est-il blanc?
22. De quelle couleur est le livre?

LEÇON 4

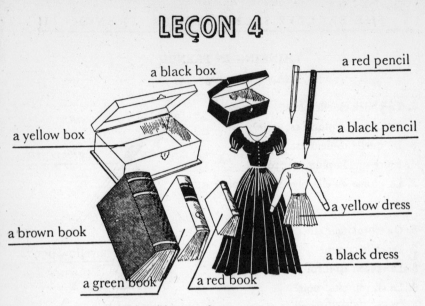

a red pencil

a black box

a yellow box

a black pencil

a yellow dress

a brown book

a black dress

a green book

a red book

Les dimensions
Lay dee-mawnss-yohng
The dimensions

Le crayon noir est long;
Luh kreh-yohng nwahr eh lohng;
The black pencil is long;

le crayon rouge n'est pas long,
luh kreh-yohng roozh neh pah lohng,
the red pencil is not long,

il est court.
eel eh koor.
it is short.

La boîte jaune est longue;
Lah bwaht zhohn eh lohngg;
The yellow box is long;

la boîte noire est courte.
lah bwaht nwahr eh koort.
the black box is short.

Le crayon noir est-il long?
Luh kreh-yohng nwahr eh-teel lohng?
The black pencil, is it long?

Le crayon noir est-il court?
Luh kreh-yohng nwahr eh-teel koor?
The black pencil, is it short?

Le crayon rouge est-il court?
Luh kreh-yohng roozh eh-teel koor?
The red pencil, is it short?

La robe jaune est-elle courte?
Lah rawb zhohn eh-tell koort?
The yellow dress, is it short?

12

Le crayon noir est-il long ou court?
Luh kreh-yohng nwahr eh-teel lohng oo koor?
The black pencil, is it long or short?

Le livre brun est large;   le livre rouge n'est pas large,
Luh leevr bruhng eh lahrzh;   *luh leevr roozh neh pah lahrzh,*
The brown book is wide;   the red book is not wide,

il est étroit.
eel eh tay-trwah.
it is narrow.

La fenêtre est large;   la porte est étroite.
Lah fuh-nehtr eh lahrzh;   *lah pohrt eh tay-trwaht.*
The window is wide;   the door is narrow.

Le livre brun est-il large ou étroit?   La porte est-elle large?
Luh leevr bruhng eh-teel lahrzh oo ay-trwah? *Lah pohrt eh-tell lahrzh?*
The brown book, is it wide or narrow?   The door, is it wide?

La fenêtre est-elle large ou étroite?
Lah fuh-nehtr eh-tell lahrzh oo ay-trwaht?
The window, is it wide or narrow?

REMEMBER: The masculine and feminine forms for the
new adjectives you have learned in this lesson: long-longue;
court-courte; étroit-étroite; grand-grande; petit-petite.

Large, because it already ends in an "e", does not vary in
the feminine form.

Le livre rouge est long et large: il est grand.
Luh leevr roozh eh lohng ay lahrzh: *eel eh grawng.*
The red book is long and wide: it is large.

Le livre gris est court et étroit: il est petit.
Luh leevr gree eh koor ay ay-trwah: *eel eh puh-tee.*
The gray book is short and narrow: it is small.

La fenêtre est grande.   La table est petite.
Lah fuh-nehtr eh grawnd.   *Lah tahbl eh puh-teet.*
The window is large.   The table is small.

Paris est grand.   Monte-Carlo est petit.
Pah-ree eh grawng.   *Mohn-tay-Kahr-loh eh puh-tee.*
Paris is large.   Monte Carlo is small.

Paris est-il petit?
Pah-ree eh-teel puh-tee?
Paris, is it small?

Non, il n'est pas petit;
Nohng, eel neh pah puh-tee;
No, it is not small;

il est grand.
eel eh grawng.
it is large.

Monte-Carlo est-il grand?
Mohn-tay-Kahr-loh eh-teel grawng?
Monte Carlo, is it large?

Non, il n'est pas grand;
Nohng, eel neh pah grawng;
No, it is not large;

il est petit.
eel eh puh-tee.
it is small.

La France est-elle grande?
Lah Frawnss eh-tell grawnd?
France, is it large?

L'Amérique est-elle petite?
Lah-may-reek eh-tell puh-teet?
America, is it small?

La Russie est-elle grande ou petite?
Lah Rew-see eh-tell grawnd oo puh-teet?
Russia, is it large or small?

NOTE: Adjectives of color, like practically all others, are customarily placed after the noun. Example: "The red pencil"—*Le crayon rouge.*

Grand and *petit* generally stand before the noun. Example: "The big book is black".—*Le grand livre est noir.*

THINKING IN FRENCH
(Answers on page 249)

1. Le livre rouge est-il long?
2. Est-il large?
3. Est-il grand?
4. Le livre vert est-il court?
5. Est-il étroit?
6. Est-il petit?
7. De quelle couleur est le grand livre?
8. De quelle couleur est le petit livre?
9. De quelle couleur est la robe longue?
10. Est-elle rouge?
11. La robe noire est-elle longue?
12. Est-elle courte?
13. De quelle couleur est la robe courte?
14. Est-elle noire ou verte?

15. Est-ce que la fenêtre large est bleue ou rouge?
16. De quelle couleur est la fenêtre étroite?
17. Est-elle grise?
18. La fenêtre rouge est-elle large?
19. La fenêtre bleue est-elle large ou étroite?
20. Est-ce que la fenêtre bleue est grande?
21. La fenêtre rouge est-elle petite?
22. Est-ce que la petite fenêtre est rouge ou jaune?
23. La grande fenêtre est-elle verte ou bleue?

a red book

a green book

a black dress

a yellow dress

a blue window

a red window

LEÇON 5

Qui est-ce?
Kee ess?
Who is it?

Un monsieur,	une dame,	une demoiselle.
Uhng muss-yuh,	*ewn dahm,*	*ewn duh-mwah-zell.*
A gentleman,	a lady,	a young lady.
Est-ce un monsieur?	Est-ce une dame?	Est-ce une demoiselle?
Ess uhng muss-yuh?	*Ess ewn dahm?*	*Ess ewn duh-mwah-zell?*
Is this a gentleman?	Is this a lady?	Is this a young lady?

NOTE to Student: *Un* (*une*) means either "one" or "a". Therefore, there is no difference between "one gentleman" and "a gentleman" in French. Each is expressed by *un monsieur*. Also, *ce* (masculine) and *cette* (feminine) may mean "this" or "that".

There is a way of differentiating between "this book" and "that book" by saying "this book" (here) and "that book" (over there), which you will see in the next lesson. However, as a general rule, you use the same word for "this" and "that". (This may explain why the French use their hands so much!)

C'est Monsieur Berlitz.	C'est Madame Berlitz.
Seh Muss-yuh Bair-leetz.	*Seh Mah-dahm Bair-leetz.*
This is Mr. Berlitz.	This is Mrs. Berlitz.

C'est Mademoiselle Berlitz.
Seh Mahd-mwah-zell Bair-leetz.
This is Miss Berlitz.

Est-ce Monsieur Berlitz?
Ess Muss-yuh Bair-leetz?
Is this Mr. Berlitz?

Oui, c'est Monsieur Berlitz.
Wee, seh Muss-yuh Bair-leetz.
Yes, it is Mr. Berlitz.

Non, ce n'est pas Monsieur Berlitz.
Nohng, suh neh pah Muss-yuh Bair-leetz.
No, it is not Mr. Berlitz.

Est-ce Madame Berlitz?
Ess Mah-dahm Bair-leetz?
Is this Mrs. Berlitz?

Oui, c'est Madame Berlitz.
Wee, seh Mah-dahm Bair-leetz.
Yes, it is Mrs. Berlitz.

Non, ce n'est pas Madame Berlitz.
Nohng, suh neh pah Mah-dahm Bair-leetz.
No, it is not Mrs. Berlitz.

Est-ce Mademoiselle Berlitz?
Ess Mahd-mwah-zell Bair-leetz?
Is this Miss Berlitz?

Oui, c'est Mademoiselle Berlitz.
Wee, seh Mahd-mwah-zell Bair-leetz.
Yes, it is Miss Berlitz.

Non, ce n'est pas Mademoiselle Berlitz.
Nohng, suh neh pah Mahd-mwah-zell Bair-leetz.
No, it is not Miss Berlitz.

Est-ce Monsieur Berlitz?
Ess Muss-yuh Bair-leetz?
Is this Mr. Berlitz?

Non, ...
Nohng, ...
No, ...

Est-ce Monsieur Lacoste?
Ess Muss-yuh Lah-kost?
Is this Mr. Lacoste?

Non, ...
Nohng, ...
No, ...

Est-ce Monsieur Maurois?
Ess Muss-yuh Moh-rwah?
Is this Mr. Maurois?

Non, ...
Nohng, ...
No, ...

Qui est-ce?
Kee ess?
Who is it?

C'est Monsieur Picard.
Seh Muss-yuh Pee-kahr.
It is Mr. Picard.

Qui est ce monsieur?
Kee eh suh muss-yuh?
Who is this gentleman?

C'est M. ....
Seh Muss-yuh ......
It is Mr. ....

Qui est cette dame?
Kee eh sett dahm?
Who is this lady?

C'est Mme ....
Seh Mah-dahm ....
It is Mrs. ....

Qui est cette demoiselle?
Kee eh sett duh-mwah-zell?
Who is this young lady?

C'est Mlle ....
Seh Mahd-mwah-zell.
It is Miss ....

Ce monsieur est Monsieur Chevalier.
Suh muss-yuh eh Muss-yuh Shuh-vahl-yay.
This gentleman is Mr. Chevalier.

Cette dame est Madame Boyer.
Sett dahm eh Mah-dahm Bwah-yay.
This lady is Mrs. Boyer.

Cette demoiselle est Mademoiselle Colbert.
Sett duh-mwah-zell eh Mahd-mwah-zell Kohl-bair.
This young lady is Miss Colbert.

Vous êtes Monsieur Smith.
Voo zett Muss-yuh Smeet.
You are Mr. Smith.

Je suis Monsieur Berlitz.
Zhuh swee Muss-yuh Bair-leetz.
I am Mr. Berlitz.

Êtes-vous Monsieur Smith?
Ett-voo Muss-yuh Smeet?
Are you Mr. Smith?

Oui, je suis Monsieur Smith.
Wee, zhuh swee Muss-yuh Smeet.
Yes, I am Mr. Smith.

Êtes-vous Monsieur Berlitz?
Ett-voo Muss-yuh Bair-leetz?
Are you Mr. Berlitz?

Non, je ne suis pas Monsieur Berlitz.
Nohng, zhuh nuh swee pah Muss-yuh Bair-leetz.
No, I am not Mr. Berlitz.

Qui suis-je?
Kee sweezh?
Who am I?

Vous êtes Monsieur Berlitz.
Voo zett Muss-yuh Bair-leetz
You are Mr. Berlitz.

Qui êtes-vous?
Kee ett-voo?
Who are you?

Je suis M. Smith.
Zhuh swee Muss-yuh Smee.
I am Mr. Smith.

Qui est cette dame?
Kee eh sett dahm?
Who is this lady?

C'est Madame Berlitz.
Seh Mah-dahm Bair-leetz.
It is Mrs. Berlitz.

Suis-je le professeur?
Sweezh luh praw-fess-err?
Am I the teacher?

Oui, vous êtes le professeur.
Wee, voo zett luh praw-fess-err.
Yes, you are the teacher.

Vous n'êtes pas le professeur.
Voo nett pah luh praw-fess-err.
You are not the teacher.

Êtes-vous l'élève?
Ett-voo lay-levv?
Are you the pupil?

Oui, je suis l'élève.
Wee, zhuh swee lay-levv.
Yes, I am the pupil.

Êtes-vous le professeur?
Ett voo luh praw-fess-err?
Are you the teacher?

Non, je ne suis pas le professeur,
Nohng, zhuh nuh swee pah luh praw-fess-err,
No, I am not the teacher,

je suis l'élève.
zhuh swee lay-levv.
I am the pupil.

Je suis debout;
Zhuh swee duh-boo;
I am standing;

vous êtes assis.
voo zett zah-see.
you are seated.

Madame Beaumont est assise.
Mah-dahm Boh-mohng eh tah-seez.
Mrs. Beaumont is seated.

Mlle Bertrand est debout.
Mahd-mwah-zell Bair-trawn eh duh-boo.
Miss Bertrand is standing.

Je suis français.
Zhuh swee frawng-seh.
I am French.

Vous êtes américain.
Voo zett zah-may-ree-kahng.
You are American.

Monsieur Berlitz est-il français?
Muss-yuh Bair-leetz eh-teel frawng-seh?
Mr. Berlitz, is he French?

Oui, il est français.
Wee, eel eh frawng-seh.
Yes, he is French.

Mademoiselle Duval est-elle française?
Mahd-mwah-zell Dew-vahl eh-tell frawng-sezz?
Miss Duval, is she French?

Oui, elle est française.
Wee, ell eh frawng-sezz.
Yes, she is French.

NOTE: The phonetic spelling of some words varies, because of the use of *liaison*, as we have seen in Lesson 3.

REMEMBER: You have heard a great deal about French politeness. This accounts for the frequent use of *Monsieur, Madame,* and *Mademoiselle,* when you are engaged in formal conversation. In the case of young ladies about whose marital status you are in doubt, pay them the compliment of assuming that they are married. Address them as *Madame.*

NATIONALITIES

	Masculine	*Feminine*
French:	français	française
	frawng-seh	*frawng-sezz*
American:	américain	américaine
	ah-may-ree-kahng	*ah-may-ree-kenn*
English:	anglais	anglaise
	awn-gleh	*awng-glezz*
German:	allemand	allemande
	ahl-mawng	*ahl-mawnd*
Italian:	italien	italienne
	ee-tahl-yahng	*ee-tahl-yenn*
Russian:	russe	russe
	rewss	*rewss*
Spanish:	espagnol	espagnole
	ess-pahn-yol	*ess-pahn-yol*
Chinese:	chinois	chinoise
	sheen-wah	*sheen-wahz*

THINKING IN FRENCH
(Answers on page 250)

1. Qui êtes-vous?
2. Êtes-vous américain? (Êtes-vous américaine?)
3. Êtes-vous le professeur?
4. Êtes-vous français? (Êtes-vous française?)
5. Je suis M Berlitz; je suis le professeur. Qui suis-je?
6. Suis-je le professeur?
7. Suis-je français?
8. Suis-je américain?
9. Brigitte Bardot est-elle française ou américaine?
10. Greta Garbo est-elle française?
11. Maurice Chevalier est-il français?
12. Êtes-vous anglais?
13. Suis-je française?
14. Qui est français, Charles Boyer ou Cary Grant?
15. La Reine Elizabeth est-elle chinoise ou française?
16. M. Churchill est-il allemand ou russe?
17. Suis-je debout?
18. Suis-je assis?
19. Le professeur est-il debout ou assis?
20. Monsieur Kroutchev est-il japonais?
21. Qui est le président de la République Française?

LEÇON 6

Où est-il?
Oo eh-teel?
Where is it?

Le livre est sur la table.
Luh leevr eh sewr la tahbl.
The book is on the table.

Le chapeau est sur la chaise.
Luh shah-poh eh sewr lah shez.
The hat is on the chair.

La plume est dans la boîte.
Lah plewm eh dawng lah bwaht.
The pen is in the box.

Le livre est-il sur la chaise?
Luh leevr eh-teel sewr lah shez?
Is the book on the chair?

Où est le livre?
Oo eh luh leevr?
Where is the book?

Où est la boîte?
Oo eh lah bwaht?
Where is the box?

La boîte est sous la table.
Lah bwaht eh soo lah tahbl.
The box is under the table.

Le crayon est sous la chaise.
Luh kreh-yohng eh soo lah shez.
The pencil is under the chair.

Le papier est dans le livre.
Luh pahp-yay eh dawng luh leevr.
The paper is in the book.

Non, il n'est pas sur la chaise.
Nohng, eel neh pah sewr lah shez.
No, it is not on the chair.

Il est sur la table.
Eel eh sewr lah tahbl.
It is on the table.

Sous la table.
Soo lah tahbl.
Under the table.

Où est la plume?
Oo eh lah plewm?
Where is the pen?

Dans la boîte.
Dawng lah bwaht.
In the box.

La porte est devant moi.
Lah pohrt eh duh-vawng mwah.
The door is in front of me.

La fenêtre est derrière moi.
Lah fuh-nehtr eh dair-yair mwah.
The window is behind me.

La table est devant vous.
Lah tahbl eh duh-vawng voo.
The table is in front of you.

Où est la fenêtre?
Oo eh lah fuh-nehtr?
Where is the window?

Derrière moi.
Dair-yair mwah.
Behind me.

Où est la porte?
Oo eh lah pohrt?
Where is the door?

Devant vous.
Duh-vawng voo.
In front of you.

Qui êtes-vous?
Kee ett-voo?
Who are you?

Je suis Monsieur Tainguy.
Zhuh swee Muss-yuh Tahn-gee.
I am Mr. Tainguy.

Où êtes-vous?
Oo ett-voo?
Where are you?

Je suis devant la table.
Zhuh swee duh-vawng lah tahbl.
I am in front of the table.

Qui suis-je?
Kee sweezh?
Who am I?

Vous êtes Monsieur Berlitz.
Voo zet⁺ Muss-yuh Bair-leetz.
You are Mr. Berlitz.

Où suis-je?
Oo sweezh?
Where am I?

Derrière la table.
Dair-yair lah tahbl.
Behind the table.

La clé n'est pas sous la table, mais sur la table.
Lah klay neh pah soo lah tahbl, meh sewr lah tahbl.
The key is not under the table, but on the table.

La chaise est-elle devant vous?
Lah shez eh-tell duh-vawng voo?
Is the chair in front of you?

Non, monsieur, elle n'est pas devant moi, mais derrière moi.
Nohng, muss-yuh, ell neh pah duh-vawng mwah, meh dair-yair mwah.
No, Sir, it is not in front of me, but behind me.

Le livre gris est devant moi;
Luh leevr gree eh duh-vawng mwah;
The gray book is in front of me;

le livre noir est devant la fenêtre.
luh leevr nwahr eh duh-vawng lah fuh-nehtr.
the black book is in front of the window.

Ce livre-ci est gris;　ce livre-là est noir.
Suh leevr-see eh gree;　*suh leevr-lah eh nwahr.*
This book is gray;　that book is black.

Ce crayon-ci est rouge;　ce crayon-là est noir.
Suh kreh-yohng-see eh roozh;　*suh kreh-yohng-lah eh nwahr*
This pencil is red;　that pencil is black.

Cette boîte-ci est grande;　cette boîte-là est petite.
Sett bwaht-see eh grawnd;　*sett bwaht-lah eh puh-teet.*
This box is large;　that box is small.

Le chapeau bleu est sur la table, devant vous.
Luh shah-poh bluh eh sewr lah tahbl, duh-vawng voo.
The blue hat is on the table, in front of you.

Le chapeau noir est sur le sofa.
Luh shah-poh nwahr eh sewr luh soh-fah.
The black hat is on the sofa.

Le chapeau bleu est ici;　le chapeau noir est là.
Luh shah-poh bluh eh tee-see;　*luh shah-poh nwahr eh lah.*
The blue hat is here;　the black hat is there.

Monsieur Berlitz est-il ici?　Oui, monsieur, il est ici.
Muss-yuh Bair-leetz eh-teel ee-see?　*Wee, muss-yuh, eel eh tee-see.*
Is Mr. Berlitz here?　Yes, Sir, he is here.

Monsieur Chevalier est-il ici?　Non, monsieur, il n'est pas ici,
Muss-yuh Shuh-vahl-yay eh-teel ee-see?　*Nohng, muss-yuh, eel neh pah zee-see,*
Is Mr. Chevalier here?　No, Sir, he is not here,

il est à Paris.
eel eh tah Pah-ree.
he is in Paris.

NOTE to Student: *Moi* means "me" after a preposition. Example: *Devant moi*—"In front of me". It is also used after the verb "to be". Example: *C'est moi*—"It is I".

Although *ce (cet, cette)* means "this" or "that", you can differentiate more exactly between "this book" and "that book" by adding *-ci* and *-là* to the word: as, *ce livre-ci, ce livre-là,* respectively.

THINKING IN FRENCH
(Answers on page 250)

1. Où est le livre?
2. Est-il sur la table?
3. Est-il sous la chaise?
4. Où est la plume?
5. Est-elle sur la table?
6. Où est la fenêtre?
7. Où est le professeur?
8. Le professeur est-il sous la table?
9. Est-il debout devant la table?
10. Êtes-vous assis sur la chaise?
11. Êtes-vous debout devant la porte?
12. Le papier est-il dans le livre?
13. Est-il dans la boîte?
14. Où est la boîte?
15. La plume est-elle dans la boîte?
16. La clé est-elle sous la chaise?
17. Ce crayon-ci est rouge. ce crayon-là est noir. De quelle couleur est ce crayon-ci?
18. Ce crayon-là est-il noir?
19. De quelle couleur est ce crayon-là?
20. Est-ce que ce livre-ci est grand ou petit?

Que fait le professeur?
Kuh feh luh praw-fess-err?
What does the teacher do?

Le professeur prend le livre.
Luh praw-fess-err prawng luh leevr.
The teacher takes the book.

Le professeur met le livre sur la chaise.
Luh praw-fess-err meh luh leevr sewr lah shez.
The teacher puts the book on the chair.

Le professeur prend la montre.
Luh praw-fess-err prawng lah mohntr.
The teacher takes the watch.

Il met la montre sous la table.
Eel meh lah mohntr soo lah tahbl.
He puts the watch under the table.

Le professeur ouvre le livre.
Luh praw-fess-err oovr luh leevr.
The teacher opens the book.

Il ferme le livre.
Eel fairm luh leevr.
He closes the book.

Le professeur prend-il le livre?
Luh praw-fess-err prawn-teel luh leevr?
The teacher, does he take the book?

Oui, il prend le livre.
Wee, eel prawng luh leevr.
Yes, he takes the book.

Non, il ne prend pas le livre.
Nohng, eel nuh prawng pah luh leevr.
No, he does not take the book.

Le professeur met-il la boîte sur la table?
Luh praw-fess-err meh-teel lah bwaht sewr lah tahbl?
The teacher, does he put the box on the table?

Non, il ne met pas la boîte sur la table.
Nohng, eel nuh meh pah lah bwaht sewr lah tahbl.
No, he does not put the box on the table.

Le professeur ouvre-t-il le livre?
Luh praw-fess-err oovr-teel luh leevr?
The teacher, does he open the book?

Oui, il ouvre le livre.
Wee, eel oovr luh leevr.
Yes, he opens the book.

Non, il n'ouvre pas le livre.
Nohng, eel noovr pah luh leevr.
No, he does not open the book.

Ouvre-t-il la porte?
Oovr-teel lah pohrt?
Does he open the door?

Oui, il ouvre la porte.
Wee, eel oovr lah pohrt.
Yes, he opens the door.

Que fait le professeur?
Kuh feh luh praw-fess-err?
What does the teacher do?

Il met la boîte sur la chaise.
Eel meh lah bwaht sewr lah shez.
He puts the box on the chair.

REMEMBER: Verb forms differ according to the subject. For example, the verb "to take" is *prendre*. The form *prendre* is called the infinitive. But, there is a different spelling, or pronunciation, for the form with each subject; such as,

I take—	je prends	zhuh prawng
you take—	vous prenez	voo pruh-nay
he takes—	il prend	eel prawng
she takes—	elle prend	ell prawng

You will see the changes for the plural forms in a later lesson. Now, look back in the text and note the changes in *mettre*—"to put", *fermer*—"to close", and *ouvrir*—"to open".

These verbs, for the next 130 pages, are used only in the present tense. In French, there is no difference, as there is with us, between "you take" and "you are taking".

* * * * * *

Le professeur va à la fenêtre.
Luh praw-fess-err vah ah lah fuh-nehtr.
The teacher goes to the window.

Le professeur va-t-il à la porte?
Luh praw-fess-err vah-teel ah lah pohrt?
The teacher does he go to the door?

Non, il ne va pas à la porte.
Nohng, eel nuh vah pah zah lah pohrt.
No, he does not go to the door.

Il vient devant vous.
Eel v'yahng duh-vawng voo.
He comes before you.

Oui, il va à la porte.
Wee, eel vah ah lah pohrt.
Yes, he goes to the door.

Où va-t-il?
Oo vah-teel?
Where does he go?

Il va à la fenêtre.
Eel vah ah lah fuh-nehtr.
He goes to the window.

Le professeur vient-il devant vous?
Luh praw-fess-err v'yahn-teel duh-vawng voo?
The teacher does he come before you?

Oui, il vient devant moi.
Wee, eel v'yahng duh-vawng mwah.
Yes, he comes before me.

Que fait le professeur?
Kuh feh luh praw-fess-err?
What does the teacher do?

Je suis le professeur.
Zhuh swee luh praw-fess-err.
I am the teacher.

Monsieur, prenez le livre.
Muss-yuh, pruh-nay luh leevr.
Sir, take the book.

Il va à la fenêtre.
Eel vah ah lah fuh-nehtr.
He goes to the window.

Je prends le livre.
Zhuh prawng luh leevr.
I take the book.

Je mets le livre sur la chaise.
Zhuh meh luh leevr sewr lah shez.
I put the book on the chair.

Mademoiselle, mettez le livre sur la table, s'il vous plaît.
Mahd-mwah-zell, meh-tay luh leevr sewr lah tahbl, seel voo pleh.
Miss, put the book on the table, please.

 REMEMBER: The imperative form of the verb is the form used when you tell someone to do something, as in the sentence before the last. It is convenient to remember that this imperative form is the same as the present form with *vous*, without using *vous*. For example: "You go"—*vous allez*; "Go!"—*Allez!*

THE BERLITZ SELF-TEACHER: FRENCH   29

Prenez-vous le livre?
Pruh-nay-voo luh leevr?
Do you take the book?

Oui, je prends le livre.
Wee, zhuh prawng luh leevr.
Yes, I take the book.

Non, je ne prends pas le livre.
Nohng, zhuh nuh prawng pah luh leevr.
No, I do not take the book.

Est-ce que je prends la boîte?
Ess kuh zhuh prawng lah bwaht?
Do I take the box?

Oui, vous prenez la boîte.
Wee, voo pruh-nay lah bwaht.
Yes, you take the box.

Non, vous ne prenez pas la boîte.
Nohng, voo nuh pruh-nay pah lah bwaht.
No, you do not take the box.

Mettez-vous le livre sur la chaise?
Meh-tay-voo luh leevr sewr lah shez?
Do you put the book on the chair?

Oui, je mets le livre sur la chaise.
Wee, zhuh meh luh leevr sewr lah shez.
Yes, I put the book on the chair.

Est-ce que je mets le crayon dans la poche?
Ess kuh zhuh meh luh kreh-yohng dawng lah posh?
Do I put the pencil in the pocket?

Non, vous ne mettez pas le crayon dans la poche,
Nohng, voo nuh meh-tay pah luh kreh-yohng dawng lah posh,
No, you do not put the pencil in the pocket,

mais dans la boîte.
meh dawng lah bwaht.
but in the box.

Que faites-vous?
Kuh fett-voo?
What do you do?

Je prends le crayon.
Zhuh prawng luh kreh-yohng.
I take the pencil.

Qu'est-ce que je fais?
Kess kuh zhuh feh?
What am I doing?

Vous prenez le livre.
Voo pruh-nay luh leevr.
You take the book.

Que fait Monsieur Lacoste?
Kuh feh Muss-yuh Lah-kost?
What is Mr. Lacoste doing?

Il prend la montre.
Eel prawng lah mohntr.
He is taking the watch.

J'ouvre le livre.
Zhoovr luh leevr.
I open the book.

Monsieur, ouvrez le livre.
Muss-yuh, oo-vray luh leevr
Sir, open the book.

Vous ouvrez le livre.
Voo zoo-vray luh leevr.
You open the book.

Je ferme le livre.
Zhuh fairm luh leevr.
I close the book.

Fermez le livre.
Fair-may luh leevr.
Close the book.

Vous fermez le livre.
Voo fair-may luh leevr.
You close the book.

Ouvrez-vous la porte?
Oo-vray-voo lah pohrt?
Do you open the door?

Oui, j'ouvre la porte.
Wee, zhoovr lah pohrt.
Yes, I open the door.

Non, je n'ouvre pas la porte.
Nohng, zhuh noovr pah lah pohrt.
No, I do not open the door.

Est-ce que j'ouvre la fenêtre?
Ess kuh zhoovr lah fuh-nehtr?
Do I open the window?

Non, vous n'ouvrez pas la fenêtre.
Nohng, voo noo-vray pah lah fuh-nehtr.
No, you do not open the window.

Fermez-vous la porte?
Fair-may-voo lah pohrt?
Do you close the door?

Oui, je ferme la porte.
Wee, zhuh fairm lah pohrt.
Yes, I close the door.

Est-ce que je ferme la fenêtre?
Ess kuh zhuh fairm lah fuh-nehtr?
Do I close the window?

Non, vous ne fermez pas la fenêtre.
Nohng, voo nuh fair-may pah lah fuh-nehtr.
No, you do not close the window.

Qu'est-ce que je fais?
Kess kuh zhuh feh?
What do I do?

Vous fermez la porte.
Voo fair-may lah pohrt.
You close the door.

NOTE: There is no difference in meaning between *Que* and *Qu'est-ce que* in asking a question. However, the construction changes. For example:

"What are you doing?"—*Que faites-vous?* or *Qu'est-ce que vous faites?*

Also, for "Do you shut the door?", you can say *Est-ce que vous fermez la porte?* or *Fermez-vous la porte?* These are simply two ways of saying the same thing. However, when "I" is used, the form *Est-ce que* must be employed. "Do I open the door?"—*Est-ce que j'ouvre la porte?*

Exceptions: *Suis-je?*—"Am I?"; *Ai-je?*—"Have I?"; *Puis-je?*—"Can I?"

Prenez-vous le livre?
Pruh-nay voo luh leevr?
Do you take the book?

Oui, je le prends.
Wee, znuh luh prawng.
Yes, I take it.

Prenez-vous la boîte?
Pruh-nay voo lah bwaht?
Do you take the box?

Oui, je la prends.
Wee, zhuh lah prawng.
Yes, I take it.

Prenez-vous le chapeau?
Pruh-nay-voo luh shah-poh?
Do you take the hat?

Non, je ne le prends pas.
Nohng, zhuh nuh luh prawng pah.
No, I do not take it.

Le professeur ouvre-t-il la fenêtre?
Luh praw-fess-err oovr-teel lah fuh-nehtr?
The teacher does he open the window?

Oui, il l'ouvre.
Wee, eel loovr.
Yes, he opens it.

Fermez-vous la porte?
Fair-may-voo lah pohrt?
Do you close the door?

Non, je ne la ferme pas.
Nohng, zhuh nuh lah fairm pah.
No, I do not close it.

NOTE: "It", as a direct object, is translated by *LE* and *LA*, depending on the gender of the noun it replaces. Therefore, "I take it" is translated as, *Je le prends* or *Je la prends*. Note that the object comes before the verb. If the verb begins with a vowel, the *LE* or *LA* is shortened to *L'*. "I open it"—*Je l'ouvre.*

Où allez-vous?
Oo ah-lay-voo?
Where are you going?

Je vais à Paris.
Zhuh veh zah Pah-ree.
I am going to Paris.

Monsieur Chevalier va-t-il à Paris?
Muss-yuh Shuh-vahl-yay vah-teel ah Pah-ree?
Mr. Chevalier, is he going to Paris?

Non, monsieur, il ne va pas à Paris,
Nohng, muss-yuh, eel nuh vah pah zah Pah-ree,
No, Sir, he is not going to Paris,

mais à Marseille.
meh zah Mahr-saye.
but to Marseilles.

Mademoiselle Boyer va-t-elle en Angleterre?
Mahd-mwah-zell Bwah-yay vah-tell awn Awn-gluh-tair?
Is Miss Boyer going to England?

Non, elle ne va pas en Angleterre,
Nohng, ell nuh vah pah zawn Awn-gluh-tair,
No, she is not going to England,

mais en France.
meh zawng Frawnss.
but to France.

Qui va à New-York?	Monsieur de Gaulle va à New-York.
Kee vah ah New-York?	*Muss-yuh duh Goal vah ah New-York.*
Who is going to New York?	Mr. de Gaulle is going to New York.

NOTE: "To", referring to a city, is translated by *à*, and "to" or "in" a country is *generally* translated by *en*, unless the name of the country is masculine; then, it is translated by *au*, which is a contraction of *à le*.

The names of all countries ending in *e* are feminine, except: *Le Mexique*. The others are masculine.

Examples: "In Portugal"   *au Portugal*
            "In Canada"   *au Canada*
            "In England"   *en Angleterre*
            "In America"   *en Amérique*
            "In Mexico"   *au Mexique*

THINKING IN FRENCH
(Answers on page 251)

1. Que fait le professeur?
2. Est-ce que le professeur prend le livre?
3. Met-il le livre sur la table?
4. Est-ce que le professeur prend la boîte?
5. Le professeur est-il debout ou assis?

6. Est-ce que le professeur ferme la fenêtre?
7. Que fait le professeur?
8. Est-ce que le professeur ouvre la fenêtre ou la porte?
9. Ouvrez-vous la porte?
10. Que fais-je?

11. Le professeur va-t-il à New-York?
12. Va-t-il à Londres?
13. Où va le professeur?
14. Est-ce que Paris est petit ou grand?
15. Allez-vous à Paris?
16. Qui va à Paris, vous ou le professeur?

LEÇON 8

Je compte
Zhuh kohnt
I count

---

1. un, une
   uhng, ewn
   one

2. deux
   duh
   two

3. trois
   trwah
   three

4. quatre
   kahtr
   four

5. cinq
   sank
   five

6. six
   seess
   six

7. sept
   sett
   seven

8. huit
   weet
   eight

9. neuf
   nuff
   nine

10. dix
    deess
    ten

11. onze
    ohnz
    eleven

12. douze
    dooz
    twelve

13. treize
    trezz
    thirteen

14. quatorze
    kah-tohrz
    fourteen

15. quinze
    kahnz
    fifteen

16. seize
    sezz
    sixteen

17. dix-sept
    dee-sett
    seventeen

18. dix-huit
    dee-zweet
    eighteen

19. dix-neuf
    deez-nuhf
    nineteen

20. vingt
    vahng
    twenty

21. **vingt et un**
vahn-tay-uhng
twenty-one

22. **vingt-deux**
vahnt-duh
twenty-two

30. **trente**
trawnt
thirty

31. **trente et un**
trawnt-ay-uhng
thirty-one

32. **trente-deux**
trawnt-duh
thirty-two

40. **quarante**
kah-rawnt
forty

41. **quarante et un**
kah-rawnt-ay-uhng
forty-one

42. **quarante-deux**
kah-rawnt-duh
forty-two

50. **cinquante**
sank-awnt
fifty

51. **cinquante et un**
sank-awnt-ay-uhng
fifty-one

52. **cinquante-deux**
sank-awnt-duh
fifty-two

60. **soixante**
swah-sawnt
sixty

61. **soixante et un**
swah-sawnt-ay-uhng
sixty-one

62. **soixante-deux**
swah-sawnt-duh
sixty-two

70. **soixante-dix**
swah-sawnt-deess
seventy

71. **soixante et onze**
swah-sawnt-ay-ohnz
seventy-one

72. **soixante-douze**
swah-sawnt-dooz
seventy-two

80. **quatre-vingts**
kahtr-vahng
eighty

81. **quatre-vingt-un**
kahtr-vahn-uhng
eighty-one

82. **quatre-vingt-deux**
kahtr-vahn-duh
eighty-two

90. **quatre-vingt-dix**
kahtr-vahn-deess
ninety

91. **quatre-vingt-onze**
kahtr-vahng-ohnz
ninety-one

100. **cent**
sawng
hundred

500. **cinq cents**
san-sawng
five hundred

1000. **mille**
meel
thousand

1949—**mil neuf cent quarante-neuf.**
meel-nuhf-sawng-kah-rawnt-nuhf.
nineteen hundred and forty-nine.

NOTE: The final consonants in 5, 6, 8, and 10 are not pronounced when the number is followed by a word beginning with a consonant. 7 and 9 are pronounced *sett* and *nuff* respectively at all times. Examples: 5 chaises—*sang shez;* 6 tables—*see tahbl;* 8 plumes—*wee plewm;* 10 boîtes—*dee bwaht.*

The final "t" in *vingt* is pronounced in 21 to 29 inclusive.

You do not say "seventy, seventy-one, seventy-two, etc." but "sixty-ten, sixty-eleven, sixty-twelve, etc." You do not say "eighty, eighty-one, eighty-two. etc." but "four twenties, four-twenty-one, four-twenty-two, etc." You do not say "ninety, ninety-one, ninety-two, etc." but "four-twenty-ten, four-twenty-eleven, four-twenty-twelve, etc."

Je compte:	un,	deux,	trois,	quatre,	etc.
Zhuh kohnt:	*uhng,*	*duh,*	*trwah,*	*kahtr,*	*etc.*
I count:	one,	two,	three,	four,	etc.

Comptez, s'il vous plaît.
Kohn-tay, seel voo pleh.
Count, please.

Vous comptez.
Voo kohn-tay.
You count.

Que faites-vous?
Kuh fett-voo?
What are you doing?

Que fais-je?
Kuh fehzh?
What am I doing?

20 est un nombre.
vahng eh tuhng nohmbr.
20 is a number.

Quel est ce nombre: 3, 13, 30, 56, etc.?
Kell eh suh nohmbr: ....?
What is this number: ....?

un livre	deux livres	trois livres
uhng leevr	*duh leevr*	*trwah leevr*
one book	two books	three books

une chaise	deux chaises	trois chaises
swn shez	*duh shez*	*trwah shez*
one chair	two chairs	three chairs

Combien y a-t-il de livres sur la table? Six.
Kohm-b'yahng ee ah-teel duh leevr sewr lah tahbl? Seess.
How many books are there on the table? Six.

Combien y a-t-il de crayons? Huit.
Kohm-b'yahng ee ah-teel duh kreh-yohng? Weet.
How many pencils are there? Eight.

Combien y a-t-il de chaises dans cette pièce? Dix.
Kohm-b'yahng ee ah-teel duh shez dawng sett p'yess? Deess.
How many chairs are there in this room? Ten.

Combien de fenêtres? De portes?
Kohm-b'yahng duh fuh-nehtr? Duh pohrt?
How many windows? Doors?

REMEMBER: You cannot say, in French, "How many books, how many chairs, how many pencils, etc." but must say "How many of books"—*Combien de livres;* "How many of chairs"—*Combien de chaises;* "How many of pencils"—*Combien de crayons? Combien* may be separated from *de* by putting the verb and subject between. Example:

Combien y a-t-il de chaises dans cette chambre?—"How many chairs are there in this room" ("How many are there of chairs in this room?")
Combien prenez-vous de crayons?—"How many pencils are you taking?" ("How many take you of pencils?")

REMEMBER: *Il y a* is a very useful expression, in that it can mean "There is" or "There are". Example: "There is an automobile in the garage".—*Il y a une auto dans le garage.* "There are five persons in the room".—*Il y a cinq personnes dans la chambre.*

2 et 2 font 4.
Duh ay duh fohng kahtr.
2 and 2 are 4.

Combien font 3 et 5?
Kohm-b'yahng fohng trwah ay sank?
How much are 3 and 5?

3 et 5 font 8.
Trwah ay sank fohng weet.
3 and 5 are 8.

2 fois 4 font 8.
Duh fwah kahtr fohng weet.
2 times 4 are 8.

Combien font 3 fois 5?
Kohm-b'yahng fohng trwah fwah sank?
How much are 3 times 5?

3 fois 5 font 15.
Trwah fwah sank fohng kahnz.
3 times 5 are 15.

Ce journal vaut trois francs.
Suh zhoor-nahl voh trwah frawng.
This newspaper is worth three francs.

Le chapeau vaut 300 francs.
Luh shah-poh voh trwah sawng frawng.
The hat is worth 300 francs.

Combien vaut ce livre?
Kohm-b'yanng voh suh leevr?
How much is this book worth?

Il vaut 300 francs.
Eel voh trwah sawng frawng.
It is worth 300 francs.

Combien vaut la montre?
Kohm-b'yahng voh lah mohntr?
How much is the watch worth?

Elle vaut 5.000 francs.
Ell voh sang meel frawng.
It is worth 5,000 francs.

THINKING IN FRENCH

(Answers on page 251)

1. Monsieur, comptez de 1 à 10. Que faites-vous?

2. Je compte: 1, 2, 3, ... etc. Que fais-je?

3. Que fait le professeur?

4. Combien de chaises y a-t-il dans cette chambre?

5. Y a-t-il une table ici?

6. Combien de livres français y a-t-il sur la table?

7. Combien font 6 et 5?

8. Est-ce que 2 et 2 font 5?

9. Combien font 3 fois 7?

10. Est-ce que 3 fois 4 font 13?

11. Combien vaut un journal américain?

12. Est-ce que ce livre vaut mille dollars?

13. Est-ce qu'un dollar vaut 300 francs?

14. Est-ce qu'un franc vaut un dollar?

15. Quel est ce nombre: 100?

LEÇON 9

Le corps humain
Luh kohr ew-mahng
The human body

---

un bras	**le bras droit**	**le bras gauche**	**les deux bras**
uhng brah	*luh brah drwah*	*luh brah gohsh*	*lay duh brah*
an arm	the right arm	the left arm	the two arms
une main	**la main droite**	**la main gauche**	**les deux mains**
ewn mahng	*lah mahng drwaht*	*lah mahng gohsh*	*lay duh mahng*
a hand	the right hand	the left hand	the two hands
un pied	**le pied droit**	**le pied gauche**	**les deux pieds**
uhng p'yay	*luh p'yay drwah*	*luh p'yay gohsh*	*lay duh p'yay*
a foot	the right foot	the left foot	the two feet
un oeil	**les deux yeux**	**une oreille**	**les deux oreilles**
uhng oy	*lay duhz yuh*	*ewn oh-raye*	*lay duh zoh-raye*
an eye	the two eyes	an ear	the two ears
une jambe	**les deux jambes**	**le nez**	**la bouche**
ewn zhawmb	*lay duh zhawmb*	*luh nay*	*lah boosh*
a leg	the two legs	the nose	the mouth

la tête	les cheveux	un doigt	les dix doigts
iah tett	*lay shuh-vuh*	*uhng dwah*	*lay dee dwah*
the head	the hair	a finger	the ten fingers

NOTE to Student: Nouns and adjectives regularly form their plural by adding "s". Example: *Le crayon*—"the pencil"; *les crayons*—"the pencils". But, sometimes, you use "x" to indicate the plural, or the word may even change its form. Example: *Un cheveu*—"a hair"; *les cheveux*—"the hair". *L'oeil*—"the eye"; *les yeux*—"the eyes".

The plural is also indicated by the adjectives which go with the noun and also the pronouns and articles. However, this change is not always noticeable when the language is spoken, because the final letters are often not pronounced, except in the case of *liaison*, which we have already studied.

Qu'est-ce que c'est?	C'est le livre.	C'est la boîte.
Kess kuh seh?	*Seh luh leevr.*	*Seh lah bwaht.*
What is this?	It is the book.	It is the box.

Qu'est-ce que c'est?	Ce sont les livres.	Ce sont les boîtes.
Kess kuh seh?	*Suh sohng lay leevr.*	*Suh sohng lay bwaht.*
What are these?	Those are the books.	Those are the boxes.

Qu'est-ce que c'est?	C'est un livre.	C'est une boîte.
Kess kuh seh?	*Seh tuhng leevr.*	*Seh tewn bwaht.*
What is this?	That is a book.	That is a box.

Qu'est-ce que c'est?	Ce sont des livres.	Ce sont des boîtes.
Kess kuh seh?	*Suh sohng day leevr.*	*Suh sohng day bwaht.*
What are these?	Those are books.	Those are boxes.

Qu'est-ce que c'est?	C'est le pied droit.	Ce sont les pieds.
Kess kuh seh?	*Seh luh p'yay drwah.*	*Suh sohng lay p'yay.*
What is this?	That is the right foot.	Those are the feet.

Qu'est-ce que c'est?	C'est la main droite.	Ce sont les mains.
Kess kuh seh?	*Seh lah mahng drwaht.*	*Suh sohng lay mahng.*
What is this?	That is the right hand.	Those are the hands.

REMEMBER: *Ils* is the masculine form for "they"; *elles* is the feminine form. Unless the next word begins with a vowel, the "s" of *ils* and *elles* is not pronounced; the pronunciation of these words is, in such case, the same as that of *il* and *elle*.

De quelle couleur est ce livre?	Il est rouge.
Duh kell koo-luhr eh suh leevr?	*Eel eh roozh.*
What color is this book?	It is red.

De quelle couleur sont ces livres?
Duh kell koo-luhr sohng say leevr?
What color are these books?

Ils sont rouges.
Eel sohng roozh.
They are red.

Ces crayons sont-ils bleus?
Say kreh-yohng sohng-teel bluh?
Are these pencils blue?

Non, ils ne sont pas bleus.
Nohng, eel nuh sohng pah bluh.
No, they are not blue.

De quelle couleur est cette chaise?
Duh kell koo-luhr eh sett shez?
What color is this chair?

Elle est jaune.
Ell eh zhohn.
It is yellow.

De quelle couleur sont ces chaises?
Duh kell koo-luhr sohng say shez?
What color are these chairs?

Elles sont jaunes.
Ell sohng zhohn.
They are yellow.

Ces boîtes sont-elles grises?
Say bwaht sohng-tell greez?
Are these boxes gray?

Non, elles ne sont pas grises.
Nohng, ell nuh sohng pah greez.
No, they are not gray.

De quelle couleur sont ces livres-ci?
Duh kell koo-luhr sohng say leevr-see?
What color are these books?

L'un est rouge,   l'autre est noir.
Luhng eh roozh,   lohtr eh nwahr.
One is red,   the other is black.

REMEMBER: In the expressions *c'est* and *ce sont*, the pronoun *ce* is used as subject of a verb, either singular or plural; when used with nouns, the plural of *ce* is *ces.* Example: "They are Mrs. Minier and Mr. Berlitz".—*Ce sont Madame Minier et Monsieur Berlitz.* "These books"— *Ces livres.*

Qui est ce monsieur?
Kee eh suh muss-yuh?
Who is this gentleman?

C'est Monsieur Favre.
Say Muss-yuh Fahvr.
He is Mr. Favre.

Qui sont ces messieurs?
Kee sohng say mace-yuh?
Who are these gentlemen?

Ce sont Messieurs Favre et Larousse.
Suh sohng Mace-yuh Fahvr ay Lah-rooss.
They are Mr. Favre and Mr. Larousse.

Qui est cette dame?
Kee eh sett dahm?
Who is this lady?

C'est Madame Aubert.
Seh Mah-dahm Oh-bair.
She is Mrs. Aubert.

Qui sont ces dames?
Kee sohng say dahm?
Who are these ladies?

Ce sont Mesdames Aubert et Carré.
Suh sohng May-dahm Oh-bair ay Kah-ray.
They are Mrs. Aubert and Mrs. Carré.

Qui est cette demoiselle?
Kee eh sett duh-mwah-zell?
Who is this young lady?

C'est Mademoiselle Duval.
Seh Mahd-mwah-zell Dew-vahl.
She is Miss Duval.

Qui sont ces demoiselles?
Kee sohng say duh-mwah-zell?
Who are these young ladies?

Ce sont Mesdemoiselles Duval et Cognard.
Suh sohng Mayd-mwah-zell Dew-vahl ay Kohn-yahr.
They are Miss Duval and Miss Cognard.

Mademoiselle, êtes-vous française?	Oui, je suis française.
Mahd-mwah-zell, ett-voo frawng-sezz?	*Wee, zhuh swee frawng-sezz.*
Are you French, Miss?	Yes, I am French.
Mesdemoiselles, êtes-vous anglaises?	Oui, nous sommes anglaises.
Mayd-mwah-zell, ett-voo zawn-glezz?	*Wee, noo sum zawn-glezz.*
Young ladies, are you English?	Yes, we are English.
Mesdames, êtes-vous françaises?	Non, nous ne sommes pas françaises;
May-dahm, ett-voo frawng-sezz?	*Nohng, noo nuh sum pah frawng-sezz;*
Ladies, are you French?	No, we are not French;

nous sommes américaines.
noo sum zah-may-ree-kenn.
we are American.

IMPORTANT NOTE: In French, you cannot say merely "pencils", the way we do in English, but must express it always by "the pencils" or "some pencils". *De* is used in speaking of any indefinite quantity and combines with the definite article in the following manner: *du* (de le), *de la, de l'* and *des* (de les). Example: *Du papier*—"paper", *de la craie*—"chalk", *de l'argent*—"money", *des papiers*—"papers", *des boîtes*—"boxes". In this way, *de la craie* could mean simply "chalk"; whereas, *la craie* would mean "the chalk". This point is very important, as it is one of the basic differences between French and English constructions. We shall meet it again in its various forms in another lesson.

NOTE that: *de + le = du*
de + la — stays as is
de + les = des

THINKING IN FRENCH
(Answers on page 252)

1. Qu'y a-t-il sous le bras droit du professeur?
2. Y a-t-il un journal sous le bras gauche du professeur?
3. Est-ce que la pipe est dans la poche du professeur?
4. Où est le papier?
5. La règle est-elle sous le pied droit du professeur?
6. Qu'y a-t-il dans la main droite du professeur?
7. Les plumes sont-elles dans la main droite du professeur?
8. Y a-t-il des crayons dans la boîte?
9. Y a-t-il des clés sur la table?
10. Où sont les livres?
11. Y a-t-il des tableaux au mur?
12. Y a-t-il deux chiens sous la table?
13. Combien de livres y a-t-il sur la table?
14. Y a-t-il de l'argent dans la poche du professeur?
15. Y a-t-il un chapeau sur la chaise?

LEÇON 10

J'écris l'alphabet
Zhay-kree lahl-fah-beh
I write the alphabet

Le professeur prend la craie;
Luh praw-fess-err prawng lah kreh;
The teacher takes the chalk;

Il écrit l'alphabet.
Eel ay-kree lahl-fah-beh.
He writes the alphabet.

Où écrit-il?
Oo ay-kree-teel?
Where does he write?

il écrit au tableau.
eel ay-kree oh tah-bloh.
he writes on the blackboard.

Que fait le professeur?
Kuh feh luh praw-fess-err?
What does the teacher do?

Qu'est-ce qu'il écrit?
Kess keel ay-kree?
What does he write?

Qui écrit au tableau?
Kee ay-kree oh tah-bloh?
Who writes on the blackboard?

Prenez un crayon et du papier.
Pruh-nay zuhng kreh-yohng ay dew pahp-yay.
Take a pencil and some paper.

Écrivez l'alphabet.
Ay-kree-vay lahl-fah-beh.
Write the alphabet.

Vous écrivez l'alphabet sur le papier.
Voo zay-kree-vay lahl-fah-beh sewr luh pahp-yay.
You write the alphabet on the paper.

Prenez la craie et écrivez des lettres au tableau.
Pruh-nay lah kreh ay ay-kree-vay day lettr zoh tah-bloh.
Take the chalk and write some letters on the blackboard.

J'écris;   vous écrivez.
Zhay-kree;   *voo zay-kree-vay.*
I write;   you write.

J'écris l'alphabet.
Zhay-kree lahl-fah-beh.
I write the alphabet.

Écrivez-vous?
Ay-kree-vay-voo?
Do you write?

Qu'est-ce que vous écrivez?
Kess kuh voo zay-kree-vay?
What are you writing?

J'écris des lettres.
Zhay-kree day lettr.
I am writing letters.

Qui écrit?
Kee ay-kree?
Who is writing?

Qu'est-ce que j'écris?
Kess kuh zhay-kree?
What am I writing?

Où est-ce que j'écris?
Oo ess kuh zhay-kree?
Where do I write?

Je prends un livre et je lis.
Zhuh prawn zuhng leevr ay zhuh lee.
I take a book and I read.

Prenez un livre et lisez.
Pruh-nay zuhng leevr ay lee-zay.
Take a book and read.

Je lis,   vous lisez.
Zhuh lee,   *voo lee-zay.*
I read,   you read.

Que faites-vous?
Kuh fett-voo?
What are you doing?

Que fais-je?
Kuh fehzh?
What am I doing?

Je lis l'alphabet:
Zhuh lee lahl-fah-beh:
I read the alphabet:

A,	B,	C,	D,	E,	F,	G,	H,	etc.
Ah,	*Bay,*	*Say,*	*Day,*	*Uh,*	*Eff,*	*Zhay,*	*Ahsh,*	etc.
A,	B,	C,	D,	E,	F,	G,	H,	etc.

Qu'est-ce que je lis?
Kess kuh zhuh lee?
What am I reading?

J'écris des nombres au tableau.
Zhay-kree day nohmbr oh tah-bloh.
I write numbers on the blackboard.

Lisez ces nombres.
Lee-zay say nohmbr.
Read these numbers.

Que lisez-vous?
Kuh lee-zay-voo?
What are you reading?

Monsieur, lisez dans ce livre.
Muss-yuh, lee-zay dawng suh leevr.
Sir, read (in) the book.

Mademoiselle, lisez au tableau.
Mahd-mwah-zell, lee-zay zoh tah-bloh.
Miss, read (from) the blackboard.

Que faites-vous?	Que fait-elle?	J'écris des lettres.
Kuh fett-voo?	*Kuh feh-tell?*	*Zhay-kree day lettr.*
What are you doing?	What does she do?	I write some letters.

Voici une lettre,   voilà une autre lettre.
Vwah-see ewn lettr,   *vwah-lah ewn ohtr lettr.*
Here is a letter,   there is another letter.

Qu'est-ce que c'est?   C'est une lettre.
Kess kuh seh?   *Seh tewn lettr.*
What is this?   It is a letter.

Quelle lettre est-ce? Voici la lettre A,   voilà la lettre C.
Kell lettr ess?   *Vwah-see lah lettr Ah,* *vwah-lah lah lettr Say.*
What letter is it?   Here is the letter A,   there is the letter C.

Quelle est cette lettre?   J'écris des mots.
Kell eh sett lettr?   *Zhay-kree day moh.*
What is this letter?   I write some words.

Voici un mot: "table";   voilà un autre mot: "mur".
Vwah-see uhng moh: "tahbl"; *vwah-lah uhng nohtr moh: "mewr".*
Here is a word: "table";   there is another word: "wall".

Combien de lettres y a-t-il dans le mot "France"?
Kohm-b'yahng duh lettr ee ah-teel dawng luh moh "Frawnss"?
How many letters are there in the word "France"?

Il y a six lettres dans le mot "France".
Eel yah see lettr dawng luh moh "Frawnss".
There are six letters in the word "France".

J'écris une phrase.   Voici une phrase.   Voilà une autre phrase.
Zhay-kree zewn frahz. *Vwah-see ewn frahz.* *Vwah-lah ewn ohtr frahz.*
I write a sentence.   Here is a sentence.   There is another sentence.

Combien de mots y a-t-il dans cette phrase?
Kohm-b'yahng duh moh ee ah-teel dawng sett frahz?
How many words are there in this sentence?

À Paris, on parle français;   à Berlin, on parle allemand;
Ah Pah-ree, ohng pahrl frawng-seh; *ah Bair-lang, ohng pahrl ahl-mawng;*
In Paris, they speak French;   in Berlin, they speak German;

à Londres, on parle anglais;   à Rome, on parle italien;
ah Lohndr, ohng pahrl awn-gleh; *ah Rawm, ohng pahrl ee-tahl-yahng;*
in London, they speak English;   in Rome, they speak Italian;

à Madrid, on parle espagnol.
ah Mah-areed, ohng pahrl ess-pahn-yol.
in Madrid, they speak Spanish.

Lisez-vous l'anglais?
Lee-zay-voo lawn-gleh?
Do you read English?

Écrivez-vous le français?
Ay-kree-vay-voo luh frawng-seh?
Do you write French?

Parlez-vous allemand?
Pahr-lay-voo zahl-mawng?
Do you speak German?

Je lis, j'écris, et je parle le français;
Zhuh lee, zhay-kree, ay zhuh pahrl luh frawng-seh;
I read, I write, and I speak French;

mais je ne parle ni l'anglais ni l'allemand.
meh zhuh nuh pahrl nee lawn-gleh nee lahl-mawng.
but I speak neither English nor German.

Parlez-vous espagnol?
Pahr-lay-voo zess-pahn-yol?
Do you speak Spanish?

Non, je ne parle pas espagnol,
Nohng, zhuh nuh pahrl pah zess-pahn-yol,
No, I do not speak Spanish,

mais je le lis.
meh zhuh luh lee.
but I read it.

Que fait Monsieur Moreau?
Kuh feh Muss-yuh Moh-roh?
What is Mr. Moreau doing?

Récitez l'alphabet, Monsieur Moreau.
Ray-see-tay lahl-fah-beh, Muss-yuh Moh-roh.
Recite the alphabet, Mr. Moreau.

Je récite l'alphabet:
Zhuh ray-seet lahl-fah-beh:
I recite the alphabet:

A	B	C	D	E	F	G
Ah	*Bay*	*Say*	*Day*	*Uh*	*Eff*	*Zhay*
A	B	C	D	E	F	G

H	I	J	K	L	M	N
Ahsh	*Ee*	*Zhee*	*Kah*	*Ell*	*Em*	*En*
H	I	J	K	L	M	N

O	P	Q	R	S	T	U
Oh	*Pay*	*Kew*	*Air*	*Ess*	*Tay*	*Ew*
O	P	Q	R	S	T	U

V	W	X	Y	Z
Vay	*Doo-bluh-vay*	*Eeks*	*Ee-grek*	*Zed*
V	W	X	Y	Z

NOTE: In French, when you wish to say, "they speak", "they do", etc., meaning all people generally at a certain time or place, you must use the impersonal form *on parle, on fait* (literally, "one speaks", "one does", etc.).

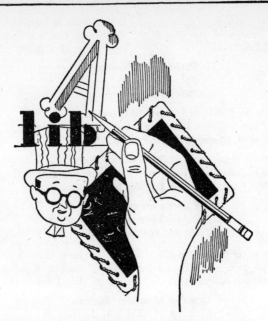

THINKING IN FRENCH

(Answers on page 252)

1. Écrivez la lettre A sur le papier. Que faites-vous?
2. J'écris le mot "Liberté". Qu'est-ce que j'écris?
3. M. Blanchard écrit l'alphabet au tableau. Qui écrit l'alphabet au tableau?
4. Lisez cette phrase: "Je suis américain." Que faites-vous?
5. Combien de mots y a-t-il dans cette phrase?
6. Lisez-vous ce livre?
7. M. Berlitz lit-il le français?
8. Est-ce qu'il parle français?
9. M. de Gaulle parle-t-il russe?
10. Que parlez-vous, anglais ou italien?
11. Mme Chiang Kai-shek parle-t-elle espagnol?
12. Le mot "Gentleman" est-il allemand ou français?
13. Je récite: A, B, C, D, ...etc. Est-ce que je récite l'alphabet?
14. Est-ce que vous récitez l'alphabet russe?
15. Quel alphabet récite le professeur de français?
16. Que parle-t-on à New-York?
17. Parle-t-on français à Paris?
18. Parle-t-on russe à Madrid?
19. Que parle-t-on à Berlin, espagnol ou italien?

LEÇON 11

De A jusqu'à Z
Duh ah zhews-kah zed
From A to Z

L'alphabet français commence par A et finit par Z.
Lahl-fah-beh frawng-seh kohm-mawnss pahr Ah ay fee-nee pahr Zed.
The French alphabet begins with A and ends with Z.

A est la première lettre,
Ah eh lah prum-yair lettr,
A is the first letter,

B est la deuxième,
Bay eh lah duhz-yem,
B is the second,

C est la troisième,
Say eh lah trwahz-yem,
C is the third,

D la quatrième,
Day lah kah-tree-yem,
D the fourth,

E la cinquième,
Uh lah sank-yem,
E the fifth,

F la sixième, etc.
Ef lah seez-yem, etc.
F the sixth, etc.

Z est la dernière lettre.
Zed eh lah dairn-yair lettr.
Z is the last letter.

Combien de lettres y a-t-il dans l'alphabet français?
Kohm-b'yahng duh lettr ee ah-teel dawng lahl-fah-beh frawng-seh?
How many letters are there in the French alphabet?

Combien de voyelles y a-t-il dans l'alphabet?
Kohm-b'yahng duh vwah-yell ee ah-teel dawng lahl-fah-beh?
How many vowels are there in the alphabet?

Combien de consonnes y a-t-il dans l'alphabet français?
Kohm-b'yahng duh kohng-sun ee ah-teel dawng lahl-fah-beh frawng-seh?
How many consonants are there in the French alphabet?

Quelle est la lettre D, est-ce la troisième ou la quatrième?
Kell eh lah lettr Day, ess lah trwahz-yem oo lah kah-tree-yem?
What is the letter D, is it the third or the fourth?

Par quelle lettre commence l'alphabet français?
Pahr kell lettr kohm-mawnss lahl-fah-beh frawng-seh?
With which letter does the French alphabet begin?

Par quelle lettre finit-il?
Pahr kell lettr fee-nee-teel?
With which letter does it end?

À quelle page finit la première leçon de ce livre?
Ah kell pahzh fee-nee lah prum-yair luh-sohng duh suh leevr?
On what page does the first lesson of this book end?

Quelle est cette page?
Kell eh sett pahzh?
Which page is this?

À quelle page commence la troisième leçon?
Ah kell pahzh kohm-mawnss lah trwahz-yem luh-sohng?
On which page does the third lesson begin?

La lettre A est avant la lettre B;
Lah lettr Ah eh tah-vawng lah lettr Bay;
The letter A is before the letter B;

la lettre C est après la lettre B;
lah lettr Say eh tah-preh lah lettr Bay;
the letter C is after the letter B;

la lettre H est entre la lettre G et la lettre I.
lah lettr Ahsh eh tawntr lah lettr Zhay eh lah lettr Ee.
the letter H is between the letter G and the letter I.

Où est la lettre H, avant ou après la lettre G?
Oo eh lah lettr Ahsh, ah-vawng oo ah-preh lah lettr Zhay?
Where is the letter H, before or after the letter G?

Quelle lettre est avant Z?
Kell lettr eh tah-vawng Zed?
Which letter is before Z?

Quelle lettre est après G?
Kell lettr eh tah-preh Zhay?
Which letter is after G?

Quelle lettre est entre M et O?
Kell lettr eh tawntr Em ay Oh?
Which letter is between M and O?

Je pose une question: "Qui est ce monsieur?"
Zhuh poze ewn kehst-yohng: "Kee eh suh muss-yuh?"
I ask a question: "Who is this gentleman?"

Répondez à la question, madame.
Ray-pohn-day zah lah kehst-yohng, mah-dahm.
Answer (to) the question, Madam.

"C'est Monsieur Duval."
"Seh Muss-yuh Dew-vahl."
"He is Mr. Duval."

Que faites-vous?
Kuh fett voo?
What are you doing?

Je réponds à la question.
Zhuh ray-pohng zah lah kehst-yohng.
I answer (to) the question.

Posez une question à monsieur.
Poh-zay zewn kehst-yohng ah muss-yuh.
Ask the gentleman a question.

Qui pose la question?
Kee poze lah kehst-yohng?
Who asks the question?

Je pose la question.
Zhuh poze lah kehst-yohng.
I ask the question.

Monsieur, répondez à la question de madame.
Muss-yuh, ray-pohn-day zah lah kehst-yohng duh mah-dahm.
Sir, answer Madam's question.

NOTE to Student: You must say: "I answer *to a person,* to a question, to a letter," etc.—*Je réponds à une personne, à une question, à une lettre.* The same is true of asking a question. *Example:* "I ask a question *to* Mr. Durand"—*Je pose une question à Monsieur Durand.*

THINKING IN FRENCH
(Answers on page 253)

1. Combien de lettres y a-t-il dans l'alphabet français?
2. Quelle est la première lettre?
3. Est-ce que la lettre A est avant la lettre B?
4. Quelle lettre est après la lettre L?
5. La lettre Q est-elle avant ou après la lettre R?
6. Quelle lettre est entre M et O?
7. Quelle est la dernière lettre de l'alphabet?
8. Quelles sont les voyelles en français?
9. Est-ce que la lettre X est une voyelle ou une consonne?
10. Quelle est la treizième lettre?
11. Par quelle lettre finit le mot "victoire"?
12. Posez-vous des questions au professeur?
13. Le professeur répond-il?
14. Répondez-vous à ces questions-ci?
15. Est-ce que je pose des questions au président des États-Unis?
16. Qui répond aux questions de cette page?

LEÇON 12

Qu'avons-nous?
Kah-vohng noo?
What have we?

Prenez un crayon.
Pruh-nay zuhng kreh-yohng.
Take a pencil.

Vous avez un crayon dans la main.
Voo zah-vay zuhng kreh-yohng dawng la mahng.
You have a pencil in your hand.

Moi, j'ai deux crayons dans la main.
Mwah, zhay duh kreh-yohng dawng lah mahng.
I have two pencils in my hand.

Mademoiselle a un chapeau sur la tête.
Mahd-mwah-zell ah uhng shah-poh sewr lah tett.
This young lady has a hat on her head.

Monsieur n'a pas de chapeau.
Muss-yuh nah pah duh shah-poh.
This gentleman has no hat.

Vous avez des gants.
Voo zah-vay day gawng.
You have (some) gloves.

Je n'ai pas de gants.
Zhuh nay pah duh gawng.
I have no gloves.

Vous avez une robe bleue.
Voo zah-vay zewn rawb bluh.
You have a blue dress.

Vous avez les yeux bleus;
Voo zah-vay layz yuh bluh;
You have blue eyes;

j'ai les yeux bruns.
zhay layz yuh bruhng.
I have brown eyes.

NOTE to Student: "Not any", "no", "not a" is expressed simply by *de,* after the negative construction. "I have no money"—*Je n'ai pas d'argent.* However, in the opposite case, *de and the article* must be used. *Example:* "I have money"—*J'ai de l'argent.*

Vous avez un livre et moi j'ai un livre; nous avons des livres.
Voo zah-vay zuhng leevr eh mwah zhay uhng leevr; noo zah-vohng day leevr.
You have a book and I have a book; we have (some) books.

Nous avons des crayons.
Noo zah-vohng day kreh-yohng.
We have (some) pencils.

Nous n'avons pas de plumes.
Noo nah-vohng pah duh plewm.
We have no pens.

Le professeur a un livre;
Luh praw-fess-err ah uhng leevr;
The teacher has a book;

les élèves ont des livres.
lay zay-levv ohng day leevr.
the pupils have (some) books.

Les messieurs ont les cheveux courts.
Lay mace-yuh ohng lay shuh-vuh koor.
(The) gentlemen have (the) short hair.

Les dames ont les cheveux longs.
Lay dahm ohng lay shuh-vuh lohng.
(The) ladies have (the) long hair.

Les dames ont-elles un chapeau sur la tête?
Lay dahm ohng-tell uhng shah-poh sewr lah tett?
Have the ladies hats on their heads?

Les messieurs n'ont pas de chapeau sur la tête.
Lay mace-yuh nohng pah duh shah-poh sewr lah tett.
The gentlemen have no hats on their heads.

Avez-vous un livre?
Ah-vay-voo zuhng leevr?
Have you a book?

Oui, j'ai un livre.
Wee, zhay uhng leevr.
Yes, I have a book.

Non, je n'ai pas de livre.
Nohng, zhuh nay pah duh leevr.
No, I have no book.

Ai-je un crayon?
Ayzh uhng kreh-yohng?
Have I a pencil?

Mademoiselle a-t-elle un chapeau sur la tête?
Mahd-mwah-zell ah-tell uhng shah-poh sewr lah tett?
Has the young lady a hat on her head?

Avez-vous un chapeau sur la tête?
Ah-vay-voo zuhng shah-poh sewr lah tett?
Have you a hat on your head?

Madame a-t-elle une robe bleue?
Mah-dahm ah-tell ewn rawb bluh?
Has Madam a blue dress?

Avez-vous les yeux noirs?
Ah-vay-voo layz yuh nwahr?
Have you black eyes?

Qu'est-ce que vous avez dans la main?
Kess kuh voo zah-vay dawng lah mahng?
What have you in your hand?

Qu'est-ce que j'ai dans les mains?
Kess kuh zhay dawng lay mahng?
What have I in my hands?

Qu'est-ce que monsieur a sur la tête?
Kess kuh muss-yuh ah sewr lah tett?
What has the gentleman on his head?

Avons-nous des gants?
Ah-vohng-noo day gawng?
Have we (any) gloves?

Avons-nous des souliers?
Ah-vohng-noo day sool-yay?
Have we (any) shoes?

Les messieurs ont-ils un chapeau sur la tête?
Lay mace-yuh ohn-teel uhng shah-poh sewr lah tett?
Have the gentlemen hats on their heads?

Les dames ont-elles un chapeau sur la tête?
Lay dahm ohn-tell uhng shah-poh sewr lah tett?
Have the ladies (any) hats on their heads?

Les messieurs ont-ils les cheveux courts?
Lay mace-yuh ohn-teel lay shuh-vuh koor?
Have the gentlemen short hair?

Les dames ont-elles les cheveux longs?
Lay dahm ohn-tell lay shuh-vuh lohng?
Have the ladies long hair?

Vous avez deux crayons;
Voo zah-vay duh kreh-yohng;
You have two pencils;

moi, j'ai cinq crayons.
mwah, zhay sang kreh-yohng.
I have five pencils.

Combien avez-vous de crayons?
Kohm-b'yahng ah-vay-voo duh kreh-yohng?
How many pencils have you?

Combien avons-nous de doigts?
Kohm-b'yahng ah-vohng-noo duh dwah?
How many fingers have we?

Nous avons dix doigts.
Noo zah-vohng dee dwah.
We have ten fingers.

Combien avons-nous de mains?
Kohm-b'yahng ah-vohng-noo duh mahng?
How many hands have we?

Combien les élèves ont-ils de livres?
Kohm-b'yahng lay zay-levv ohng-teel duh leevr?
How many books have the pupils?

J'ai un chapeau;
Zhay uhng shah-poh;
I have a hat;

vous avez un chapeau.
voo zah-vay zuhng shah-poh.
you have a hat.

Mon chapeau est brun;
Mohng shah-poh eh bruhng;
My hat is brown;

votre chapeau est noir.
vohtr shah-poh eh nwahr.
your hat is black.

Mon veston est noir;
Mohng ves-tohng eh nwahr;
My coat is black;

votre veston est gris.
vohtr ves-tohng eh gree.
your coat is gray.

J'ai une cravate;
Zhay ewn krah-vaht;
I have a tie;

vous avez une cravate.
voo zah-vay zewn krah-vaht.
you have a tie.

Ma cravate est noire;
Mah krah-vaht eh nwahr;
My tie is black;

votre cravate est grise.
vohtr krah-vaht eh greez.
your tie is gray.

Ma plume est grise;
Mah plewm eh greez;
My pen is gray;

votre plume est rouge.
vohtr plewm eh roozh.
your pen is red.

Mon chapeau est-il brun?
Mohng shah-poh eh-teel bruhng?
Is my hat brown?

Oui, votre chapeau est brun.
Wee, vohtr shah-poh eh bruhng.
Yes, your hat is brown.

Ma cravate est-elle noire?
Mah krah-vaht eh-tell nwahr?
Is my tie black?

Non, votre cravate n'est pas noire.
Nohng, vohtr krah-vaht neh pah nwahr.
No, your tie is not black.

Est-ce le gant de Monsieur Lefèvre?
Ess luh gawng duh Muss-yuh Luh-fehvr?
Is this Mr. Lefèvre's glove?

Oui, monsieur, c'est son gant.
Wee, muss-yuh, seh sohng gawng.
Yes, Sir, it is his glove.

Est-ce la cravate de Monsieur Lefèvre?
Ess lah krah-vaht duh Muss-yuh Luh-fehvr?
Is this Mr. Lefèvre's tie?

Non, monsieur, ce n'est pas sa cravate, c'est son mouchoir.
Nohng, muss-yuh, suh neh pah sah krah-vaht, seh sohng moosh-wahr.
No, Sir, it is not his tie; it is his handkerchief.

Est-ce le chapeau de Madame Lefèvre?
Ess luh shah-poh duh Mah-dahm Luh-fehvr?
Is this Mrs. Lefèvre's hat?

Oui, monsieur, c'est son chapeau.
Wee, muss-yuh, seh sohng shah-poh.
Yes, Sir, it is her hat.

Est-ce le mouchoir de Mademoiselle Combes?
Ess luh moosh-wahr duh Mahd-mwah-zell Kohmb?
Is this Miss Combes' handkerchief?

Non, monsieur, ce n'est pas son mouchoir.
Nohng, muss-yuh, suh neh pah sohng moosh-wahr.
No, Sir, it is not her handkerchief.

Votre robe est-elle rouge?
Vohtr rawb eh-tell roozh?
Is your dress red?

Non, monsieur, ma robe est verte.
Nohng, muss-yuh, mah rawb eh vairt.
No, Sir, my dress is green.

Notre classe est-elle grande?
Nohtr klahss eh-tell grawnd?
Is our class big?

Qui est notre professeur?
Kee eh nohtr praw-fess-err?
Who is our teacher?

Messieurs, les élèves sont-ils dans leur classe?
Mace-yuh, lay zay-levv sohng teel dawng luhr klahss?
Gentlemen, are the pupils in their class?

Qui est le professeur de ces demoiselles?
Kee eh luh praw-fess-err duh say duh-mwah-zell?
Who is the teacher of these young ladies?

Monsieur Berlitz est leur professeur.
Muss-yuh Bair-leetz eh luhr praw-fess-err.
Mr. Berlitz is their teacher.

Avez-vous mes gants?
Ah-vay-voo may gawng?
Have you my gloves?

Monsieur Raux a-t-il ses livres?
Muss-yuh Roh ah-teel say leevr?
Has Mr. Raux his books?

De quelle couleur sont ses souliers?
Duh kell koo-luhr sohng say sool-yay?
What color are his (her) shoes?

Nos manchettes sont-elles blanches?
Noh mawng-shett sohng-tell blawnsh?
Are our cuffs white?

Qu'est-ce que ces demoiselles ont aux mains?
Kess kuh say duh-mwah-zell ohng toh mahng?
What have these young ladies in their hands?

Elles ont leurs gants.
Ell zohng luhr gawng.
They have their gloves.

NOTE to Student: The possessive pronouns: "my, his, her, its", have masculine and feminine forms in the singular according to the noun they modify. Example: *mon crayon, ma chemise, son livre, sa plume.* Especially note that *son* and *sa* can mean "his", "her" or "its". "Our", "your", "their" —*notre, votre, leur* are invariable in the singular. If the words modified are plural, then the pronouns form their plural thus: "my books"—*mes livres,* "his pencils"—*ses crayons,* "your papers"—*vos papiers,* "our classes"—*nos classes,* "their hats"—*leurs chapeaux.*

The possessive of nouns is formed by the use of *de.* Example: "Mrs. Berlitz' picture"—*Le tableau de Madame Berlitz.* "The professor's glasses"— *Les lunettes du professeur.* "The men's coats"—*Les pardessus des messieurs.*

In French, unlike in English, you do not say "on my head", "in your hand", "on his nose", etc., but "on the head", "in the hand", "on the nose", etc. Examples: "I have a fly on my nose"—*J'ai une mouche sur le nez.* "He has a dog in his arms"—*Il a un chien dans les bras.*

THINKING IN FRENCH
(Answers on page 253)

1. Avez-vous un livre?
2. Le professeur Berlitz a-t-il des élèves?
3. Ai-je deux yeux?
4. Combien de doigts avez-vous?
5. Les dames ont-elles les cheveux longs ou courts?
6. Avez-vous des livres chinois?
7. De quelle couleur sont vos yeux?
8. Mes yeux sont verts; sont-ils de la même couleur que vos yeux?
9. Les élèves ont-ils leurs livres?
10. Le professeur Berlitz met-il sa cravate avant sa chemise?
11. Met-il ses chaussettes avant ou après ses souliers?
12. Votre plume écrit-elle bien?
13. Ma main droite est-elle plus grande que ma main gauche?

LEÇON 13

Que faisons-nous?
Kuh fuh-zohng noo?
What do we do?

Prenez un livre.
Pruh-nay zuhng leevr.
Take a book.

Je prends un livre.
Zhuh prawng zuhng leevr.
I take a book.

Que faites-vous?
Kuh fett-voo?
What are you doing?

Que fais-je?
Kuh fehzh?
What do I do?

Vous prenez un livre.
Voo pruh-nay zuhng leevr.
You take a book.

Nous prenons un livre.
Noo pruh-nohn zuhng leevr.
We take a book.

Je prends un livre.
Zhuh prawn zuhng leevr.
I am taking a book.

Vous prenez un livre.
Voo pruh-nay zuhng leevr.
You take a book.

Que faisons-nous?
Kuh fuh-zohn-noo?
What do we do?

Nous prenons un livre.
Noo pruh-nohn zuhng leevr.
We take a book.

Que fait Monsieur Duval?
Kuh feh Muss-yuh Dew-vahl?
What is Mr. Duval doing?

Monsieur Duval prend son chapeau.
Muss-yuh Dew-vahl prawng sohng shah-poh.
Mr. Duval is taking his hat.

Que font les élèves?
Kuh fohng lay zay-levv?
What do the pupils do?

Les élèves prennent leurs chapeaux.
Lay zay-levv prenn luhr shah-poh.
The pupils take their hats.

Je mets mon livre sur la table.
Zhuh meh mohng leevr sewr lah tahbl.
I put my book on the table.

Que fais-je?
Kuh fehzh?
What do I do?

Vous mettez votre livre sur la table.
Voo meh-tay vohtr leevr sewr lah tahbl.
You put your book on the table.

Mettez votre livre sur la table.
Meh-tay vohtr leevr sewr lah tahbl.
Put your book on the table.

Que faites-vous?
Kuh fett-voo?
What do you do?

Je mets mon livre sur la table.
Zhuh meh mohng leevr sewr lah tahbl.
I put my book on the table.

Nous mettons nos livres sur la table.
Noo meh-tohng noh leevr sewr lah tahbl.
We put our books on the table.

Ouvrez votre livre.
Oo-vray vohtr leevr.
Open your book.

Que faites-vous?
Kuh fett-voo?
What do you do?

J'ouvre mon livre.
Zhoovr mohng leevr
I open my book.

Nous ouvrons nos livres.
Noo zoo-vrohng noh leevr.
We open our books.

Que faisons-nous?
Kuh fuh-zohn-noo?
What do we do?

Nous ouvrons nos livres.
Noo zoo-vrohng noh leevr.
We open our books.

Monsieur Roux ouvre son livre.
Muss-yuh Roo oovr sohng leevr.
Mr. Roux opens his book.

Il ouvre son livre.
Eel oovr sohng leevr.
He opens his book.

Que font-ils?
Kuh fohn-teel?
What do they do?

Nous fermons la fenêtre.
Noo fair-mohng lah fuh-nehtr.
We close the window.

Nous fermons la fenêtre.
Noo fair-mohng lah fuh-nehtr.
We close the window.

Que font-ils?
Kuh fohn-teel?
What do they do?

Que fait-il?
Kuh feh-teel?
What does he do?

Les élèves ouvrent leurs livres.
Lay zay-levv zoovr luhr leevr.
The pupils open their books.

Ils ouvrent leurs livres.
Eel zoovr luhr leevr.
They open their books.

Que faisons-nous?
Kuh fuh-zohn-noo?
What do we do?

Les élèves ferment leurs livres.
Lay zay-levv fairm luhr leevr.
The pupils close their books.

Ils ferment leurs livres.
Eel fairm luhr leevr.
They close their books.

J'écris,	vous écrivez,	nous écrivons.
Zhay-kree,	*voo zay-kree-vay,*	*noo zay-kree-vohng.*
I write,	you write,	we write.

Que faisons-nous?
Kuh fuh-zohn-noo?
What do we do?

Nous écrivons.
Noo zay-kree-vohng.
We write.

Écrivez-vous sur le papier?
Ay-kree-vay-voo sewr luh pahp-yay?
Do you write on the paper?

Oui, j'écris sur le papier.
Wee, zhay-kree sewr luh pahp-yay.
Yes, I write on the paper.

Est-ce que j'écris au tableau?
Ess kuh zhay-kree zoh tah-bloh?
Do I write on the blackboard?

Oui, monsieur, vous écrivez au tableau.
Wee, muss-yuh, voo zay-kree-vay zoh tah-bloh.
Yes, Sir, you write on the blackboard.

Un monsieur écrit,
Uhng muss-yuh ay-kree,
One gentleman writes.

deux messieurs écrivent.
duh mace-yuh zay-kreev.
two gentlemen write.

Où écrit le professeur?
Oo ay-kree luh praw-fess-err?
Where does the teacher write?

Il écrit au tableau.
Eel ay-kree toh tah-bloh.
He writes on the blackboard.

Où écrivent les élèves?
Oo ay-kreev lay zay-levv?
Where do the pupils write?

Ils écrivent sur le papier.
Eel zay-kreev sewr luh pahp-yay.
They write on the paper.

Je lis un livre.
Zhuh lee zuhng leevr.
I read a book.

Vous lisez les mots au tableau.
Voo lee-zay lay moh zoh tah-bloh.
You read the words on the blackboard.

Nous lisons.
Noo lee-zohng.
We read.

Un monsieur lit, deux messieurs lisent.
Uhng muss-yuh lee, duh mace-yuh leez.
One gentleman reads, two gentlemen read.

Que fait le professeur?
Kuh feh luh praw-fess-err?
What does the teacher do?

Il lit.
Eel lee.
He reads.

Que font les élèves?
Kuh fohng lay zay-levv?
What do the pupils do?

Ils lisent le journal.
Eel leez luh zhoor-nahl.
They read the newspaper.

NOTE to Student: When *nous* is used with a verb in the present, the verb ending is *-ons*. Example: *nous prenons, nous mettons, nous ouvrons*, etc. The only exception is: *nous sommes*—"we are".

When the third person plural is used, as with *ils, elles*, the verb ending is almost always *-ent*.
Example: ils prennent, ils mettent, ils ouvrent, ils ferment, etc.
This *-ent* is never pronounced. However, the *t* is sometimes sounded in liaison.
Example: Ces messieurs prennent-ils leurs chapeaux?—"Do these gentlemen take their hats?"

Le magasin
Luh mah-gah-zahng
The store

le théâtre
luh tay-ahtr
the theater

l'église
lay-gleez
the church

l'école
lay-kull
the school

le cinéma
luh see-nay-mah
the movies

le restaurant
luh res-toh-rawng
the restaurant

la banque
lah bawnk
the bank

Je vais au théâtre;
Zhuh veh zoh tay-ahtr;
I go to the theater;

vous allez au théâtre;
voo zah-lay zoh tay-ahtr;
you go to the theater;

nous allons au théâtre.
noo zah-lohng zoh tay-ahtr.
we go to the theater.

Monsieur Jourdain va à l'église.
Muss-yuh Zhoor-dahng vah ah lay-gleez.
Mr. Jourdain goes to (the) church.

Jeanne et Paul vont à l'école.
Zhann ay Pohl vohng tah lay-kull.
Jane and Paul go to (the) school.

Est-ce que je vais au théâtre?
Ess kuh zhuh veh zoh tay-ahtr?
Do I go to the theater?

Oui, vous allez au théâtre.
Wee, voo zah-lay zoh tay-ahtr.
Yes, you go to the theater.

Allez-vous au théâtre?
Ah-lay-voo zoh tay-ahtr?
Do you go to the theater?

Non, je ne vais pas au théâtre, mais au cinéma.
Nohng, zhuh nuh veh pah zoh tay-ahtr, meh zoh see-nay-mah.
No, I do not go to the theater, but to the movies.

Où va Monsieur Jourdain?
Oo vah Muss-yuh Zhoor-dahng?
Where does Mr. Jourdain go?

Il va à l'église.
Eel vah ah lay-gleez.
He goes to (the) church.

Où vont Jeanne et Paul?
Oo vohng Zhann ay Pohl?
Where do Jane and Paul go?

Ils vont à l'école.
Eel vohng tah lay-kull.
They go to (the) school.

Madame Valmigère va-t-elle au magasin?
Mah-dahm Vahl-mee-zhair vah-tell oh mah-gah-zahng?
Does Mrs. Valmigère go to the store?

Oui, elle va au magasin.
Wee, ell vah oh mah-gah-zahng.
Yes, she goes to the store.

M. Collonge va-t-il à la banque?
M. Koh-lohnzh vah-tcel ah lah bawnk?
Does Mr. Collonge go to the bank?

Non, il ne va pas à la banque,
Nohng, eel nuh vah pah zah lah bawnk,
No, he does not go to the bank,

mais au restaurant.
meh zoh res-toh-rawng.
but to the restaurant.

Nous venons ici.
Noo vuh-nohng zee-see.
We come here.

M. Berlitz vient en classe.
M. Bair-leetz v'yahng tawng klahss.
Mr. Berlitz comes to class.

Les élèves viennent en classe.
Lay zay-levv v'yenn tawng klahss.
The pupils come to class.

Qui vient ici?
Kee v'yahng tee-see?
Who comes here?

Nous venons ici.
Noo vuh-nohng zee-see
We come here.

Qui vient en classe?
Kee v'yahng tawng klahss?
Who comes to class?

Monsieur Berlitz et les élèves viennent en classe.
Muss-yuh Bair-leetz ay lay zay-levv v'yenn tawng klahss.
Mr. Berlitz and the pupils come to class.

REMEMBER: "To" is generally translated by *à*. When *à* and *le* are used together, the contraction *au* is used.

Observe the following:
à + *le* = *au*
à + *la* — (stays as is)
à + *les* = *aux*

THINKING IN FRENCH

(Answers on page 253)

1. Les dames vont-elles au cinéma?
2. Mettent-elles leur chapeau à l'église?
3. Allons-nous à l'École Berlitz?
4. Où les messieurs mettent-ils leurs gants?
5. Les élèves ouvrent-ils leurs yeux en classe?
6. Fermons-nous la porte avant la classe?
7. Ouvrons-nous la fenêtre de la classe?
8. Les professeurs écrivent-ils au tableau?
9. Écrivons-nous des mots français?
10. Mettons-nous nos livres sur la table après la classe?
11. Les élèves viennent-ils à l'école?
12. Lisent-ils leurs livres?
13. Lisons-nous le journal en classe?
14. Prenons-nous les chaises de l'école?
15. Écrivez-vous vos leçons après la classe?

LEÇON 14

Qui a plus d'argent?
Kee ah plew dahr-zhawng?
Who has more money?

Vous avez un crayon.
Voo zah-vay zuhng kreh-yohng.
You have one pencil.

J'ai trois crayons.
Zhay trwah kreh-yohng.
I have three pencils.

J'ai plus de crayons que vous.
Zhay plew duh kreh-yohng kuh voo.
I have more pencils than you.

Vous avez dix francs;
Voo zah-vay dee frawng;
You have ten francs;

Monsieur Legrand a cinq francs.
Muss-yuh Luh-grawng ah sang frawng.
Mr. Legrand has five francs.

Vous avez plus d'argent que Monsieur Legrand.
Voo zah-vay plew dahr-zhawng kuh Muss-yuh Luh-grawng.
You have more money than Mr. Legrand.

Monsieur Legrand a moins d'argent que vous.
Muss-yuh Luh-grawng ah mwahng dahr-zhawng kuh voo.
Mr. Legrand has less money than you.

J'ai cinq livres;
Zhay sang leevr;
I have five books;

vous avez deux livres.
voo zah-vay duh leevr.
you have two books.

Ai-je plus de livres que vous?
Ayzh plew duh leevr kuh voo?
Have I more books than you?

Oui, vous avez plus de livres que moi.
Wee, voo zah-vay plew duh leevr kuh mwah.
Yes, you have more books than I.

Avez-vous moins de livres que moi?
Ah-vay-voo mwahng duh leevr kuh mwah?
Have you fewer books than I?

Oui, j'ai moins de livres que vous.
Wee, zhay mwahng duh leevr kuh voo.
Yes, I have fewer books than you.

Vous avez cent francs;
Voo zah-vay sawng frawng;
You have a hundred francs;

j'ai cinquante francs.
zhay sank-awnt frawng.
I have fifty francs.

Combien avez-vous d'argent?
Kohm-b'yahng ah-vay-voo dahr-zhawng?
How much money have you?

J'ai cent francs.
Zhay sawng frawng.
I have a hundred francs.

Combien ai-je d'argent?
Kohm-b'yahng ayzh dahr-zhawng?
How much money have I?

Vous avez cinquante francs.
Voo zah-vay sank-awnt frawng
You have fifty francs.

Avez-vous plus d'argent que moi?
Ah-vay-voo plew dahr-zhawng kuh mwah?
Have you more money than I?

Oui, j'ai plus d'argent que vous.
Wee, zhay plew dahr-zhawng kuh voo.
Yes, I have more money than you.

Ai-je plus d'argent que vous?
Ayzh plew dahr-zhawng kuh voo?
Have I more money than you?

Non, vous n'avez pas plus d'argent que moi.
Nohng, voo nah-vay pah plew dahr-zhawng kuh mwah.
No, you have not more money than I.

Qui a plus d'argent, vous ou moi?
Kee ah plew dahr-zhawng, voo zoo mwah?
Who has more money, you or I?

J'ai plus d'argent que vous.
Zhay plew dahr-zhawng kuh voo.
I have more money than you.

Le gros livre a trois cents pages.
Luh groh leevr ah trwah sawng pahzh.
The thick book has three hundred pages.

Le petit livre a cinquante pages.
Luh puh-tee leevr ah sank-awnt pahzh.
The small book has fifty pages.

Quel livre a plus de pages?
Kell leevr ah plew duh pahzh?
Which book has more pages?

Le gros livre a plus de pages.
Luh groh leevr ah plew duh pahzh.
The thick book has more pages.

J'ai vingt francs;
Zhay vang frawng;
I have twenty francs;

vous avez trente francs;
voo zah-vay trawnt frawng;
you have thirty francs;

Monsieur Mage a vingt francs.
Muss-yuh Mahzh ah vahng frawng.
Mr. Mage has twenty francs.

J'ai moins d'argent que vous,
Zhay mwahng dahr-zhawng kuh voo,
I have less money than you,

mais j'ai autant d'argent que Monsieur Mage.
meh zhay oh-tawng dahr-zhawng kuh Muss-yuh Mahzh.
but I have as much money as Mr. Mage..

Ai-je autant d'argent que vous?
Ayzh oh-tawng dahr-zhawng kuh voo?
Have I as much money as you?

Non, vous n'avez pas autant d'argent que moi.
Nohng, voo nah-vay pah zoh-tawng dahr-zhawng kuh mwah.
No, you have not so much money as I.

Avez-vous plus d'argent que moi?
Ah-vay-voo plew dahr-zhawng kuh mwah?
Have you more money than I?

Oui, j'ai plus d'argent que vous.
Wee, zhay plew dahr-zhawng kuh voo.
Yes, I have more money than you.

Ai-je autant d'argent que Monsieur Mage?
Ayzh oh-tawng dahr-zhawng kuh Muss-yuh Mahzh?
Have I as much money as Mr. Mage?

Oui, vous avez autant d'argent que Monsieur Mage.
Wee, voo zah-vay zoh-tawng dahr-zhawng kuh Muss-yuh Mahzh.
Yes, you have as much money as Mr. Mage.

Le petit livre a-t-il autant de pages que le gros livre?
Luh puh-tee leevr ah-teel oh-tawng duh pahzh kuh luh groh teevr?
Has the small book as many pages as the thick book?

Y a-t-il beaucoup d'élèves dans cette classe?
Ee ah-teel boh-koo day-levv dawng sett klahss?
Are there many pupils in this class?

Non, il n'y a pas beaucoup d'élèves dans cette classe.
Nohng, eel n'yah pah boh-koo day-levv dawng sett klahss.
No, there are not many pupils in this class.

Avez-vous beaucoup d'argent dans la poche?
Ah-vay-voo boh-koo dahr-zhawng dawng lah posh?
Have you much money in your pocket?

Oui, j'ai beaucoup d'argent dans la poche.
Wee, zhay boh-koo dahr-zhawng dawng lah posh.
Yes, I have much money in my pocket.

Monsieur Berlitz a-t-il beaucoup de cheveux?
Muss-yuh Bair-leetz ah-teel boh-koo duh shuh-vuh?
Has Mr. Berlitz much hair?

Non, il n'a pas beaucoup de cheveux.
Nohng, eel nah pah boh-koo duh shuh-vuh.
No, he has not much hair.

 NOTE to Student: *De* (or *d'* if the first letter of the following word is a vowel) is used after: "much", "many", "as many", "more", "few", "less" or other words indicative of quantity. Example: "Many books"—*beaucoup de livres;* "little money"—*peu d'argent.*

The pronouns: *je, il, ils,* become *moi, lui, eux* when used after the verb "to be"—*être,* or after prepositions.

Compare the following examples: "It is he"—*C'est lui.* "In front of me"—*Devant moi.* "Have you more ties than I?"—*Avez-vous plus de cravates que moi?*

The other pronouns, *elle, nous, vous* and *elles* do not change.

THINKING IN FRENCH

(Answers on page 254)

1. Combien d'argent a Fifi?

2. A-t-elle autant d'argent que le professeur?

3. Qui a plus d'argent, le professeur ou Madame de la Pompe?

4. Le professeur a-t-il des crayons derrière l'oreille?

5. A-t-il plus de crayons que Fifi?

6. Fifi a-t-elle moins de livres que le professeur?

7. Qui a le plus de livres?

8. Qui a le moins d'argent?

9. Fifi a-t-elle beaucoup d'argent?

10. Le professeur a-t-il peu de livres?

11. Lisez-vous beaucoup de mots français?

12. Qui écrit plus de phrases, vous ou le professeur?

13. Y a-t-il beaucoup de pages dans ce livre?

14. Le New-York Times a-t-il autant de pages que ce livre?

LEÇON 15

Les objets dans la pièce
Lay zohb-zhay dawng lah p'yess
The objects in the room

J'ai une boîte d'allumettes.
Zhay ewn bwaht dah-lew-mett.
I have a box of matches.

Je mets des allumettes sur la table et je mets des allumettes sur la chaise.
Zhuh meh day zah-lew-mett sewr lah tahbl ay zhuh meh day zah-lew-mett sewr lah shez.
I put some matches on the table and I put some matches on the chair.

Qu'est-ce que je mets sur la table?
Kess kuh zhuh meh sewr lah tahbl?
What do I put on the table?

Vous mettez des allumettes sur la table.
Voo meh-tay day zah-lew-mett sewr lah tahbl.
You put some matches on the table.

Qu'est-ce que c'est?
Kess kuh seh?
What is this?

C'est une boîte de plumes.
Seh tewn bwaht duh plewm.
It is a box of pens.

Qu'est-ce que c'est?
Kess kuh seh?
What is this?

C'est une plume.
Seh tewn plewm.
It's a pen.

Qu'est-ce que c'est?
Kess kuh seh?
What are these?

Ce sont des plumes.
Suh sohng day plewm.
Those are pens.

Qu'est-ce que c'est?
Kess kuh seh?
What are these?

Ce sont les plumes.
Suh sohng lay plewm.
Those are the pens.

Qu'est-ce que c'est?
Kess kuh seh?
What is this?

C'est une boîte d'allumettes.
Seh tewn bwaht dah-lew-mett.
It's a box of matches.

Qu'est-ce que c'est?
Kess kuh seh?
What is this?

C'est une allumette.
Seh tewn ah-lew-mett.
It's a match.

Qu'est-ce que c'est?
Kess kuh seh?
What are these?

Ce sont des allumettes.
Suh sohng day zah-lew-mett.
Those are matches.

Il y a des livres sur la table et il y a des livres sur la chaise.
Eel yah day leevr sewr lah tahbl ay eel yah day leevr sewr lah shez.
There are (some) books on the table and there are (some) books on the
  chair.

Les livres rouges sont sur la table et les livres noirs sont sur la chaise.
*Lay leevr roozh sohng sewr lah tahbl ay lay leevr nwahr sohng sewr lah
  shez.*
The red books are on the table and the black books are on the chair.

De quelle couleur sont ces chaises?
Duh kell koo-luhr sohng say shez?
What color are these chairs?

L'une est brune et l'autre est noire.
Lewn eh brewn ay lohtr eh nwahr.
One is brown and the other is black.

Les deux chaises sont-elles de la même couleur?
Lay duh shez sohn-tell duh lah mehm koo-luhr?
Are the two chairs the same color?

Non, elles sont de couleurs différentes.
Nohng, ell sohng duh koo-luhr dee-fay-rawnt.
No, they are different colors.

Quelle est la différence entre ces deux chaises?
Kell eh lah dee-fay-rawnss awntr say duh shez?
What is the difference between these two chairs?

L'une est brune et l'autre est noire.
Lewn eh brewn ay lohtr eh nwahr.
One is brown and the other is black.

Ces livres sont-ils de la même couleur?
Say leevr sohng-teel duh lah mehm koo-luhr?
Are these books the same color?

Oui, ces livres sont de la même couleur.
Wee, say leevr sohng duh lah mehm koo-luhr.
Yes, these books are the same color.

Avez-vous le même nombre de livres que moi?
Ah-vay-voo luh mehm nohmbr duh leevr kuh mwah?
Have you the same number of books as I?

Non, je n'ai pas le même nombre de livres que vous.
Nohng, zhuh nay pah luh mehm nohmbr duh leevr kuh voo.
No, I have not the same number of books as you.

 NOTE to Student: Don't forget that "matches" or "some matches" = *des allumettes,* while "the matches" = *les allumettes.* Note also: "A package of cigarets"—*un paquet de cigarettes.*

THINKING IN FRENCH
(Answers on page 254)

1. Y a-t-il des chapeaux sur la chaise?

2. Qu'est-ce qu'il y a dans la poche du professeur?

3. Qu'y a-t-il dans la boîte?

4. De quelle couleur est le mouchoir du professeur?

5. Y a-t-il une boîte de plumes sur la chaise?

6. Y a-t-il des chapeaux sur la table?

7. Où est le paquet de cigarettes?

8. Y a-t-il des cigarettes dans la poche du professeur?

9. Le professeur a-t-il une cigarette à la bouche?

10. Y a-t-il un chapeau sur la tête du professeur?

11. Y a-t-il des cigarettes sous la table?

12. Les cigarettes sont-elles sous la table?

13. Y a-t-il des chapeaux sur le plancher?

14. Où sont les chapeaux?

LEÇON 16

Qu'est-ce qu'il y a sur la table?
Kess keel yah sewr luh tahbl?
What is on the table?

Sur la table, il y a des livres, du papier et une boîte.
Sewr lah tahbl, eel yah day leevr, dew pahp-yay ay ewn bwaht.
On the table, there are some books, some paper, and a box.

Dans ma poche, il y a un mouchoir.
Dawng mah posh, eel yah uhng moosh-wahr.
In my pocket, there is a handkerchief.

Dans la boîte, il y a des plumes.
Dawng lah bwaht, eel yah day plewm.
In the box, there are some pens.

Qu'est-ce qu'il y a sur la table?
Kess keel yah sewr lah tahbl?
What is on the table?

Il y a des livres et des crayons sur la table.
Eel yah day leevr ay day kreh-yohng sewr lah tahbl.
There are some books and some pencils on the table.

Qu'est-ce qu'il y a dans ma poche?
Kess keel yah dawng mah posh?
What is in my pocket?

76

Il y a un mouchoir dans ma poche.
Eel yah uhng moosh-wahr dawng mah pohsh.
There is a handkerchief in my pocket.

Dans la boîte?
Dawng lah bwaht?
In the box?

Il y a des plumes dans la boîte.
Eel yah day plewm dawng lah bwaht.
There are pens in the box.

Dans ma main droite, il y a un crayon;
Dawng mah mahng drwaht, eel yah uhng kreh-yohng;
In my right hand, there is a pencil;

dans ma main gauche, il n'y a rien.
dawng mah mahng gohsh, eel n'yah r'yahng.
in my left hand, there is nothing.

Qu'est-ce qu'il y a dans ma main gauche?
Kess keel yah dawng mah mahng gohsh?
What is in my left hand?

Rien.
R'yahng.
Nothing.

Qu'est-ce qu'il y a dans ma main droite?
Kess keel yah dawng mah mahng drwaht?
What is in my right hand?

Il y a un crayon.
Eel yah uhng kreh-yohng.
There is a pencil.

Qu'est-ce qu'il y a dans la petite boîte?
Kess keel yah dawng lah puh-teet bwaht?
What is in the little box?

Il y a des plumes.
Eel yah day plewm.
There are pens.

Et qu'est-ce qu'il y a dans la grande boîte?
Ay kess keel yah dawng lah grawnd bwaht?
And what is in the big box?

Il n'y a rien.
Eel n'yah r'yahng.
There is nothing.

Il n'y a rien sur la chaise.
Eel n'yah r'yahng sewr lah shez.
There is nothing on the chair.

Il y a quelque chose sur la table.
Eel yah kell-kuh shohz sewr lah tahbl.
There is something on the table.

Il y a quelque chose dans ma main droite.
Eel yah kell-kuh shohz dawng mah mahng drwaht.
There is something in my right hand.

Il n'y a rien dans ma main gauche.
Eel n'yah r'yahng dawng mah mahng gohsh.
There is nothing in my left hand.

Y a-t-il quelque chose sur la table?
Ee ah-teel kell-kuh shohz sewr lah tahbl?
Is there anything on the table?

Oui, il y a quelque chose sur la table.
Wee, eel yah kell-kuh shohz sewr lah tahbl.
Yes, there is something on the table.

Y a-t-il quelque chose sur la chaise?
Ee ah-teel kell-kuh shohz sewr lah shez?
Is there anything on the chair?

Non, il n'y a rien.
Nohng, eel n'yah r'yahng.
No, there is nothing.

Qui est devant cette table?
Kee eh duh-vawng sett tahbl?
Who is in front of this table?

C'est Charles.
Seh Shahrl.
It's Charles.

Qui est derrière cette table?
Kee eh dair-yair sett tahbl?
Who is behind this table?

C'est Mademoiselle Leblanc.
Seh Mahd-mwah-zell Luh-blawng
It's Miss Leblanc.

Qui est devant la fenêtre?
Kee eh duh-vawng lah fuh-nehtr?
Who is in front of the window?

Personne.
Pair-sun.
No one.

Il n'y a personne sur la chaise jaune,
Eel n'yah pair-sun sewr lah shez zhohn,
There is no one on the yellow chair,

mais il y a quelqu'un sur la chaise brune.
meh zeel yah kell-kuhng sewr lah shez brewn.
but there is someone on the brown chair.

Il y a quelqu'un derrière la table,
Eel yah kell-kuhng dair-yair lah tahbl,
There is someone behind the table,

il n'y a personne devant la table.
eel n'yah pair-sun duh-vawng lah tahbl.
there is no one in front of the table.

Y a-t-il quelqu'un derrière la table?
Ee ah-teel kell-kuhng dair-yair lah tahbl?
Is there anyone behind the table?

Oui, il y a quelqu'un derrière la table.
Wee, eel yah kell-kuhng dair-yair lah tahbl.
Yes, there is someone behind the table.

Vous êtes devant la fenêtre.
Voo zett duh-vawng lah fuh-nehtr.
You are in front of the window.

Devant quoi êtes-vous?
Duh-vawng kwah ett-voo?
Before what are you?

Je suis devant la fenêtre.
Zhuh swee duh-vawng lah fuh-nehtr.
I am in front of the window.

Vous êtes à côté de Monsieur Duval.
Voo zett zah koh-tay duh Muss-yuh Dew-vahl.
You are beside Mr. Duval.

À côté de qui êtes-vous?
Ah koh-tay duh kee ett-voo?
Beside whom are you?

Je suis à côté de Monsieur Duval.
Zhuh swee zah koh-tay duh Muss-yuh Dew-vahl.
I am beside Mr. Duval.

À côté de quoi êtes-vous?	Je suis à côté de la table.
Ah koh-tay duh kwah ett-voo?	*Zhuh swee zah koh-tay duh lah tahbl.*
Beside what are you?	I am beside the table.

Qui est à la droite de Monsieur Duval?	Moi, monsieur.
Kee eh tah lah drwaht duh Muss-yuh Dew-vahl?	*Mwah, muss-yuh.*
Who is on the right of Mr. Duval?	I, Sir.

Et qui est à sa gauche?	Personne.
Ay kee eh tah sah gohsh?	*Pair-sun.*
And who is on his left?	No one.

Qui est à votre gauche?	Monsieur Duval est à ma gauche.
Kee eh tah vohtr gohsh?	*Muss-yuh Dew-vahl eh tah mah gohsh.*
Who is on your left?	Mr. Duval is on my left.

 NOTE to Student: You must translate "nothing" or "nobody" by the double negative when a verb is used. In other words, in French you are not only allowed, but *must* use constructions like "He doesn't do nothing".—*Il ne fait rien,* and "there is not nobody there"—*il n'y a personne. Personne* and *rien* used alone mean simply "nobody" and "nothing". However, the noun *la personne* means—"the person".

NEVER USE "my, your, his, her, our, their, or its" in referring to parts of the body when there is no doubt about whose body is referred to. Use "the".

Example: "He has a book in his hand".—*Il a un livre dans la main.*

THINKING IN FRENCH
(Answers on page 255)

1. Le professeur a-t-il une cigarette à la main droite?

2. Qu'est-ce qu'il y a dans la main gauche de Madame de la Pompe?

3. Fifi a-t-elle quelque chose dans la main droite?

4. Qu'y a-t-il dans sa main gauche?

5. Y a-t-il quelqu'un à sa gauche?

6. Où est Fifi?

7. Le livre est-il dans la main droite de Madame de la Pompe?

8. Qui est assis sur la chaise?

9. Y a-t-il quelque chose sur la table?

10. Qu'y a-t-il sous le bras gauche du professeur?

11. Qui est à sa droite?

12. Qu'est-ce qu'il y a sous la chaise?

13. Y a-t-il quelqu'un à la droite de Fifi?

LEÇON 17

Entrez!
Awn-tray!
Come in!

J'entre dans la chambre.
Zhawntr dawng lah shawmbr.
I enter the room.

Je m'assieds.
Zhuh mahss-yay.
I sit down.

Je prends une chaise.
Zhuh prawn zewn shez.
I take a chair.

Je me lève.
Zhuh muh levv.
I get up.

Je sois de la chambre.
Zhuh sohr duh lah shawmbr.
I leave the room.

Monsieur, s'il vous plaît, sortez de la chambre.
Muss-yuh, seel voo pleh, sohr-tay duh lah shawmbr.
Sir, please leave the room.

Que faites-vous?
Kuh fett-voo?
What do you do?

Je sors de la chambre.
Zhuh sohr duh lah shawmbr.
I leave the room.

Entrez, s'il vous plaît.
Awn-tray, seel voo pleh.
Come in, please.

Asseyez-vous.
Ahss-say-yay-voo.
Sit down.

Levez-vous.
Luh-vay-voo.
Get up.

Monsieur Gelbert entre dans la classe.
Muss-yuh Zhel-bair awntr dawng lah klahss.
Mr. Gelbert enters the class.

Il prend le livre.
Eel prawng luh leevr.
He takes the book.

Il s'assied.
Eel sahss-yay.
He sits down.

Il se lève.
Eel suh levv.
He gets up.

Il sort.
Eel sohr.
He goes out.

Qu'est-ce que je fais?
Kess kuh zhuh feh?
What do I do?

Vous sortez.
Voo sohr-tay.
You go out.

Vous entrez.
Voo zawn-tray.
You come in.

Vous vous asseyez.
Voo voo zahss-say-yay.
You sit down.

Vous vous levez.
Voo voo luh-vay.
You get up.

Entrons-nous dans la classe avant la leçon?
Awn-trohng-noo dawng lah klahss ah-vawng lah luh-sohng?
Do we enter the class before the lesson?

Oui, nous entrons dans la classe avant la leçon.
Wee, noo zawn-trohng dawng lah klahss ah-vawng lah luh-sohng.
Yes, we enter the class before the lesson.

Nous asseyons-nous sur les chaises?
Noo zahss-say-yohng-noo sewr lay shez?
Do we sit down on the chairs?

Oui, nous nous asseyons sur les chaises.
Wee, noo noo zahss-say-yohng sewr lay shez.
Yes, we sit down on the chairs.

Les élèves entrent-ils?
Lay zay-levv awntr-teel?
Do the pupils come in?

Oui, ils entrent dans la classe.
Wee, eel zawntr dawng lah klahss
Yes, they come into the class.

S'asseyent-ils?
Sahss-saye-teel?
Do they sit down?

Oui, ils s'asseyent.
Wee, eel sahss-saye.
Yes, they sit down.

Se lèvent-ils?
Suh-levv-teel?
Do they get up?

Oui, ils se lèvent.
Wee, eel suh levv.
Yes, they get up.

Sortent-ils?
Sohrt-teel?
Do they go out?

Oui, ils sortent.
Wee, eel sohrt.
Yes, they go out.

Où entrent-ils?
Oo awntr-teel?
Where do they enter?

Ils entrent dans la classe.
Eel zawntr dawng lah klahss.
They enter the class.

D'où sortent-ils?
Doo sohrt-teel?
From where do they leave?

Ils sortent de la classe.
Eel sohrt duh lah klahss.
They leave the class.

NOTE to Student: You have probably heard of the "reflexive verbs" if you have been in contact with French before. They are really not so bad. *Se lever* and *s'asseoir* are two examples of them, and when you use them you must use an additional pronoun with the construction. When you say: "I sit" or "I get up" you must say in French: "I sit myself"—*Je m'assieds* or "I get myself up"—*Je me lève.* That is all there is to it.

Le Professeur   Joseph   Huguette   Gisèle   Jean

THINKING IN FRENCH

(Answers on page 255)

1. Qui sort de la chambre?
2. Est-ce que Huguette est assise?
3. Jean s'assied-il?
4. Qui se lève?
5. Jean entre-t-il?
6. Gisèle entre-t-elle?
7. Le professeur sort-il de la chambre?
8. Que fait Joseph?
9. Vous levez-vous après la classe?
10. Est-ce que je m'assieds sur la chaise?
11. Les élèves se lèvent-ils après la leçon?
12. Nous levons-nous devant le président des États-Unis?
13. Nous asseyons-nous à l'église?
14. Sortez-vous de la classe avant le professeur?
15. Les professeurs entrent-ils dans la classe avant les élèves?

LEÇON 18

Y et en
Ee ay awng
To and fro

Je vais à la fenêtre.
Zhuh veh zah lah fuh-nehtr.
I go to the window.

Je viens de la fenêtre.
Zhuh v'yahng duh lah fuh-nehtr.
I come from the window.

J'entre dans la classe.
Zhawntr dawng lah klahss.
I enter the class.

J'y vais.
Zhee veh.
I go there.

J'en viens.
Zhawng v'yahng.
I come from there.

J'y entre.
Zhee awntr.
I enter it.

Je sors de la classe.
Zhuh sohr duh lah klahss.
I leave the class.

J'en sors.
Zhawng sohr.
I leave it.

Le livre est-il sur la table?
Luh leevr eh-teel sewr lah tahbl?
Is the book on the table?

Il y est.
Eel ee eh.
It is (there).

Il n'y est pas.
Eel nee eh pah.
It is not (there)

Est-ce que la règle est dans le tiroir?
Ess kuh lah rehgl eh dawng luh teer-wahr?
Is the ruler in the drawer?

Elle y est.
Ell ee eh.
It is (there).

Elle n'y est pas.
Ell nee eh pah.
It is not (there)

Est-ce que Monsieur Dumont va à la fenêtre?
Ess kuh Muss-yuh Dew-mohng vah ah lah fuh-nehtr?
Does Mr. Dumont go to the window?

Il y va.
Eel ee vah.
He goes there.

Il n'y va pas.
Eel nee vah pah.
He does not go (there).

Madame Jules vient-elle à l'école?
Mah-dahm Zhewl v'yahn-tell ah lay-kull?
Does Mrs. Jules come to the school?

Elle y vient.
Ell ee v'yahng.
She comes (there).

Elle n'y vient pas.
Ell nee v'yahng pah.
She does not come (there).

NOTE to Student: Generally speaking *y* means "there" and one of the meanings of *en* is "from there". These words are extremely useful, because you can use them as substitutions for a whole construction. These are excellent examples of the "little words" that make languages so different, one from the other. One of the problems of learning a language is not learning the long complicated words, but in understanding the correct use of little words such as these.

LOOK OUT! *En* also has other important meanings to be covered in later lessons.

Sommes-nous dans la classe?
Sum-noo dawng lah klahss?
Are we in the class?

Nous y sommes.
Noo zee sum.
We are (there).

Nous n'y sommes pas.
Noo nee sum pah.
We are not (there).

Venez-vous de Paris?
Vuh-nay-voo duh Pah-ree?
Do you come from Paris?

Oui, j'en viens.
Wee, zhawng v'yahng.
Yes, I come from there.

Non, je n'en viens pas.
Nohng, zhuh nawng v'yahng pah.
No, I do not come from there.

Les élèves sortent-ils de la classe?
Lay zay-levv sohrt-teel duh lah klahss?
Do the pupils leave the class?

Oui, ils en sortent.
Wee, eel zawng sohrt.
Yes, they leave (from it).

Non, ils n'en sortent pas.
Nohng, eel nawng sohrt pah.
No, they do not leave (from it).

Est-ce que Jean descend de l'avion?
Ess kuh Zhawng deh-sawng duh lahv-yohng?
Does John alight from the plane?

Oui, il en descend.
Wee, eel awng deh-sawng.
Yes, he does alight (from it).

Non, il n'en descend pas.
Nohng, eel nawng deh-sawng pah.
No, he does not alight (from it).

Venez-vous de la gare?
Vuh-nay-voo duh lah gahr?
Do you come from the station?

Oui, j'en viens.
Wee, zhawng v'yahng.
Yes, I come from there.

Non, je n'en viens pas.
Nohng, zhuh nawng v'yahng pah.
No, I do not come from there

THINKING IN FRENCH

Answer each question affirmatively and negatively, using *y* or *en*.

(Answers on page 255)

1. Le professeur est-il à la gare?

2. Est-ce qu'il va à Paris?

3. A-t-il de l'argent à la main?

4. Est-ce qu'il donne de l'argent à l'employé?

5. Êtes-vous devant la table?

6. Votre livre est-il sur la table?

7. La plume est-elle dans la boîte?

8. Allez-vous dans le corridor?

9. Venez-vous de Paris?

10. Allez-vous à Londres?

11. Est-ce que je sors de la classe?

12. Est-ce que j'entre dans la classe?

13. Charles monte-t-il sur la chaise?

14. Reste-t-il sur la chaise?

15. Les élèves sont-ils dans la classe?

16. Êtes-vous en Amérique?

17. Mettons-nous le chapeau sur la chaise?

18. Est-ce que je vais à la fenêtre?

19. Sommes-nous dans la classe?

20. Montez-vous au premier étage?

21. Allons-nous à la gare?

22. Les enfants viennent-ils de l'école?

23. Allez-vous à l'église?

Je vous donne un livre.
Zhuh voo dun uhng leevr.
I give you a book.

Je vous donne le livre.
Zhuh voo dun luh leevr.
I give you the book.

Vous me donnez le livre.
Voo muh dun-nay luh leevr.
You give me the book.

Que faites-vous?
Kuh fett-voo?
What do you do?

Qu'est-ce que je fais?
Kess kuh zhuh feh?
What do I do?

Donnez-moi le crayon, s'il vous plaît.
Dun-nay-mwah luh kreh-yohng, seel voo pleh.
Give me the pencil, if you please.

Je vous donne le crayon.
Zhuh voo dun luh kreh-yohng.
I give you the pencil.

Je donne du papier à Monsieur Leblanc.
Zhuh dun dew pahp-yay ah Muss-yuh Luh-blawng.
I give some paper to Mr. Leblanc.

Qu'est-ce que je donne à Monsieur Leblanc?
Kess kuh zhuh dun ah Muss-yuh Luh-blawng?
What do I give to Mr. Leblanc?

Vous lui donnez du papier.
Voo lwee dun-nay dew pahp-yay.
You give him some paper.

Donnez votre livre à mademoiselle.
Dun-nay vohtr leevr ah mahd-mwah-zell.
Give your book to the young lady.

Que donnez-vous à mademoiselle?
Kuh dun-nay-voo zah mahd-mwah-zell?
What do you give to the young lady?

Je lui donne mon livre.
Zhuh lwee dun mohng leevr.
I give her my book.

Mesdames, je vous donne des leçons.
May-dahm, zhuh voo dun day luh-sohng.
Ladies, I give you lessons.

Qu'est-ce que je vous donne?
Kess kuh zhuh voo dun?
What do I give you?

Vous nous donnez des leçons.
Voo noo dun-nay day luh-sohng.
You give us lessons.

Le professeur donne des exercices.
Luh praw-fess-err dun day zeg-zair-seess.
The teacher gives exercises.

Qu'est-ce que le professeur donne aux élèves?
Kess kuh luh praw-fess-err dun oh zay-levv?
What does the teacher give to the students?

Il leur donne des exercices.
Eel luhr dun day zeg-zair-seess.
He gives them exercises.

Je vous donne un crayon.
Zhuh voo dun uhng kreh-yohng.
I give you a pencil.

Est-ce que je vous donne un livre?
Ess kuh zhuh voo dun uhng leevr?
Do I give you a book?

Non, vous ne me donnez pas de livre, **mais un crayon.**
Nohng, voo nuh muh dun-nay pah duh leevr, *meh zuhng kreh-yohng.*
No, you do not give me a book, but a pencil.

Je vous parle.
Zhuh voo pahrl.
I speak to you.

Je vous dis quelque chose.
Zhuh voo dee kell-kuh shohz.
I tell you something.

Vous me parlez.
Voo muh pahr-lay.
You speak to me.

Vous me dites quelque chose.
Voo muh deet kell-kuh shohz.
You tell me something.

M. Berlitz nous parle.
Muss-yuh Bair-leetz noo pahrl.
Mr. Berlitz speaks to us.

Il nous dit quelque chose.
Eel noo dee kell-kuh shohz.
He tells us something.

NOTE to Student: There is no difference in French between "I tell him it" and "I tell it to him." Both are expressed by *"Je le lui dis."* In the same way, "He gives you the watch" or "He gives the watch to you" must be expressed by *"Il vous donne la montre."* These indirect pronouns, *me, vous, lui, nous, leur,* mean "to me", "to you", "to him", or "to her", "to us", and "to them". These are called the indirect object pronouns.

Me becomes *moi* with the imperative affirmative, as in "Tell me"—*Dites-moi.* With the negative imperative, it does not change. Example: "Don't tell me"—*Ne me dites pas.*

Nous parlons à M. Berlitz.
Noo pahr-lohn zah Muss-yuh Bair-leetz.
We speak to Mr. Berlitz.

Nous lui disons quelque chose.
Noo lwee dee-zohng kell-kuh shohz.
We tell him something.

M. Berlitz parle aux élèves.
Muss-yuh Bair-leetz pahrl oh zay-levv.
Mr. Berlitz speaks to the pupils.

Il leur dit quelque chose.
Eel luhr dee kell-kuh shohz.
He tells them something.

Les élèves parlent à Monsieur Berlitz.
Lay zay-levv pahrl tah Muss-yuh Bair-leetz.
The pupils speak to Mr. Berlitz.

Ils lui disent quelque chose.
Eel lwee deez kell-kuh shohz.
They tell him something.

Je vous parle.
Zhuh voo pahrl.
I speak to you.

Je vous dis mon nom.
Zhuh voo dee mohng nohng.
I tell you my name.

Qu'est-ce que je vous dis?
Kess kuh zhuh voo dee?
What do I tell you?

Vous me dites votre nom.
Voo muh deet vohtr nohng.
You tell me your name.

Dites-moi votre nom, s'il vous plaît.
Deet-mwah vohtr nohng, seel voo pleh.
Tell me your name, please.

Dites-moi ce qu'il y a sur la table.
Deet-mwah suh keel yah sewr lah tahbl.
Tell me what is on the table.

Qu'est-ce que vous me dites?
Kess kuh voo muh deet?
What do you tell me?

Monsieur Favre, dites-moi de quelle couleur est ce chapeau.
Muss-yuh Fahvr, deet-mwah duh kell koo-luhr eh suh shah-poh.
Mr. Favre, tell me what color this hat is.

Le professeur dit "Bonjour" aux élèves.
Luh praw-fess-err dee "Bohng-zhoor" oh zay-levv.
The teacher says "Good day" to the pupils.

Que dit le professeur?   **Que dit le professeur après la classe?**
Kuh dee luh praw-fess-err?   Kuh dee luh praw-fess-err ah-preh lah klahss?
What does the teacher say?   What does the teacher say after the class?

Le professeur dit "Au revoir."
Luh praw-fess-err dee "Ohr-vwahr".
The teacher says "Good bye".

Les élèves disent "Au revoir" au professeur.
Lay zay-levv deez "Ohr-vwahr" oh praw-fess-err.
The pupils say "Good bye" to the teacher.

REMEMBER this Idiom: *Ce qu'il y a* means "what there is." It is an extremely handy construction. Example: "Tell me what there is in the bag"—*Dites-moi ce qu'il y a dans la valise.*

Au Revoir Fifi   *Merci, Monsieur*

THINKING IN FRENCH
(Answers on page 256)

1. Le professeur donne-t-il un livre à Madame de la Pompe?

2. Que donne le professeur à Fifi?

3. Que fait Madame de la Pompe?

4. Fifi et Madame de la Pompe donnent-elles un chapeau au professeur?

5. Qui parle à Fifi?

6. Que lui dit le professeur?

7. Madame de la Pompe dit-elle quelque chose à Toto?

8. Lui donne-t-elle quelque chose?

9. Que dit Toto?

10. Est-ce que les élèves parlent au professeur pendant la classe?

11. Lui disent-ils "Bonjour" avant la classe?

12. Que leur dit le professeur après la classe?

13. Dites-moi ce qu'il y a dans la main gauche de Madame de la Pompe.

14. Qu'est-ce que vous me dites?

15. Qu'est-ce que Madame de la Pompe dit au professeur?

LEÇON 20

Avec quoi marchons-nous?
Ah-vek kwah mahr-shohng-noo?
With what do we walk?

Nous écrivons avec un crayon.
Noo zay-kree-vohn zah-vek uhng kreh-yohng.
We write with a pencil.

Nous écrivons avec une plume.
Noo zay-kree-vohn zah-vek ewn plewm.
We write with a pen.

Nous marchons avec les pieds.
Noo mahr-shohn zah-vek lay p'yay.
We walk with the feet.

Nous coupons avec un couteau.
Noo koo-pohn zah-vek uhng koo-toh.
We cut with a knife.

Nous prenons avec les mains.
Noo pruh-nohn zah-vek lay mahng.
We take with the hands.

Que faisons-nous avec un crayon?
Kuh fuh-zohng-noo zah-vek uhng krey-yohng?
What do we do with a pencil?

Avec une plume?
Ah-vek ewn plewm?
With a pen?

Avec un couteau?
Ah-vek uhng koo-toh?
With a knife?

Avec les pieds?
Ah-vek lay p'yay?
With the feet?

Avec les mains?
Ah-vek lay mahng?
With the hands?

Avec quoi écrivons-nous?
Ah-vek kwah ay-kree-vohng-noo?
With what do we write?

Avec quoi est-ce que je coupe le papier?
Ah-vek kwah ess kuh zhuh koop luh pahp-yay?
With what do I cut the paper?

Avec quoi marchons-nous?
Ah-vek kwah mahr-shohng-noo?
With what do we walk?

Avec les yeux nous voyons.
Ah-vek layz yuh noo vwah-yohng.
We see with the eyes.

Avec les oreilles nous entendons.
Ah-vek lay zoh-iaye noo zawn-tawn-dohng.
We hear with the ears.

Je ferme les yeux,
Zhuh fairm layz yuh,
I close my eyes,

je ne vois pas.
zhuh nuh vwah pah.
I do not see.

J'ouvre les yeux,
Zhoovr layz yuh,
I open my eyes,

je vois.
zhuh vwah.
I see.

Vous êtes devant moi,
Voo zett duh-vawng mwah,
You are before me,

je vous vois.
zhuh voo vwah.
I see you.

M. Lacoste n'est pas ici,
Muss-yuh Lah-kost neh pah zee-see.
Mr. Lacoste is not here,

je ne vois pas M. Lacoste.
zhuh nuh vwah pah Muss-yuh Lah-kost.
I do not see Mr. Lacoste.

La table est-elle devant vous?
Lah tahbl eh-tell duh-vawng voo?
Is the table before you?

Voyez-vous la table?
Vwah-yay-voo lah tahbl?
Do you see the table?

La fenêtre est-elle derrière vous?
Lah fuh-nehtr eh-tell dair-yair voo?
Is the window behind you?

Voyez-vous la fenêtre?
Vwah-yay-voo lah fuh-nehtr?
Do you see the window?

Fermez les yeux.
Fair-may layz yuh.
Close your eyes.

Voyez-vous?
Vwah-yay-voo?
Do you see?

Que voyez-vous sur la table?
Kuh vwah-yay-voo sewr lah tahbl?
What do you see on the table?

Qui voyez-vous ici?
Kee vwah-yay-voo zee-see?
Whom do you see here?

Je parle,
Zhuh pahrl,
I speak,

vous m'entendez parler.
voo mawn-tawn-day pahr-lay.
you hear me speaking.

Qui entendez-vous?
Kee awn-tawn-day-voo?
Whom do you hear?

J'entends mon professeur.
Zhawn-tawng mohng praw-fess-err.
I hear my teacher.

Je frappe.
Zhuh frahpp.
I knock.

Qu'entendez-vous?
Kawn-tawn-day-voo?
What do you hear?

J'entends frapper.
Zhawn-tawng frah-pay.
I hear knocking.

Entendez-vous les autos dans la rue?
Awn-tawn-day-voo lay zoh-toh dawng lah rew?
Do you hear the autos in the street?

 NOTE to Student: When a direct object pronoun is used, as in "I see you"—*Je vous vois* or "He hears it"—*Il l'entend,* the forms used are, *me, le, la, vous, nous, les.* Notice that some of them are different from the indirect object pronouns of the preceding lesson.

When both indirect and direct pronouns are used together, as in "He gives it to her"—*il le lui donne* or "She tells it to me"—*elle me le dit,* the indirect object comes first, except in the case of *lui* and *leur.* Example: "He gives it to them"—*Il le leur donne.*

Avec le nez nous sentons.
Ah-vek luh nay noo sawn-tohng.
With the nose we smell.

Les fleurs sentent bon.
Lay fluhr sawnt bohng.
Flowers smell good.

L'encre ne sent pas bon,
Lawnkr nuh sawng pah bohng,
Ink does not smell good,

elle sent mauvais.
ell sawng moh-veh.
it smells bad.

L'oignon sent mauvais.
Lun-yohng sawng moh-veh.
The onion smells bad.

Voici des fleurs: la rose,   la violette,   la tulipe,   etc.
Vwah-see day fluhr: *lah rohz,*   *lah v'yoh-lett,*   *lah tew-leep,*   *etc.*
Here are some flowers: the rose,   the violet,   the tulip,   etc.

La rose sent-elle bon?   Le gaz sent-il bon?
Lah rohz sawn-tell bohng?   *Luh gahz sawn-teel bohng?*
Does the rose smell good?   Does gas smell good?

Avec la bouche nous mangeons et nous buvons.
Ah-vek lah boosh noo mawn-zhohng ay noo bew-vohng.
With the mouth we eat and we drink.

Nous mangeons du pain,   de la viande,   du poisson,
Noo mawn-zhohng dew pahng,   *duh lah v'yawnd,*   *dew pwah-sohng,*
We eat bread,   meat,   fish,

     des légumes,   et des fruits.
     day lay-gewm,   *ay day frwee.*
     vegetables,   and fruit.

Légumes: les haricots,   les petits pois,   le chou,
Lay-gewm: *lay ah-ree-koh,*   *lay puh-tee pwah,*   *luh shoo,*
Vegetables: beans,   peas,   cabbage,

     les pommes de terre,   etc.
     lay pum duh tair,   *etc.*
     potatoes,   etc.

Fruits: la pomme,   la poire,   la pêche,
Frwee: *lah pum,*   *lah pwahr,*   *lah pehsh,*
Fruits: the apple,   the pear,   the peach,

     le raisin,   la fraise,   etc.
     luh reh-zahng,   *lah frehz,*   *etc.*
     the grapes,   the strawberry,   etc.

Viandes: le jambon,   le poulet,   la côtelette d'agneau,
V'yawnd: *luh zhawm-bohng,*   *luh poo-leh,*   *lah koht-lett dahn-yoh,*
Meats: ham,   chicken,   lamb chop,

     le rosbif,   le bifteck.   etc.
     luh russ-beef.   *luh beef-tek.*   *etc.*
     roastbeef,   beefsteak.   etc.

Nous buvons de l'eau,   du vin,   de la bière,
Noo bew-vohng duh loh,   *dew vahng,*   *duh lah b'yair,*
We drink water,   wine,   beer,

     du thé,   du lait,   du café.
     dew tay,   *dew leh,*   *dew kah-fay.*
     tea,   milk,   coffee.

Voici un sucrier.
Vwah-see uhng sew-kree-yay.
Here is a sugar bowl.

Il y a du sucre dans le sucrier.
Eel yah dew sewkr dawng luh sew-kree-ay.
There is sugar in the sugar bowl.

Vous mettez du sucre dans le café et dans le thé.
Voo meh-tay dew sewkr dawng luh kah-fay ay dawng luh tay.
You put sugar in coffee and in tea.

Je bois du café au lait;
Zhuh bwah dew kah-fay oh leh;
I drink coffee with milk;

je ne bois pas de café noir.
zhuh nuh bwah pah duh kah-fay nwahr.
I do not drink black coffee.

Le pain
Luh pahng
The bread
> **Je mange *du pain*.**
> *Zhuh mawnzh dew pahng.*
> I eat bread.
>
> **Je ne mange *pas de pain*.**
> *Zhuh nuh mawnzh pah duh pahng.*
> I do not eat bread.

La viande
Lah v'yawnd
The meat
> **Je mange *de la viande*.**
> *Zhuh mawnzh duh lah v'yawnd.*
> I eat meat.
>
> **Je ne mange *pas de viande*.**
> *Zhuh nuh mawnzh pah duh v'yawnd.*
> I do not eat meat.

L'eau
Loh
The water
> **Je bois *de l'eau* (*du café*).**
> *Zhuh bwah duh loh (dew kah-fay).*
> I drink water (coffee).
>
> **Je ne bois *pas d'eau* (*de café*).**
> *Zhuh nuh bwah pah doh (duh kah-fay).*
> I do not drink water (coffee).

Les fruits
Lay frwee
The fruits
> **Je mange *des fruits*.**
> *Zhuh mawnzh day frwee.*
> I eat fruits.
>
> **Je ne mange *pas de fruits*.**
> *Zhuh nuh mawnzh pah duh frwee.*
> I do not eat fruits.

REMEMBER: If you wish to say "meat" or "bread", you must really say "some meat" or "some bread" (*de la viande, du pain*). But if you use this construction negatively, you must simply use *de*. Example: "I drink milk"—*Je bois du lait.* "I don't drink milk"—*Je ne bois pas de lait.*

THINKING IN FRENCH
(Answers on page 256)

1. Avec quoi le professeur sent-il l'oignon?
2. L'oignon sent-il bon?
3. La rose sent-elle bon?
4. Madame de la Pompe sent-elle une rose ou un **oignon**?
5. Voyez-vous les choses derrière vous?
6. Voyons-nous les choses devant nous?
7. Entendons-nous quelqu'un qui frappe à la porte?
8. Entendez-vous parler le président des États-Unis à la radio?
9. Mangeons-nous du pain?
10. Voyons-nous le film (au cinéma)?
11. Mettons-nous du sucre dans le café?
12. Les Américains mangent-ils du pain blanc?
13. Les Français boivent-ils beaucoup de vin?
14. Mettons-nous du sucre sur les pommes de terre?
15. Mettez-vous du lait dans le thé?
16. Avec quoi coupons-nous la viande?
17. Mangeons-nous les petits pois avec un couteau?

LEÇON 21

Avec quoi mangeons-nous?
Ah-vek kwah mawn-zhohng-noo?
With what do we eat?

Avec quoi mangeons-nous la soupe?
Ah-vek kwah mawn-zhohng-noo lah soop?
With what do we eat soup?

Nous mangeons la soupe avec une cuillère.
Noo mawn-zhohng lah soop ah-vek ewn kwee-yair.
We eat soup with a spoon.

Avec quoi coupons-nous la viande?
Ah-vek kwah koo-pohng-noo lah v'yawnd?
With what do we cut meat?

Nous coupons la viande avec un couteau.
Noo koo-pohng lah v'yawnd ah-vek uhng koo-toh.
We cut meat with a knife.

Avec quoi mangeons-nous la viande?
Ah-vek kwah mawn-zhohng-noo lah v'yawnd?
With what do we eat meat?

Nous mangeons la viande avec une fourchette.
Noo mawn-zhohng lah v'yawnd ah-vek ewn foor-shett.
We eat meat with a fork.

Voici une assiette.
Vwah-see ewn ahss-yet.
Here is a plate.

Voilà un plat.
Vwah-lah uhng plah.
There is a platter.

Sur quoi mettons-nous la viande?
Sewr kwah meh-tohng-noo lah v'yawnd?
On what do we put meat?

Nous mettons la viande sur une assiette.
Noo meh-tohng lah v'yawnd sewr ewn ahss-yet.
We put meat on a plate.

Le verre, la tasse.
Luh vair, lah tahss.
The glass, the cup.

Dans quoi buvons-nous le vin?
Dawng kwah bew-vohng-noo luh vahng?
In what do we drink wine?

Nous buvons le vin dans un verre.
Noo bew-vohng luh vahng dawn zuhng vair.
We drink wine in a glass.

Dans quoi buvons-nous le thé?
Dawng kwah bew-vohng-noo luh tay?
In what do we drink tea?

Nous buvons le thé dans une tasse.
Noo bew-vohng luh tay dawn zewn tahss.
We drink tea in a cup.

Le pain est bon à manger.
Luh pahng eh bohn nah mawn-zhay.
Bread is good to eat.

Le papier n'est pas bon à manger.
Luh pahp-yay neh pah bohn nah mawn-zhay.
Paper is not good to eat.

NOTE to Student: In this lesson, you have noticed the form *manger*, meaning "to eat". This is the infinitive form. All verbs are divided into groups, called conjugations, which you can recognize by their infinitive endings: that is, whether their infinitives end in *-er, -ir, -oir,* or *-re.* Examples: *manger, finir, voir, écrire.* All French verbs belong to one of these categories, which will help you later in using these verbs in different tenses.

For the present, just remember that, when a verb is used with "I like to," such a verb must be written in the infinitive form. Example: "I like to speak French"—*J'aime parler français;* "He likes to drink wine"—*Il aime boire le vin.*

L'eau est bonne à boire.
Loh eh bun ah bwahr.
Water is good to drink.

L'encre n'est pas bonne à boire.
Lawnkr neh pah bun ah bwahr.
Ink is not good to drink.

Ce crayon n'écrit pas: **il n'est pas bon,**   **il est mauvais.**
Suh kreh-yohng nay-kree pah: *eel neh pah bohng,*   *eel eh moh-veh.*
This pencil does not write: it is not good,   it is bad.

Mon couteau ne coupe pas,   **il est mauvais.**
Mohng koo-toh nuh koop pah,   *eel eh moh-veh.*
My knife does not cut,   it is bad.

Cette plume-ci est cassée;   **elle est mauvaise.**
Sett plewm-see eh kah-say;   *ell eh moh-vez.*
This pen is broken;   it is bad.

L'autre plume est bonne.
Lohtr plewm eh bun.
The other pen is good.

La rose sent bon;   **la rose a une odeur agréable.**
Lah rohz sawng bohng;   *lah rohz ah ewn oh-duhr ah-gray-ahbl.*
The rose smells good;   the rose has a pleasant odor.

L'encre sent mauvais;   **l'encre a une odeur désagréable.**
Lawnkr sawng moh-veh;   *lawnkr ah ewn oh-duhr day-zah-gray-ahbl.*
Ink smells bad;   ink has an unpleasant odor.

L'odeur du gaz est-elle agréable?
Loh-duhr dew gahz eh-tell ah-gray-ahbl?
Is the odor of gas pleasant?

Non, elle n'est pas agréable,   **mais désagréable.**
Nohng, ell neh pah zah-gray-ahbl,   *meh day-zah-gray-ahbl.*
No, it is not pleasant,   but unpleasant.

La fraise a une odeur agréable et elle a un goût agréable.
Lah frehz ah ewn oh-duhr ah-gray-ahbl ay ell ah uhng goo ah-gray-ahbl.
The strawberry has a pleasant odor and a pleasant taste.

Le café avec du sucre a un goût agréable.
Luh kah-fay ah-vek dew sewkr ah uhng goo ah-gray-ahbl.
Coffee with sugar has a pleasant taste.

Le café avec de la bière a un goût désagréable.
Luh kah-fay ah-vek duh lah b'yair ah uhng goo day-zah-gray-ahbl.
Coffee with beer has a disagreeable taste.

Vous aimez sentir une odeur agréable.
Voo zeh-may sawn-teer ewn oh-duhr ah-gray-ahbl.
You like to smell an agreeable odor.

Vous n'aimez pas sentir une odeur désagréable.
Voo neh-may pah sawn-teer ewn oh-duhr day-zah-gray-ahbl.
You do not like to smell an unpleasant odor.

Nous aimons manger les bonnes choses.
Noo zeh-mohng mawn-zhay lay bun shohz.
We like to eat good things.

Nous n'aimons pas manger les mauvaises choses.
Noo neh-mohng pah mawn-zhay lay moh-vez shohz.
We do not like to eat bad things.

Les choses qui sont agréables à voir sont belles.
Lay shohz kee sohn tah-gray-ahbl zah vwahr sohng bell.
Things which are pleasant to see are beautiful.

La statue de Vénus est belle;
Lah stah-tew duh Vay-newss eh bell;
The statue of Venus is beautiful;

le Louvre est beau.
luh Loovr eh boh.
the Louvre is beautiful.

Au musée il y a de belles statues et de beaux tableaux.
Oh mew-zay eel yah duh bell stah-tew ay duh boh tah-bloh.
In the museum, there are beautiful statues and beautiful pictures.

Ce qui est désagréable à voir est laid.
Suh kee eh day-zah-gray-ahbl ah vwahr eh leh.
What is unpleasant to see is ugly.

L'araignée est laide.
Lah-rehn-yay eh lehd.
The spider is ugly.

Le singe n'est pas beau,
Luh sahnzh neh pah boh,
The monkey is not beautiful,

il est laid.
eel eh leh.
it is ugly.

Le cheval est beau;
Luh shuh-vahl eh boh;
The horse is beautiful;

le chameau est laid.
luh shah-moh eh leh.
the camel is ugly.

Le paon est beau;
Luh pawng eh boh;
The peacock is beautiful;

le hibou est laid.
luh ee-boo eh leh.
the owl is ugly.

THINKING IN FRENCH
(Answers on page 257)

1. La rose a-t-elle une odeur agréable?
2. Le fromage a-t-il une odeur agréable?
3. Le café sucré a-t-il un goût agréable?
4. La soupe sucrée a-t-elle un goût agréable?
5. Le chou a-t-il une odeur agréable?
6. La fraise a-t-elle un goût agréable?
7. Aimez-vous manger les pommes vertes?
8. Aimez-vous le fromage?
9. Aimez-vous boire la citronnade sans sucre?
10. Aimez-vous la bière?
11. Les demoiselles aiment-elles les bonbons?
12. Les dames aiment-elles le thé?

13. Aimez-vous parler français?

14. Aimez-vous la France?

15. Est-ce que la statue de Vénus est belle?

16. Les robes de Schiaparelli sont-elles belles?

17. Ses chapeaux sont-ils beaux?

18. Ma cravate est-elle belle?

19. Mon écriture est-elle belle?

20. Le hibou est-il beau ou laid?

21. Le paon est-il beau?

22. La langue française est-elle belle?

23. Est-elle agréable à entendre?

Je n'en ai pas — j'en prends.
Zhuh nawn nay pah — zhawng prawng.
I have none — I take some.

Mangez-vous du pain?
Mawn-zhay-voo dew pahng?
Do you eat (any) bread?

Oui, je mange du pain.
Wee, zhuh mawnzh dew pahng.
Yes, I eat (some) bread.

Non, je ne mange pas de pain.
Nohng, zhuh nuh mawnzh pah duh pahng.
No, I do not eat (any) bread.

Oui, j'en mange.
Wee, zhawng mawnzh.
Yes, I eat some.

Non, je n'en mange pas.
Nohng, zhuh nawng mawnzh pah.
No, I do not eat any.

Buvez-vous du vin?
Bew-vay-voo dew vahng?
Do you drink (any) wine?

Oui, je bois du vin.
Wee, zhuh bwah dew vahng.
Yes, I drink (some) wine.

Non, je ne bois pas de vin.
Nohng, zhuh nuh bwah pah duh vahng.
No, I do not drink (any) wine.

Oui, j'en bois.
Wee, zhawng bwah.
Yes, I drink some.

Non, je n'en bois pas.
Nohng, zhuh nawng bwah pah.
No, I do not drink any.

NOTE to Student: As you have noticed above, *EN* can substitute for *du, de la, de l'*, or *des* and the word that follows them. Example: *Avez-vous de l'argent?* (Have you some money?)—*Oui, j'en ai.* (Yes, I have some.) or *Non, je n'en ai pas.* (No, I haven't any.) *EN* can be substituted for singular or plural.

Ce monsieur mange-t-il de la viande?
Suh muss-yuh mawnzh-teel duh lah v'yawnd?
Does this gentleman eat (any) meat?

Oui, il mange de la viande.
Wee, eel mawnzh duh lah v'yawnd.
Yes, he eats (some) meat.

Oui, il en mange.
Wee, eel awng mawnzh.
Yes, he eats some.

Non, il ne mange pas de viande.
Nohng, eel nuh mawnzh pah duh v'yawnd.
No, he does not eat (any) meat.

Non, il n'en mange pas.
Nohng, eel nawng mawnzh pah.
No, he doesn't eat any.

M. Arnault boit-il de la bière?
Muss-yuh Ahr-noh, bwah-teel duh lah b'yair?
Does Mr. Arnault drink (any) beer?

Oui, il boit de la bière.
Wee, eel bwah duh lah b'yair.
Yes, he drinks (some) beer.

Oui, il en boit.
Wee, eel awng bwah.
Yes, he drinks some.

Non, il ne boit pas de bière.
Vohng, eel nuh bwah pah duh b'yair.
No, he doesn't drink (any) beer.

Non, il n'en boit pas.
Nohng, eel nawng bwah pah.
No, he doesn't drink any.

Mangeons-nous des pommes?
Mawn-zhohng-noo day pum?
Do we eat (some) apples?

Oui, nous mangeons des pommes.
Wee, noo mawn-zhohng day pum.
Yes, we eat (some) apples.

Oui, nous en mangeons.
Wee, noo zawng mawn-zhohng.
Yes, we eat some.

Non, nous ne mangeons pas de pommes.
Nohng, noo nuh mawn-zhohng pah duh pum.
No, we do not eat (any) apples.

Non, nous n'en mangeons pas.
Nohng, noo nawng mawn-zhohng pah.
No, we do not eat any.

J'ai un crayon.
Zhay uhng kreh-yohng.
I have a pencil.

J'en ai un.
Zhawn nay uhng.
I have one (of them).

J'ai deux crayons.
Zhay duh kreh-yohng.
I have two pencils.

J'en ai deux.
Zhawn nay duh.
I have two (of them).

J'ai trois crayons.
Zhay trwah kreh-yohng.
I have three pencils.

J'en ai trois.
Zhawn nay trwah.
I have three (of them).

J'ai beaucoup de crayons.
Zhay boh-koo duh kreh-yohng.
I have many pencils.

J'en ai beaucoup.
Zhawn nay boh-koo.
I have many (of them).

J'ai peu de crayons.
Zhay puh duh kreh-yohng.
I have few pencils.

J'en ai peu.
Zhawn nay puh.
I have few (of them).

J'ai des crayons.
Zhay day kreh-yohng.
I have some pencils.

J'en ai.
Zhawn nay.
I have some.

Je n'ai pas de crayons.
Zhuh nay pah duh kreh-yohng.
I have no pencils.

Je n'en ai pas.
Zhuh nawn nay pah.
I have none.

HELPFUL HINTS: The proper use of this small word *EN*, which is really extremely easy, is one of the little things that can help you master idiomatic French.

THINKING IN FRENCH

(Answers on page 257)

Try substituting *EN* for the nouns in your answers to the questions below. Answer each both affirmatively and negatively.

1. Mangez-vous du pain?
2. Georges mange-t-il de la viande?
3. Mangeons-nous des haricots?
4. Buvez-vous du lait?
5. Est-ce que je bois de la citronnade?
6. Mademoiselle Rolland prend-elle du sucre dans son café?
7. Ces messieurs mangent-ils des asperges?
8. Boivent-ils de l'eau?
9. Prennent-ils du café?
10. Buvez-vous du vin?
11. Voulez-vous de la bière?
12. Ces demoiselles veulent-elles du thé?
13. Prennent-elles du lait?
14. Écrivez-vous des lettres?
15. Votre professeur lit-il des livres anglais?

16. Voyez-vous des allumettes dans cette boîte?

17. Avez-vous des allumettes?

18. Voulez-vous de l'eau?

19. Buvez-vous de l'eau?

20. Avez-vous de l'argent dans votre porte-monnaie?

21. Voulez-vous de la monnaie?

22. Mangeons-nous de la viande à tous les repas?

23. Buvez-vous du café au lait?

24. Combien de doigts avons-nous?

25. Avez-vous beaucoup d'argent?

26. M Berlitz a-t-il beaucoup de cheveux?

27. Y a-t-il des livres sur la table?

28. Y a-t-il beaucoup de plumes dans cette boîte?

29. Avez-vous peu d'argent?

30. Avons-nous beaucoup d'exercices?

31. Écrivez-vous beaucoup de lettres?

32. Lisez-vous beaucoup de livres?

Je ne peux pas voir.
Zhuh nuh puh pah vwahr.
I cannot see.

Je touche la table,	**la chaise,**	**le livre,**	**etc.**
Zhuh toosh lah tahbl,	*lah shez,*	*luh leevr,*	*etc.*
I touch the table,	the chair,	the book,	etc.

Touchez la table.   **Vous touchez la table.**
Too-shay lah tahbl.   *Voo too-shay lah tahbl.*
Touch the table.   You touch the table.

Que faites-vous?   **Je touche la table.**
Kuh fett-voo?   *Zhuh toosh lah tahbl.*
What do you do?   I touch the table.

Touchez le livre,	**la chaise,**	**la table.**
Too-shay luh leevr,	*lah shez,*	*lah tahbl.*
Touch the book,	the chair,	the table.

Touchez le plafond.
Too-shay luh plah-fohng.
Touch the ceiling.

Vous ne pouvez pas toucher le plafond.
Voo nuh poo-vay pah too-shay luh plah-fohng
You cannot touch the ceiling.

Je ne peux pas toucher le plafond.
Zhuh nuh puh pah too-shay luh plah-fohng.
I cannot touch the ceiling.

Monsieur ne peut pas toucher le plafond.
Muss-yuh nuh puh pah too-shay luh plah-fohng.
The gentleman cannot touch the ceiling.

Vous pouvez toucher la table.
Voo poo-vay too-shay lah tahbl.
You can touch the table.

Je peux toucher la chaise.
Zhuh puh too-shay lah shez.
I can touch the chair.

Monsieur peut toucher le livre.
Muss-yuh puh too-shay luh leevr.
This gentleman can touch the book.

Pouvez-vous toucher la table?
Poo-vay-voo too-shay lah tahbl?
Can you touch the table?

Est-ce que je peux toucher le plafond?
Ess kuh zhuh puh too-shay luh plah-fohng?
Can I touch the ceiling?

Madame peut-elle toucher la chaise?
Mah-dahm puh-tell too-shay lah shez?
Can the lady touch the chair?

Je ferme la porte:
Zhuh fairm lah pohrt:
I close the door:

la porte est fermée,
lah pohrt eh fair-may,
the door is closed,

je ne peux pas sortir.
zhuh nuh puh pah sohr-teer.
I cannot go out.

J'ouvre la porte:
Zhoovr lah pohrt:
I open the door:

la porte est ouverte,
lah pohrt eh too-vairt,
the door is open,

je peux sortir.
zhuh puh sohr-teer.
I can go out.

J'ai un crayon:
Zhay uhng kreh-yohng:
I have a pencil:

je peux écrire.
zhuh puh zay-kreer.
I can write.

Monsieur n'a pas de crayon:
Muss-yuh nah pah duh kreh-yohng:
This gentleman has no pencil:

il ne peut pas écrire.
eel nuh puh pah zay-kreer
he cannot write.

Le plafond est haut: je ne peux pas le toucher.
Luh plah-fohng eh oh: *zhuh nuh puh pah luh too-shay.*
The ceiling is high: I cannot touch it.

La lampe est basse: je peux la toucher.
Lah lawmp eh bahss: *zhuh puh lah too-shay.*
The lamp is low: I can touch it.

NOTE to Student: "Can" and "to be able" are expressed by the verb *pouvoir,* which is conjugated like any other verb. However, the verb used after *pouvoir* must be used in the infinitive form. Examples: "We cannot see him"— *Nous ne pouvons pas le voir.* "Can he go?"—*Peut-il aller?*

In this lesson, you have noticed the past participle of the verb used as an adjective, as in the case of *fermé, cassé,* etc. These participles agree with the word they modify in number and gender. Example: "The pencil is broken"—*Le crayon est cassé.* "The windows are broken"—*Les fenêtres sont cassées.* Participles, like adjectives, add "e" to the masculine form to make the feminine, and add "s" to the singular to make the plural.

Je peux voir les choses devant moi;
Zhuh puh vwahr lay shohz duh-vawng mwah;
I can see the things in front of me;

je ne peux pas voir les choses derrière moi.
zhuh nuh puh pah vwahr lay shohz dair-yair mwah.
I cannot see the things behind me.

Je ferme les yeux: je ne peux pas voir.
Zhuh fairm layz yuh: *zhuh nuh puh pah vwahr.*
I close my eyes: I cannot see.

Monsieur a un couteau: il peut couper le papier.
Muss-yuh ah uhng koo-toh: *eel puh koo-pay luh pahp-yay.*
This gentleman has a knife: he can cut the paper.

Je n'ai pas de couteau: je ne peux pas couper le papier.
Zhuh nay pah duh koo-toh: *zhuh nuh puh pah koo-pay luh pahp-yay*
I have no knife: I cannot cut the paper.

M. Berlitz a des lunettes;   il peut voir avec des lunettes;
Muss-yuh Bair-leetz ah day lew-net;   *eel puh vwahr ah-vek day lew-net;*
Mr. Berlitz has glasses;   he can see with glasses;

il ne peut pas voir sans lunettes.   Puis-je toucher le plafond?
eel nuh puh pah vwahr sawng lew-net.   *Pweezh too-shay luh plah-fohng?*
he cannot see without glasses.   Can I touch the ceiling?

Non, vous ne pouvez pas toucher le plafond.
Nohng, voo nuh poo-vay pah too-shay luh plah-fohng.
No, you cannot touch the ceiling.

Puis-je toucher la lampe?	Oui, vous pouvez la toucher.
Pweezh too-shay lah lawmp?	*Wee, voo poo-vay lah too-shay.*
Can I touch the lamp?	Yes, you can touch it.

Pouvez-vous compter mes cheveux?
Poo-vay-voo kohn-tay may shuh-vuh?
Can you count my hair?

Non, je ne peux pas les compter.
Nohng, zhuh nuh puh pah lay kohn-tay.
No, I cannot count it.

Pouvez-vous compter mes livres?	Oui, je peux les compter.
Poo-vay-voo kohn-tay may leevr?	*Wee, zhuh puh lay kohn-tay.*
Can you count my books?	Yes, I can count them.

Comptez-les.
Kohn-tay-lay.
Count them.

Pouvons-nous casser la clé?
Poo-vohng-noo kah-say lah klay?
Can we break the key?

Non, nous ne pouvons pas la casser.
Nohng, noo nuh poo-vohng pah lah kah-say.
No, we cannot break it.

Pouvons-nous casser l'allumette?	Oui, nous pouvons la casser.
Poo-vohng-noo kah-say lah-lew-met?	*Wee, noo poo-vohng lah kah-say.*
Can we break the match?	Yes, we can break it.

REMEMBER: *Sans* can be used with the word it modifies without any article. Example: "Without a key"—*Sans clé.*

Toto   *Fifi*   *le Professeur*

THINKING IN FRENCH

(Answers on page 258)

1. Fifi touche-t-elle Toto?
2. Peut-elle toucher la main droite du professeur?
3. Le professeur peut-il toucher le chapeau de Fifi?
4. Le touche-t-il?
5. La lampe est-elle basse?
6. Le professeur peut-il la toucher?
7. Que touche le professeur?
8. Le professeur porte-t-il des lunettes?
9. Peut-il voir sans lunettes?
10. La porte est ouverte; pouvez-vous sortir de la chambre?
11. Je n'ai ni plume ni crayon; puis-je écrire?
12. Pouvons-nous voir les choses derrière nous?
13. Les élèves peuvent-ils toucher le plafond?
14. Pouvez-vous casser une allumette?
15. Est-ce que vous pouvez casser la clé de la porte?
16. Est-ce que vous pouvez toucher votre livre?

Sans lunettes je ne peux pas voir.
Sawng lew-net zhuh nuh puh pah vwahr.
Without glasses, I cannot see.

Je ne peux pas couper le papier,
Zhuh nuh puh pah koo-pay luh pahp-yay,
I cannot cut the paper,

je n'ai pas de couteau.
zhuh nay pah duh koo-toh.
I have no knife.

Je ne peux pas couper le papier parce que je n'ai pas de couteau.
Zhuh nuh puh pah koo-pay luh pahp-yay pahrss kuh zhuh nay pah duh koo-toh.
I cannot cut the paper because I have no knife.

Puis-je couper le papier?
Pweezh koo-pay luh pahp-yay?
Can I cut the paper?

Non, vous ne pouvez pas le couper.
Nohng, voo nuh poo-vay pah luh koo-pay.
No, you cannot cut it.

Pourquoi?
Poor-kwah?
Why?

Parce que vous n'avez pas de couteau.
Pahrss kuh voo nah-vay pah duh koo-toh.
Because you have no knife.

Pourquoi ne puis-je pas couper le papier?
Poor-kwah nuh pweezh pah koo-pay luh pahp-yay?
Why can I not cut the paper?

Parce que vous n'avez pas de couteau.
Pahrss kuh voo nah-vay pah duh koo-toh.
Because you have no knife.

La porte est fermée;   vous ne pouvez pas sortir.
Lah pohrt eh fair-may;   *voo nuh poo-vay pah sohr-teer.*
The door is closed;   you cannot go out.

Pourquoi ne pouvez-vous pas sortir?
Poor-kwah nuh poo-vay-voo pah sohr-teer?
Why can you not go out?

Parce que la porte est fermée.
Pahrss kuh lah pohrt eh fair-may.
Because the door is closed.

Cette boîte est petite;   ce livre est grand;
Sett bwaht eh puh-teet;   *suh leevr eh grawng;*
This box is small;   this book is large;

nous ne pouvons pas mettre le livre dans la boîte.
noo nuh poo-vohng pah mehtr luh leevr dawng lah bwaht.
we cannot put the book in the box.

Pourquoi ne pouvons-nous pas mettre le livre dans la boîte?
Poor-kwah nuh poo-vohng-noo puh mehtr luh leevr dawng lah bwaht?
Why can we not put the book in the box?

Parce que le livre est grand et la boîte est petite.
Pahrss kuh luh leevr eh grawng ay lah bwaht eh puh-teet.
Because the book is large and the box is small.

Fermez les yeux;   vous ne pouvez pas voir.
Fair-may layz yuh;   *voo nuh poo-vay pah vwahr.*
Close your eyes;   you cannot see.

Pourquoi ne pouvez-vous pas voir?   Parce que je ferme les yeux.
Poor-kwah nuh poo-vay-voo pah vwahr?   *Pahrss kuh zhuh fairm layz yuh.*
Why can you not see?   Because I close my eyes.

Monsieur Berlitz n'est pas ici.
Muss-yuh Bair-leetz neh pah zee-see.
Mr. Berlitz is not here.

Pourquoi les élèves ne peuvent-ils pas voir M. Berlitz?
Poor-kwah lay zay-levv nuh puhv-teel pah vwahr Muss-yuh Bair-leetz?
Why can't the pupils see Mr. Berlitz?

Parce qu'il n'est pas ici.
Pahrss keel neh pah zee-see.
Because he is not here.

Je prends votre livre.
Zhuh prawng vohtr leevr.
I take your book.

Pouvez-vous lire?
Poo-vay-voo leer?
Can you read?

Non, je ne peux pas.
Nohng, zhuh nuh puh pah.
No, I cannot.

Pourquoi?
Poor-kwah?
Why?

Parce que je n'ai pas de livre.
Pahrss kuh zhuh nay pah duh leevr.
Because I have no book.

M. Berlitz n'a pas ses lunettes.
Muss-yuh Bair-leetz nah pah say lew-net.
Mr. Berlitz hasn't his glasses.

Est-ce qu'il peut voir sans lunettes?
Ess keel puh vwahr sawng lew-net?
Can he see without glasses?

Non, il ne peut pas voir.
Nohng, eel nuh puh pah vwahr.
No, he cannot see.

Pourquoi ne peut-il pas voir?
Poor-kwah nuh puh-teel pah vwahr?
Why can't he see?

Parce qu'il n'a pas ses lunettes.
Pahrss keel nah pah say lew-net.
Because he hasn't his glasses.

La porte est ouverte.
Lah pohrt eh too-vairt.
The door is open.

Pouvez-vous sortir?
Poo-vay-voo sohr-teer?
Can you go out?

Oui, je peux sortir.
Wee, zhuh puh sohr-teer.
Yes, I can go out.

Pourquoi ne sortez-vous pas?
Poor-kwah nuh sohr-tay-voo pah?
Why don't you go out?

Parce que je ne veux pas.
Pahrss kuh zhuh nuh vuh pah.
Because I do not wish to.

Vous ne sortez pas parce que vous ne voulez pas.
Voo nuh sohr-tay pah pahrss kuh voo nuh voo-lay pah.
You do not leave because you do not wish to.

Pouvez-vous déchirer votre livre?
Poo-vay-voo day-shee-ray vohtr leevr?
Can you tear your book?

Oui, je peux le déchirer.
Wee, zhuh puh luh day-shee-ray.
Yes, I can tear it.

Pourquoi ne le déchirez-vous pas?
Poor-kwah nuh luh day-shee-ray-voo pah?
Why don't you tear it?

Parce que je ne veux pas.
Pahrss kuh zhuh nuh vuh pah.
Because I do not wish to.

Vous ne le déchirez pas parce que vous ne voulez pas.
Voo nuh luh day-shee-ray pah pahrss kuh voo nuh voo-lay pah.
You do not tear it because you do not wish to.

Je peux casser ma montre,	mais je ne veux pas la casser.
Zhuh puh kah-say mah mohntr,	*meh zhuh nuh vuh pah lah kah-say.*
I can break my watch,	but I do not wish to break it.
Je peux déchirer mon veston,	mais je ne veux pas le déchirer.
Zhuh puh day-shee-ray mohng vehs-tohng,	*meh zhuh nuh vuh pah luh day-shee-ray.*
I can tear my coat,	but I do not wish to tear it.

Le professeur peut écrire sur le mur,
Luh praw-fess-err puh tay-kreer sewr luh mewr,
The teacher can write on the wall,

mais il ne veut pas écrire sur le mur.
meh zeel nuh vuh pah zay-kreer sewr luh mewr.
but he does not wish to write on the wall.

NOTE to Student: *Vouloir* means "to wish" or "to want," and is used in the same way as *pouvoir*, in the preceding lesson. It can also be used as an invitation, as in *Voulez-vous aller au cinéma?*—"Do you wish to go to the movies?" or as a polite imperative, as in *Voulez-vous fermer la porte, s'il vous plaît?*—"Will you please shut the door?"

Si, meaning "if", is used in simple conditions, just as "if" is used in English.

La porte est fermée;	la porte est ouverte.
Lah pohrt eh fair-may;	*lah pohrt eh too-vairt.*
The door is closed;	the door is open.
La porte est fermée;	nous ne pouvons pas sortir.
Lah pohrt eh fair-may;	*noo nuh poo-vohng pah sohr-teer.*
The door is closed;	we cannot go out.
Si la porte est ouverte,	nous pouvons sortir.
See lah pohrt eh too-vairt,	*noo poo-vohng sohr-teer.*
If the door is open,	we can go out.

Si nous fermons les yeux,   nous ne pouvons pas voir.
See noo fair-mohng layz yuh,   *noo nuh poo-vohng pah vwahr.*
If we close our eyes,   we cannot see.

Si je n'ai pas de craie,   je ne peux pas écrire au tableau.
See zhuh nay pah duh kreh,   *zhuh nuh puh pah zay-kreer oh tah-bloh.*
If I haven't any chalk.   I cannot write on the blackboard.

Si nous n'avons ni crayon ni plume,
See noo nah-vohng nee kreh-yohng nee plewm,
If we have neither pencil nor pen,

nous ne pouvons pas écrire.
noo nuh poo-vohng pah zay-kreer.
we cannot write.

CAUTION: There is another *si*, which is spelled the same and can be recognized only from the context. This second *si* means "yes" and is used as a very emphatic "yes" that usually contradicts what has been stated or implied. Example: *N'aimez-vous pas Hildegarde? Mais si, je l'aime beaucoup.*—"Don't you like Hildegarde? Yes, indeed, I like her very much."

THINKING IN FRENCH
(Answers on page 258)

1. Pouvez-vous sortir?
2. Voulez-vous sortir?
3. Pouvez-vous casser la fenêtre?
4. Voulez-vous casser la fenêtre?
5. Voulez-vous parler français ici?
6. Voulez-vous parler anglais?
7. Qu'est-ce que vous voulez lire, le livre ou le journal?
8. Voulez-vous manger quelque chose?
9. Voulez-vous boire quelque chose?
10. Qu'est-ce que vous voulez boire?
11. Pouvons-nous sortir si la porte n'est pas ouverte?
12. Pouvons-nous manger la soupe si nous n'avons pas de cuillère?
13. Pouvez-vous couper la viande si vous n'avez pas de couteau?
14. Pourquoi ne cassez-vous pas votre montre?
15. Pourquoi les élèves ne déchirent-ils pas leurs livres?
16. Les élèves peuvent-ils casser la fenêtre avec une balle?

Que dois-je faire pour sortir?
Kuh dwahzh fair poor sohr-teer?
What must I do to go out?

La porte est fermée.
Lah pohrt eh fair-may.
The door is closed.

Vous voulez sortir.
Voo voo-lay sohr-teer.
You wish to go out.

Vous ne pouvez pas sortir si vous n'ouvrez pas la porte:
Voo nuh poo-vay pah sohr-teer see voo noo-vray pah lah pohrt:
You cannot go out if you do not open the door:

vous êtes obligé d'ouvrir la porte pour sortir.
voo zett zoh-blee-zhay doo-vreer lah pohrt poor sohr-teer.
you are obliged to open the door to go out.

Nous ne pouvons pas voir si nous n'ouvrons pas les yeux:
Noo nuh poo-vohng pah vwahr see noo noo-vrohng pah layz yuh:
We cannot see if we do not open our eyes:

nous sommes obligés d'ouvrir les yeux pour voir.
noo sum zoh-blee-zhay doo-vreer layz yuh poor vwahr.
we are obliged to open our eyes to see.

Que sommes-nous obligés de faire pour sortir?
Kuh sum-noo zoh-blee-zhay duh fair poor sohr-teer?
What are we obliged to do in order to go out?

Nous sommes obligés d'ouvrir la porte.
Noo sum zoh-blee-zhay doo-vreer lah pohrt.
We are obliged to open the door.

Que sommes-nous obligés de faire pour voir?
Kuh sum-noo zoh-blee-zhay duh fair poor vwahr?
What are we obliged to do to see?

Nous sommes obligés d'ouvrir les yeux.
Noo sum zoh-blee-zhay doo-vreer layz yuh.
We are obliged to open our eyes.

Qu'êtes-vous obligé de faire pour parler?
Kett-voo zoh-blee-zhay duh fair poor pahr-lay?
What are you obliged to do in order to speak?

Je suis obligé d'ouvrir la bouche.
Zhuh swee zoh-blee-zhay doo-vreer lah boosh.
I am obliged to open my mouth.

Le livre de monsieur est fermé.	Peut-il lire?
Luh leevr duh muss-yuh eh fair-may.	*Puh-teel leer?*
The gentleman's book is closed.	Can he read?

Non, il ne peut pas lire.
Nohng, eel nuh puh pah leer.
No, he cannot read.

Qu'est-il obligé de faire s'il veut lire? (pour lire)
Keh-teel oh-blee-zhay duh fair seel vuh leer? (poor leer)
What must he do if he wishes to read? (in order to read)

Il est obligé d'ouvrir son livre.
Eel eh toh-blee-zhay doo-vreer sohng leevr.
He must open his book.

Les élèves n'ont ni crayon ni papier.
Lay zay-levv nohng nee kreh-yohng nee pahp-yay.
The pupils have neither pencil nor paper.

Peuvent-ils écrire?	**Non, ils ne peuvent pas écrire.**	**Pourquoi?**
Puhv-teel zay-kreer?	*Nohng, eel nuh puhv pah zay-kreer.*	*Poor-kwah?*
Can they write?	No, they cannot write.	Why?

Parce qu'ils n'ont ni papier ni crayon.
Pahrss keel nohng nee pahp-yay nee kreh-yohng.
Because they have neither paper nor pencil.

Ils ne peuvent pas écrire sans papier ni crayon.
Eel nuh puhv pah zay-kreer sawng pahp-yay nee kreh-yohng.
They cannot write without paper or pencil.

 NOTE to Student: You have noticed above how *Je suis obligé* is almost identical with our construction "I am obliged." However, there is another widely used and even simpler construction: *Il faut.* This means approximately "It is necessary" or "must". You have probably heard the expression: *Comme il faut,* which simply means, "As it is necessary," or more exactly, "As it should be." Observe how *il faut* is used below.

Pour couper, il me faut un couteau.
Poor koo-pay, eel muh foh tuhng koo-toh.
In order to cut, I must have a knife.

Pour voyager, ce monsieur est obligé d'avoir de l'argent.
Poor vwah-yah-zhay, suh muss-yuh eh toh-blee-zhay dah-vwahr duh lahr-zhawng.
To travel, this gentleman is obliged to have money.

Pour voyager, il lui faut de l'argent.
Poor vwah-yah-zhay, eel lwee foh duh lahr-zhawng.
To travel, he must have money.

Pour voir, nous sommes obligés d'ouvrir les yeux.
Poor vwahr, noo sum zoh-blee-zhay doo-vreer layz yuh.
To see, we must open our eyes.

Pour parler, vous êtes obligé d'ouvrir la bouche.
Poor pahr-lay, voo zett zoh-blee-zhay doo-vreer lah boosh.
To speak, you must open your mouth.

Pour parler, il faut ouvrir la bouche.
Poor pahr-lay, eel foh too-vreer lah boosh.
To speak, it is necessary to open your mouth.

Pour aller à l'Opéra,
Poor ah-lay ah loh-pay-rah,
To go to the Opera,

ces messieurs sont obligés d'avoir des billets.
say mace-yuh sohng toh-blee-zhay dah-vwahr day bee-yeh.
these gentlemen are obliged to have tickets.

Pour aller à l'Opéra, il leur faut des billets.
Poor ah-lay ah loh-pay-rah, eel luhr foh day bee-yeh.
To go to the Opera, it is necessary for them to have tickets.

NOTE to Student: *Pour* usually means "for". When it is used with the infinitive, as above, it means approximately "in order to."

WHAT DO YOU KNOW NOW? You have now covered the basic material needed to speak French. The material in the next pages will teach you the use of the different tenses and many more words, but the greatest difficulties are already behind you. *FÉLICITATIONS!* (Congratulations!)

THINKING IN FRENCH
(Answers on page 259)

1. Fifi veut-elle manger la pomme?
2. Peut-elle la toucher?
3. Est-ce que le professeur donne la pomme à Fifi?
4. Pourquoi est-ce qu'il ne la donne pas à Fifi?
5. Veut-il la lui donner?
6. Faut-il ouvrir la porte pour sortir?
7. Si nous voulons voir, sommes-nous obligés d'ouvrir les yeux?
8. Faut-il de l'argent pour voyager?
9. Qu'est-ce qu'il nous faut pour écrire?
10. Qu'est-ce que vous êtes obligé de faire si la porte est fermée et si vous voulez sortir?
11. Monsieur Berlitz peut-il lire sans lunettes?
12. Que lui faut-il pour lire?
13. Que nous faut-il pour aller à l'Opéra?
14. Pouvez-vous manger la soupe avec un couteau?
15. Que vous faut-il pour manger la soupe?
16. Faut-il une fourchette pour manger la soupe?
17. Êtes-vous obligé de casser votre montre?
18. Est-ce que je suis obligé d'aller au cinéma?

LEÇON 26

Quelle heure est-il?
Kell err ay-teel?
What time is it?

Voici une montre,
Vwah-see ewn mohntr,
Here is a watch,

voilà une pendule.
vwah-lah ewn pawn-dewl.
there is a clock.

Une pendule est plus grande qu'une montre.
Ewn pawn-dewl eh plew grawnd kewn mohntr.
A clock is larger than a watch.

Nous mettons la première dans une chambre,
Noo meh-tohng lah prum-yair dawng zewn shawmbr,
We put the former in a room,

sur la cheminée ou contre le mur;
sewr lah shuh-mee-nay oo kohntr luh mewr;
on the mantelpiece or on the wall;

nous portons la dernière dans la poche.
noo pohr-tohng lah dairn-yair dawng lah pohsh.
we carry the latter in our pocket.

Une pendule est en bois, en marbre, ou en bronze.
Ewn pawn-dewl eh tawng bwah, awng mahrbr, oo awng brohnt.
A clock is made of wood, of marble, or of bronze.

> Une montre est en or,   en argent,
> *Ewn mohntr eh tawn ohr,   awn nahr-zhawng,*
> A watch is gold,   silver,

> en nickel,   ou en acier.
> *awng nee-kell,   oo awn nahss-yay.*
> nickel,   or steel.

 HELPFUL HINT: Instead of saying "made of gold", "made of steel", etc., you should say *en or, en acier*, etc. Example: "My coat is made of fur"—*Mon manteau est en fourrure.*

Une heure contient soixante minutes.
Ewn err kohnt-yahng swah-sawnt mee-newt.
An hour contains sixty minutes.

Dans une minute, il y a soixante secondes.
Dawn zewn mee-newt, eel yah swah-sawnt suh-gohnd.
In a minute, there are sixty seconds.

Vingt-quatre heures forment un jour.
Vahnt-kahtr err fohrm tuhng zhoor.
Twenty-four hours form a day.

Il est une heure,   deux heures,   trois heures.
Eel eh tewn err,   duh zerr,   'rwah zerr.
It is one o'clock,   two o'clock,   three o'clock.

Il est quatre heures et quart,   quatre heures et demie,   cinq heures;
Eel eh kahtr err ay kahr,   kahtr err ay d'mee,   sang kerr;
It is a quarter after four,   half past four,   five o'clock;

cinq heures cinq,   dix,   vingt,   vingt-cinq.
sang kerr sank,   deess,   vahng,   vuhnt-sank.
five after five,   ten after   twenty after,   twenty-five after.

Six heures moins vingt-cinq;
See zerr mwahng vahnt-sank;
Twenty-five minutes to six;

six heures moins vingt, moins dix, moins cinq.
see zerr mwahng vahng, mwahng deess, mwahng sank.
twenty, ten, five minutes to six.

Sept heures.	**Sept heures quarante.**	**Huit heures.**	**Neuf heures.**
Set terr.	*Set terr kah-rawnt.*	*Wee terr.*	*Nuh verr.*
Seven o'clock.	Seven-forty.	Eight o'clock.	Nine o'clock.

Dix heures.	**Onze heures.**	**Midi.**
Dee zerr.	*Ohnz err.*	*Mee-dee.*
Ten o'clock.	Eleven o'clock.	Noon.

Quelle heure est-il?	**Il est une heure, etc.**
Kell err eh-teel?	*Eel eh tewn err, etc.*
What time is it?	It is one o'clock, etc.

Dans une heure, il y a soixante minutes.
Dawn zewn err, eel yah swah-sawnt mee-newt.
In an hour, there are sixty minutes.

Dans une demi-heure, il y a trente minutes.
Dawn zewn duh-mee-err, eel yah trawnt mee-newt.
In a half hour, there are thirty minutes.

Dans un quart d'heure, il y a quinze minutes.
Dawn zuhng kahr derr, eel yah kahnz mee-newt.
In a quarter hour, there are fifteen minutes.

Combien de minutes y a-t-il dans une heure?
Kohm-b'yahng duh mee-newt ee ah-teel dawn zewn err?
How many minutes are there in an hour?

Il y a soixante minutes dans une heure.
Eel yah swah-sawnt mee-newt dawn zewn err.
There are sixty minutes in an hour.

Dans une demi-heure?
Dawn zewn duh-mee-err?
In a half hour?

Il y a trente minutes dans une demi-heure.
Eel yah trawnt mee-newt dawn zewn duh-mee-err.
There are thirty minutes in a half hour.

Dans un quart d'heure?
Dawn zuhng kahr derr?
In a quarter hour?

Il y a quinze minutes dans un quart d'heure.
Eel yah kahnz mee-newt dawn zuhng kahr derr.
There are fifteen minutes in a quarter hour.

Vous venez ici à onze heures.
Voo vuh-nay zee-see ah ohnz err.
You come here at eleven o'clock.

Vous partez à midi.
Voo pahr-tay zah mee-dee.
You leave at noon.

Vous déjeunez à une heure.
Voo day-zhuh-nay zah ewn err.
You have lunch at one o'clock.

À quelle heure venez-vous ici?
Ah kell err vuh-nay-voo zee-see?
At what time do you come here?

Je viens ici à onze heures.
Zhuh v'yahn zee-see ah ohnz err.
I come here at eleven o'clock.

À quelle heure partez-vous?
Ah kell err pahr-tay-voo?
At what time do you leave?

Je pars à midi.
Zhuh pahr zah mee-dee.
I leave at noon.

À quelle heure déjeunez-vous?
Ah kell err day-zhuh-nay-voo?
At what time do you have lunch?

Je déjeune à une heure.
Zhuh day-zhuhn ah ewn err.
I have lunch at one o'clock.

Dans cette salle, il y a une pendule qui ne marche pas;
Dawng sett sahl, eel yah ewn pawn-dewl kee nuh mahrsh pah;
In this room, there is a clock which is not going;

elle est arrêtée.
ell eh tah-reh-tay.
it is stopped.

Il faut la remonter.
Eel foh lah ruh-mohn-tay.
It must be wound.

Je la mets à l'heure;
Zhuh lah meh zah lerr;
I set it;

il est onze heures vingt.
eel eh ohnz err vahng.
it is twenty minutes after eleven.

Je la retarde;
Zhuh lah ruh-tahrd;
I set it back;

je la mets à onze heures précises.
zhuh lah meh zah ohnz err pray-seez.
I set it at exactly eleven o'clock.

Votre montre va très bien;
Vohtr mohntr vah treh b'yahng;
Your watch runs very well;

elle n'avance ni ne retarde;
ell nah-vawnss nee nuh ruh-tahrd;
it runs neither fast nor slow;

elle est juste.
ell eh zhewst.
it is just right.

Quelle heure est-il, Mademoiselle Prévost?
Kell err eh-teel, Mahd-mwah-zell Pray-voh?
What time is it, Miss Prévost?

Il est midi moins le quart.
Eel eh mee-dee mwahng luh kahr.
It is a quarter to twelve.

La leçon de Madame Arnault commence à onze heures et finit à midi;
*Lah luh-sohng duh Mah-dahm Ar-noh kohm-mawnce ah ohnz err oy
fee-nee tah mee-dee;*
Mrs. Arnault's lesson begins at eleven o'clock and ends at noon;

elle dure une heure.
ell dewr ewn err.
it lasts an hour.

Une pendule est plus grande qu'une montre.
Ewn pawn-dewl eh plew grawnd kewn mohntr.
A clock is larger than a watch.

Le veston est plus long que le gilet.
Luh ves-tohng eh plew lohng kuh luh zhee-leh.
The coat is longer than the vest.

Paris est plus grand que Versailles.
Pah-ree eh plew grawng kuh Vair-sah-ee.
Paris is larger than Versailles.

La rose sent bon;   elle sent meilleur que la tulipe.
Lah rohz sawng bohng;   *ell sawng may-yuhr kuh lah tew-leep.*
The rose smells good;   it smells better than the tulip.

La rose sent-elle meilleur que la tulipe?
Lah rohz sawn-tell may-yuhr kuh lah tew-leep?
Does the rose smell better than the tulip?

Oui, la rose sent meilleur que la tulipe.
Wee, lah rohz sawng may-yuhr kuh lah tew-leep.
Yes, the rose smells better than the tulip.

La tulipe sent-elle aussi bon que la violette?
Lah tew-leep sawn-tell oh-see bohng kuh lah v'yoh-lett?
Does the tulip smell as good as the violet?

Le café noir est-il bon?
Luh kah-fay nwahr eh-teel bohng?
Is black coffee good?

Le café sucré est-il meilleur que le café sans sucre?
Luh kah-fay sew-kray eh-teel may-yuhr kuh luh kah-fay sawng sewkr?
Is coffee with sugar better than coffee without sugar?

Le gaz sent-il mauvais?
Luh gahz sawn-teel moh-veh?
Does gas smell bad?

Votre plume est bonne,
Vohtr plewm eh bun,
Your pen is good,

elle écrit bien.
ell ay-kree b'yahng.
it writes well.

Ma plume est mauvaise,
Mah plewm eh moh-vez,
My pen is bad,

elle n'écrit pas bien.
ell nay-kree pah b'yahng.
it doesn't write well.

Votre prononciation est bonne,
Vohtr proh-nohnss-yahss-yohng eh bun,
Your pronunciation is good,

vous prononcez bien.
voo proh-nohng-say b'yahng.
you pronounce well.

M. Moullot a une mauvaise prononciation,
Muss-yuh Moo-loh ah ewn moh-vez proh-nohnss-yahss-yohng,
Mr. Moullot has a bad pronunciation,

il prononce mal.
eel proh-nohnss mahl.
he pronounces badly.

Votre plume écrit-elle bien?
Vohtr plewm ay-kree-tell b'yahng?
Does your pen write well?

Oui, ma plume écrit bien.
Wee, mah plewm ay-kree b'yahng.
Yes, my pen writes well

Ce couteau coupe-t-il bien?
Suh koo-toh koop-teel b'yahng?
Does this knife cut well?

Non, ce couteau ne coupe pas bien,
Nohng, suh koo-toh nuh koop pah b'yahng,
No, this knife does not cut well,

il coupe mal.
eel koop mahl.
it cuts badly.

Vous parlez bien le français,
Voo pahr-lay b'yahng luh frawng-seh,
You speak French well,

mais vous parlez mieux l'anglais.
meh voo pahr-lay m'yuh lawn-gleh.
but you speak English better.

Parlez-vous le français aussi bien que l'anglais?
Pahr-lay-voo luh frawng-seh oh-see b'yahng kuh lawn-gleh?
Do you speak French as well as English?

Non, je ne parle pas le français aussi bien que l'anglais;
Nohng, zhuh nuh pahrl pah luh frawng-seh oh-see b'yahng kuh lawn-gleh;
No, I do not speak French so well as English;

je parle l'anglais mieux que le français.
zhuh pahrl l'awn-gleh m'yuh kuh luh frawng-seh.
I speak English better than French.

M. Berlitz porte des lunettes;
Muss-yuh Bair-leetz pohrt day lew-nett;
Mr. Berlitz wears glasses;

vous n'en portez pas.
voo nawng pohr-tay pah.
you do not wear them.

Voyez-vous mieux que M. Berlitz?
Vwah-yay-voo m'yuh kuh Muss-yuh Bair-leetz?
Do you see better than Mr. Berlitz?

Oui, je vois mieux que M. Berlitz.
Wee, zhuh vwah m'yuh kuh Muss-yuh Bair-leetz.
Yes, I see better than Mr. Berlitz.

NOTE to Student: In this lesson, you have found a great many adverbs and adjectives. Don't worry. In French, they are easily handled if you follow these instructions:

Many adverbs are formed by the addition of the suffix *-ment* to the feminine of adjectives, as: *grand, grandement*—"great, greatly"; *riche, richement*—"rich, richly".

The comparative of adjectives and adverbs is formed by prefixing the word *plus*—"more", as: *plus grand*—"larger"; *plus long*—"longer", etc., except *bon*—"good"; *meilleur*—"better"; *bien*—"well"; *mieux*—"better"; *mauvais*—"bad"; *plus mauvais* or *pire*—"worse"; *mal*—"badly"; *plus mal* or *pis*—"worse".

The superlative is formed simply by putting the definite article before the comparative, as: *long, plus long, le plus long*—"long, longer, longest"; *bon, meilleur, le meilleur*—"good, better, best". Of course, the article and the adjective must agree in gender and number with the noun to which they refer, e.g., *le plus grand livre, la plus grande boîte, les plus grands livres*, etc.; the article accompanying an adverb is always masculine, e.g., *le plus grandement*, "most greatly".

aussi grand que—as large as
plus grand que—larger than
le plus grand de—the largest of

REMEMBER: Feminine—*meilleure;* plural—*meilleurs, meilleures* (all pronounced alike); *meilleur* and *pire* are adjectives, *mieux* and *pis* are adverbs.

THINKING IN FRENCH
(Answers on page 259)

1. Y a-t-il des pendules sur cette image?
2. Où sont-elles?
3. Avez-vous une montre?
4. Est-elle dans votre poche?
5. Où mettons-nous la pendule?
6. Votre montre marque-t-elle les secondes?
7. Quelle heure est-il?
8. À quelle heure commence votre leçon?
9. À quelle heure finit-elle?
10. Combien de minutes y a-t-il dans une heure?
11. De combien d'heures se compose un jour?

12. Combien une minute contient-elle de secondes?

13. Votre montre est-elle arrêtée?

14. Votre montre peut-elle marcher si elle n'est pas remontée?

15. Votre montre avance-t-elle?

16. Ma montre retarde-t-elle?

17. La pendule est-elle plus grande que la montre?

18. La table est-elle plus grande que la chaise?

19. Le mur est-il plus long que le tableau?

20. La fenêtre est-elle aussi large que la porte?

21. Mon veston est-il plus long que mon gilet?

22. Ma chemise est-elle plus courte que mon gilet?

23. Les chapeaux des dames sont-ils plus beaux que ceux des messieurs?

24. L'eau est-elle meilleure à boire que le thé?

25. La violette sent-elle meilleur que la tulipe?

26. L'oignon sent-il plus mauvais que le fromage?

27. Votre prononciation anglaise est-elle meilleure que votre prononciation française?

28. Prononcez-vous bien le français?

29. Votre professeur prononce-t-il mieux que vous?

30. Écrivez-vous aussi bien que moi?

31. Vos yeux sont-ils bons?

32. Voyez-vous bien?

33. M. Berlitz voit-il bien sans lunettes?

34. Voit-il mieux avec des lunettes?

LEÇON 27

En quelle saison sommes-nous?
Awng kell seh-zohng sum-noo?
In what season are we?

Il y a vingt-quatre heures dans un jour.
Eel yah vahnt-kahtr err dawn zuhng zhoor.
There are twenty-four hours in a day.

Une semaine se compose de sept jours, qu'on appelle:
Ewn suh-mehn suh kohm-pohz duh sett zhoor, kohn nah-pell:
A week is composed of seven days, which are called:

lundi	mardi	mercredi	jeudi
luhn-dee	*mahr-dee*	*mair-kruh-dee*	*zhuh-dee*
Monday	Tuesday	Wednesday	Thursday

	vendredi	samedi	dimanche
	vawn-druh-dee	*sahm-dee*	*dee-mawnsh*
	Friday	Saturday	Sunday

NOTE to Student: In this lesson, you have seen the expression *se compose*, meaning "is composed". This use of *se* corresponds to the passive form in English. See how it is used in the following example. "At what time are the theater doors opened?"—*À quelle heure s'ouvrent les portes du théâtre?* (Literally: "At what time do the doors open themselves?")

136

Pendant cinq ou six jours de la semaine,
Pawn-dawng sank oo see zhoor duh lah suh-mehn,
For five or six days of the week,

nous travaillons;
noo trah-vah-yohng:
we work;

le septième jour, le dimanche, nous ne travaillons pas.
luh sett-yehm zhoor, luh dee-mawnsh, noo nuh trah-vah-yohng pah.
the seventh day, Sunday, we do not work.

C'est un jour de repos.
Seh tuhng zhoor duh ruh-poh.
It is a day of rest.

Une semaine se compose de 7 jours.
Ewn suh-mehn suh kohm-pohz duh sett zhoor.
A week is composed of 7 days.

30 ou 31 jours forment un mois.
Trawnt oo trawnt-ay-uhng zhoor fohrm tuhng mwah.
30 or 31 days form a month.

L'année se divise en 365 jours.
Lah-nay suh dee-veez awng trwah-sawn swah-sawnt-sang zhoor.
The year is divided into 365 days.

Les mois s'appellent:	janvier	février
Lay mwah sah-pell:	*zhawnv-yay*	*fayv-ree-ay*
The months are called:	January	February

mars	avril	mai	juin
mahrss	*ah-vreel*	*meh*	*zh'wahng*
March	April	May	June

juillet	août	septembre	octobre
zhwee-yeh	*oo*	*sehp-tawmbr*	*ohk-tawbr*
July	August	September	October

novembre	et décembre.
noh-vawmbr	*ay day-sawmbr.*
November	and December.

Quel mois sommes-nous?
Kell mwah sum-noo?
In which month are we?

Nous sommes maintenant en septembre.
Noo sum mahnt-nawng awng sehp-tawmbr.
We are now in September.

Le combien est-ce aujourd'hui?
Luh kohm-b'yahng ess oh-zhoor-dwee?
What is today's date?

C'est le quinze.
Seh luh kahnz.
It is the fifteenth.

EXPRESSIONS TO REMEMBER: When you ask the date, just say: *Le combien est-ce aujourd'hui?*—"What is the date today?" (Literally: "The how much is it today?")

DON'T FORGET: To express "in May" or "in September" or "in the summer", etc. say: *en mai, en septembre, en été,* etc. Exception: "in the spring" is *au printemps.*

Dates are expressed *le 22 juin* or *le 14 juillet,* except that for the first of each month, the word *premier* is used. Example: "May 1st"—*le 1er mai.*

"On Tuesday" or "on Saturday" is expressed with the simple definite article. Example: "He comes on Tuesday"—*Il vient le mardi.*

Quel jour est-ce aujourd'hui?	Aujourd'hui, c'est jeudi.
Kell zhoor ess oh-zhoor-dwee?	*Oh-zhoor-dwee, seh zhuh-dee.*
What day is it today?	Today is Thursday.

Ce mois-ci est le mois de septembre;
Suh mwah-see eh luh mwah duh sehp-tawmbr;
This month is the month of September;

le mois passé était le mois d'août.
luh mwah pah-say ay-teh luh mwah doo.
last month was the month of August.

Le mois prochain sera octobre.
Luh mwah proh-shahng suh-rah ohk-tawbr.
Next month will be October.

Aujourd'hui, c'est jeudi;	hier, c'était mercredi;
Oh-zhoor-dwee, seh zhuh-dee;	*ee-air, say-teh mair-kruh-dee;*
Today is Thursday;	yesterday was Wednesday;

demain, ce sera vendredi.
duh-mahng, suh suh-rah vawn-druh-dee.
tomorrow will be Friday.

Aujourd'hui, c'est le 15;	hier, c'était le 14;
Oh-zhoor-dwee, seh luh kahnz;	*ee-air, say-teh luh kah-tohrz;*
Today is the fifteenth;	yesterday was the fourteenth;

demain, ce sera le 16.
duh-mahng, suh suh-rah luh sehz.
tomorrow will be the sixteenth.

Si nous voulons savoir la date,
See noo voo-lohng sah-vwahr lah daht,
If we wish to know the date,

nous regardons le calendrier.
noo ruh-gahr-dohng luh kah-lawn-dree-ay.
we look at the calendar.

Regardez:	l'année dernière,	en mil neuf cent quarante-huit,
Ruh-gahr-day:	*lah-nay dairn-yair,*	*awng meel nuf sawn kah-rawnt-weet,*
Look:	last year,	in 1948,

le premier janvier était un jeudi;
luh prum-yay zhawnv-yay ay-teh tuhng zhuh-dee;
January first was a Thursday;

l'année prochaine,
lah-nay proh-shehn,
next year,

en mil neuf cent cinquante,
awng meel nuf sawng sank-awnt,
in 1950,

ce sera un dimanche.
suh suh-rah uhng dee-mawnsh.
it will be a Sunday.

L'année a quatre saisons:
Lah-nay ah kahtr seh-zohng:
The year has four seasons:

le printemps,	l'été,	l'automne	et l'hiver.
luh prahn-tawng,	*lay-tay,*	*loh-tun*	*ay lee-vair.*
Spring,	Summer,	Autumn,	and Winter.

Mars, avril et mai sont les mois de printemps;
Mahrss, ah-vreel ay meh sohng lay mwah duk prahn-tawng;
March, April, and May are the spring months;

juin, juillet et août sont les mois d'été;
zh'wahng, zhwee-yeh ay oo sohng lay mwah day-tay;
June, July, and August are the summer months;

septembre, octobre et novembre sont les mois d'automne;
sehp-tawmbr, ok-tawbr ay noh-vawmbr sohng lay mwah doh-tun;
September, October, and November are the fall months;

et décembre, janvier et février sont les mois d'hiver.
ay day-sawmbr, zhawnv-yay ay fayv-ree-ay sohng lay mwah dee-vair.
and December, January, and February are the winter months.

En quelle saison sommes-nous?
Awng kell seh-zohng sum-noo?
In which season are we?

Nous sommes en été.
Noo sum zawn nay-tay.
We are in summer.

En été, nous allons à la campagne, ou à la plage pour nager.
Awn nay-tay, noo zah-lohn zah lah kawm-pahn-y'h, oo ah lah plahzh poor nah-zhay.
In summer, we go to the country, or to the beach to swim.

En hiver, nous n'allons pas à la plage;
Awn nee-vair, noo nah-lohng pah zah lah plahzh;
In winter, we do not go to the beach;

> nous restons en ville.
> *noo rehs-tohn zawng veel.*
> we stay in the city.

Au printemps, nous voyons beaucoup de jolies fleurs.
Oh prahn-tawng, noo vwah-yohng boh-koo duh zhoh-lee fluhr.
In the spring, we see many pretty flowers.

En automne, les feuilles tombent des arbres.
Awn noh-tun, lay fuh-y'h tohmb day zahrbr.
In autumn, the leaves fall from the trees.

 HOLD EVERYTHING! We have used the word "was" (*était*) and the word "will be" (*sera*) in this lesson. These are past and future forms respectively of the verb *être*—"to be". Don't worry about them; we shall go into detail about these tenses later.

THINKING IN FRENCH
(Answers on page 260)

1. Combien de jours y a-t-il dans une année?
2. De combien de jours se compose une semaine?
3. Quand commence l'année?
4. Quand finit-elle?
5. Quel est le premier, le troisième, le cinquième, le huitième mois de l'année?
6. Quels sont les sept jours de la semaine?
7. Comment s'appelle le dernier jour de la semaine?
8. Quel jour de la semaine est-ce aujourd'hui?
9. Était-ce dimanche hier?
10. Quel jour allez-vous à l'église?
11. Sera-ce le quinze vendredi?
12. Le combien est-ce aujourd'hui?
13. Le combien sera-ce lundi prochain?
14. Le combien était-ce jeudi dernier?
15. Sera-ce la fin du mois demain?
16. Quelle heure est-il maintenant?
17. Quels jours travaillons-nous?
18. Travaillez-vous le dimanche?
19. Les professeurs donnent-ils des leçons le dimanche?

LEÇON 28

Le jour et la nuit
Luh zhoor ay lah nwee
Day and night

Le soleil est dans le ciel.
Luh soh-laye eh dawng luh s'yell.
The sun is in the sky.

Nous voyons le soleil pendant le jour.
Noo vwah-yohng luh soh-laye pawn-dawng luh zhoor.
We see the sun during the day.

Nous voyons la lune et les étoiles pendant la nuit.
Noo vwah-yohng lah lewn ay lay zay-twahl pawn-dawng lah nwee.
We see the moon and the stars during the night.

Nous ne pouvons pas voir le soleil pendant la nuit.
Noo nuh poo-vohng pah vwahr luh soh-laye pawn-dawng lah nwee.
We cannot see the sun during the night.

Il est de l'autre côté du monde.
Eel eh duh lohtr koh-tay dew mohnd.
It is on the other side of the world.

Pendant le jour, nous voyons bien parce qu'il fait clair.
Pawn-dawng luh zhoor, noo vwah-yohng b'yahng pahrss keel feh klair.
During the day, we see well because it is light.

Pendant la nuit, nous ne voyons pas bien parce qu'il fait noir.
Pawn-dawng lah nwee, noo nuh vwah-yohng pah b'yahng pahrss keel feh nwahr.
During the night, we do not see well because it is dark.

Il fait clair dans cette chambre parce qu'il y a une grande fenêtre.
Eel feh klair dawng sett shawmbr pahrss keel yah ewn grawnd fuh-nehtr.
It is light in this room because there is a large window.

Il fait sombre dans le corridor parce qu'il n'y a pas de fenêtre.
Eel feh sohmbr dawng luh koh-ree-dohr pahrss keel n'yah pah duh fuh-nehtr.
It is dark in the corridor because there is no window.

Le soir, il fait noir et nous allumons l'électricité.
Luh swahr, eel feh nwahr ay noo zah-lew-mohng lay-lehk-tree-see-tay.
In the evening, it is dark and we turn on the electricity.

L'électricité éclaire la chambre.
Lay-lehk-tree-see-tay ay-klair lah shawmbr.
The electricity lights the room.

J'allume.	**J'éteins.**
Zhah-lewm.	*Zhay-tahng.*
I turn on (the light).	I turn off (the light).
Vous allumez.	**Vous éteignez.**
Voo zah-lew-may.	*Voo zay-tehn-yay.*
You turn on (the light).	You turn off (the light).
Où est le soleil?	**Dans le ciel.**
Oo eh luh soh-laye?	*Dawng luh s'yell.*
Where is the sun?	In the sky.
Quand voyez-vous le soleil?	**Pendant le jour.**
Kawng vwah-yay-voo luh soh-laye?	*Pawn-dawng luh zhoor.*
When do you see the sun?	During the day.

Le soleil est-il visible pendant la nuit?
Luh soh-laye eh-teel vee-zeebl pawn-dawng lah nwee?
Is the sun visible at night?

Que voyons-nous dans le ciel pendant la nuit?
Kuh vwah-yohn-noo dawng luh s'yell pawn-dawng lah nwee?
What do we see in the sky at night?

La lune et les étoiles.
Lah lewn ay lay zay-twahl.
The moon and the stars.

Voyez-vous bien quand il fait noir?
Vwah-yay-voo b'yahng kawn teel feh nwahr?
Do you see well when it is dark?

Non, je ne vois pas bien quand il fait noir.
Nohng, zhuh nuh vwah pah b'yahng kawn teel feh nwahr.
No, I do not see well when it is dark.

NOTE: "It is dark"—*Il fait noir;* "It is light"—*Il fait clair;* "It is sunny"—*Il fait du soleil;* etc.

Quand allumons-nous, le jour ou le soir?
Kawn tah-lew-mohn-noo, luh zhoor oo luh swahr?
When do we turn on the light, during the day or in the evening?

Nous allumons une cigarette avec une allumette.
Noo zah-lew-mohng ewn see-gah-rett ah-vek ewn ah-lew-met.
We light a cigarette with a match.

Donnez-moi une allumette, je vous prie. Merci.
Dun-nay-mwah ewn ah-lew-met, zhuh voo pree. *Mair-see.*
Give me a match, please. Thank you.

Allumez l'électricité, je vous prie.
Ah-lew-may lay-lehk-tree-see-tay, zhuh voo pree.
Turn on the electricity, please.

Éteignez. **Rallumez.** Merci.
Ay-tehn-yay. *Rah-lew-may.* *Mair-see.*
Turn it out. Relight it. Thank you.

Le commencement du jour s'appelle le matin
Luh koh-mawnss-mawng dew zhoor sah-pell luh mah-tahng
The beginning of the day is called the morning

et la fin du jour s'appelle le soir.
ay lah fahng dew zhoor sah-pell luh swahr.
and the end of the day is called the evening.

Le matin, le soleil se lève; **le soir, il se couche.**
Luh mah-tahng, luh soh-laye suh levv; *luh swahr, eel suh koosh.*
In the morning, the sun rises; in the evening, it sets.

Le soleil se lève à l'est **et il se couche à l'ouest.**
Luh soh-laye suh levv ah lehst *ay eel suh koosh ah l'west.*
The sun rises in the east, and it sets in the west.

À midi, le soleil est au sud.
Ah mee-dee, luh soh-laye eh toh sewd.
At noon, the sun is in the south.

Le nord est opposé au sud.
Luh nohr eh toh-poh-zay oh sewd.
North is opposite south.

Le nord,	le sud,	l'ouest
Luh nohr,	*luh sewd,*	*l'west*
North,	south,	west,

et l'est sont les quatre points cardinaux.
ay lehst sohng lay kahtr pwahng kahr-dee-noh.
and east are the four cardinal points.

En été, le soleil se lève très tôt,
Awn nay-tay, luh soh-laye suh levv treh toh,
In summer, the sun rises very early,

à trois ou quatre heures,
ah trwah zoo kahtr err,
at 3 or 4 o'clock,

et les jours sont longs.
ay lay zhoor sohng lohng.
and the days are long.

Mais en hiver, il se lève tard,
Meh zawn nee-vair, eel suh levv tahr,
But, in winter, it rises late,

à sept heures ou encore plus tard:
ah sett err oo awn-kohr plew tahr:
at 7 o'clock or even later:

les jours sont alors courts.
lay zhoor sohn tah-lohr koor.
the days are then short.

EXPRESSIONS to Remember: Instead of saying, "The sun rises, the sun sets", we really say, "The sun gets up"— *Le soleil se lève* and "The sun goes to bed"—*Le soleil se couche*. The same words are used for persons.

Le jour, nous travaillons.
Luh zhoor, noo trah-vah-yohng.
During the day, we work.

Le soir,
Luh swahr,
At night,

nous nous couchons;
noo noo koo-shohng;
we go to bed;

la nuit, nous dormons;
lah nwee, noo dohr-mohng;
at night, we sleep;

le matin, nous nous levons,
luh mah-tahng, noo noo luh-vohng,
in the morning, we get (ourselves) up,

nous nous lavons,
noo noo lah-vohng,
we wash (ourselves),

nous nous peignons,
noo noo pehn-yohng,
we comb (our hair),

nous nous habillons
noo noo zah-bee-yohng
we dress ourselves,

et nous déjeunons.
ay noo day-zhuh-nohng.
and we have breakfast.

NOTE to Student: Many of the most common verbs, especially those such as "get up"—*se lever*, "get dressed"—*s'habiller*, "wash oneself"—*se laver*, etc., are reflexive. Don't forget to use the reflexive pronouns (*me, se, nous, vous*) with each verb form, as seen in Lesson 17.

THINKING IN FRENCH
(Answers on page 261)

1. Quand fait-il clair?
2. Fait-il noir maintenant?
3. D'où vient la lumière du jour?
4. Où est le soleil?
5. Le soleil est-il visible pendant la nuit?
6. Comment cette salle est-elle éclairée le soir?
7. Que faisons-nous pour voir quand il fait noir?
8. Que voyez-vous dans le ciel la nuit?
9. Quels sont les quatre points cardinaux?
10. Quand se lève le soleil?
11. À quelle heure se lève-t-il en mars?
12. Le soleil se couche-t-il tôt en été?
13. À quelle heure se couche-t-il maintenant?
14. Dans quelle saison les jours sont-ils longs?
15. Les nuits sont-elles plus longues que les jours maintenant?
16. Pouvez-vous voir s'il ne fait pas clair?

17. Quand vous couchez-vous?

18. Dans quoi vous couchez-vous?

19. Que faites-vous le matin?

20. À quelle heure déjeunez-vous?

21. Jusqu'à quelle heure travaillez-vous?

22. Aimez-vous travailler?

23. La lumière de la lune est-elle aussi forte que celle du soleil?

24. Quand la lune éclaire-t-elle le monde?

25. Peut-on compter les étoiles?

26. Où se lève le soleil?

27. Où se couche-t-il?

28. À quelle heure vous couchez-vous?

29. Vous couchez-vous plus tard en été qu'en hiver?

30. Vous levez-vous tôt en été?

31. Je dîne à neuf heures du soir. Est-ce tard?

32. Est-ce que je dîne plus tard que vous?

33. Que faisons-nous le matin quand nous nous levons?

34. À quelle heure déjeunons-nous?

LEÇON 29

Quel temps fait-il?
Kell tawng feh-teel?
How is the weather?

Quand le ciel est gris,
Kawng luh s'yell eh gree,
When the sky is gray,

il est couvert de nuages.
eel eh koo-vair duh new-ahzh.
it is covered with clouds.

De quelle couleur est le ciel?
Duh kell koo-luhr eh luh s'yell?
What color is the sky?

Le ciel est gris.
Luh s'yell eh gree.
The sky is gray.

De quoi le ciel est-il couvert?
Duh kwah luh s'yell eh-teel koo-vair?
With what is the sky covered?

Il est couvert de nuages.
Eel eh koo-vair duh new-ahzh.
It is covered with clouds.

De quelle couleur sont les nuages?
Duh kell koo-luhr sohng lay new-ahzh?
What color are the clouds?

Ils sont gris.
Eel sohng gree.
They are gray.

Quand le ciel est couvert de nuages,
Kawng luh s'yell eh koo-vair duh new-ahzh,
When the sky is covered with clouds,

la pluie tombe du ciel;
lah plwee tohmb dew s'yell;
rain falls from the sky;

il pleut.
eel pluh.
it rains.

En hiver, la neige tombe:
Awng nee-vair, lah nehzh tohmb:
In winter, the snow falls:

il neige.
eel nehzh.
it snows.

La neige est blanche.
Lah nehzh eh blawnsh.
The snow is white.

Le ciel est bleu;
Luh s'yell eh bluh;
The sky is blue;

il fait du soleil
eel feh dew soh-laye
the sun shines

—il fait beau temps.
— *eel feh boh tawng.*
— it is fine weather.

il pleut; il neige
Eel pluh; eel nehzh
It rains; it snows

—il fait mauvais temps.
— *eel feh moh-veh tawng.*
— it is bad weather.

NOTE to Student: *Il* is used as "it" to express "it rains"—*il pleut;* "it snows"—*il neige;* etc., describing the weather. *Il fait* is used with many expressions. *Il fait froid*—"It is cold"; *Il fait du vent*—"It is windy."

Voici un parapluie.
Vwah-see uhng pah-rah-plwee.
Here is an umbrella.

Quand il pleut,
Kawn teel pluh,
When it rains,

nous ouvrons notre parapluie.
noo zoo-vrohng nohtr pah-rah-plwee.
we open our umbrella.

De quelle couleur est le ciel quand il pleut?
Duh kell koo-luhr eh luh s'yell kawn teel pluh?
What color is the sky when it rains?

Il est gris.
Eel eh gree.
It is gray.

Pleut-il beaucoup en avril?
Pluh-teel boh-koo pawn nah-vreel?
Does it rain much in April?

Oui, il pleut beaucoup en avril.
Wee, eel pluh boh-koo pawn nah-vreel.
Yes, it rains very much in April.

Neige-t-il en été?
Nehzh-teel awn nay-tay?
Does it snow in summer?

Non, il ne neige pas en été.
Nohng, eel nuh nehzh pah zawn nay-tay.
No, it does not snow in summer.

Neige-t-il en hiver?
Nehzh-teel awn nee-vair?
Does it snow in winter?

Oui, il neige souvent en hiver.
Wee, eel nehzh soo-vawn tawn nee-vair.
Yes, it snows often in winter.

De quelle couleur est la neige?
Duh kell koo-luhr eh lah nehzh?
What color is the snow?

Elle est blanche.
Ell eh blawnsh.
It is white.

De quoi les maisons et les rues sont-elles couvertes en hiver?
Duh kwah lay meh-zohng ay lay rew sohn-tell koo-vairt awn nee-vair?
With what are the houses and streets covered in winter?

En hiver, elles sont couvertes de neige.
Awn nee-vair, ell sohng koo-vairt duh nehzh.
In winter, they are covered with snow.

Quand nous sortons dans la pluie sans parapluie,
Kawng noo sohr-tohng dawng lah plwee sawng pah-rah-plwee,
When we go out in the rain without an umbrella,

> nous nous mouillons.
> *noo noo moo-yohng.*
> we get wet.

Alors il faut ôter nos vêtements mouillés et mettre des vêtements secs.
*Ah-lohr eel foh toh-tay noh veht-mawng moo-yay ay mehtr day veht
     mawng sek.*
Then it is necessary to take off our wet clothes and put on dry clothes.

Si nous n'ôtons pas nos vêtements mouillés,
See noo noh-tohng pah noh veht-mawng moo-yay,
If we don't take off our wet clothes,

> nous pouvons attraper un rhume.
> *noo poo-vohng zah-trah-pay uhng rewm.*
> we can catch a cold.

Fait-il beau temps aujourd'hui?
Feh-teel boh tawn oh-zhoor-dwee?
Is it fine weather today?

Oui, il fait beau aujourd'hui.
Wee, eel feh boh oh-zhoor-dwee
Yes, it is fine today.

Non, il ne fait pas beau;
Nohng, eel nuh feh pah boh;
No, it is not fine;

il fait mauvais.
eel feh moh-veh.
it is bad.

Sortez-vous quand il fait mauvais temps?
Sohr-tay-voo kawn teel feh moh-veh tawng?
Do you go out when the weather is bad?

Non, je ne sors pas quand il fait mauvais temps.
Nohng, zhuh nuh sohr pah kawn teel feh moh-veh tawng.
No, I do not go out when the weather is bad.

De quelle couleur est le ciel quand il fait mauvais temps?   Il est gris.
Duh kell koo-luhr eh luh s'yell kawn teel feh moh-veh tawng? Eel eh gree
What color is the sky when the weather is bad?   It is gray.

En été vous mettez peu de vêtements;
Awn nay-tay voo meh-tay puh duh veht-mawñg;
In summer you put on few clothes;

en hiver vous mettez beaucoup de vêtements.
awn nee-vair voo meh-tay boh-koo duh veht-mawng.
in winter you put on many clothes.

En été vous ouvrez les fenêtres et les portes;
Awn nay-tay voo zoo-vray lay fuh-nehtr ay lay pohrt;
In summer you open the windows and the doors;

en hiver vous vous asseyez près du radiateur.
awn nee-vair voo voo zah-seh-yay preh dew rahd-yah-terr.
in winter you sit down near the radiator.

En été il fait chaud;   en hiver il fait froid.
Awn nay-tay eel feh shoh;   *awn nee-vair eel feh frwah.*
In summer it is hot;   in winter it is cold.

Mettez-vous un manteau en hiver?
Meh-tay-voo zuhng mawn-toh awn nee-vair?
Do you put on an overcoat in winter?

Oui, en hiver je mets un manteau.
Wee, awn nee-vair zhuh meh zuhng mawn-toh.
Yes, in winter I put on an overcoat.

Fait-il chaud en août?   Oui, il fait très chaud en août.
Feh-teel shoh awn noo?   *Wee, eel feh treh shoh awn noo.*
Is it hot in August?   Yes, it is very hot in August.

Fait-il chaud en janvier?
Feh-teel shoh awng zhawnv-yay?
Is it hot in January?

Non, il ne fait pas chaud en janvier;   il fait froid.
Nohng, eel nuh feh pah shoh awng zhawnv-yay; *eel feh frwah.*
No, it is not hot in January;   it is cold.

Fait-il chaud au centre de l'Afrique?   Oui, il y fait très chaud.
Feh-teel shoh oh sawntr duh lah-freek? *Wee, eel ee feh treh shoh.*
Is it hot in the center of Africa?   Yes, it is very hot there.

Fait-il froid au pôle nord?   Oui, il.y fait très froid.
Feh-teel frwah oh pohl nohr?   *Wee, eel ee feh treh frwah.*
Is it cold at the North Pole?   Yes, there it is very cold.

Si vous mettez beaucoup de vêtements,   vous avez chaud.
See voo meh-tay boh-koo duh veht-mawng, *voo zah-vay shoh.*
If you put on many clothes,   you are warm.

Si vous sortez en hiver sans manteau,
See voo sohr-tay zawn nee-vair sawng mawn-toh,
If you go out in winter without an overcoat,

vous avez froid.
voo zah-vay frwah.
you are cold.

Avons-nous chaud si nous marchons au soleil en été?
Ah-vohng-noo shoh see noo mahr-shohn zoh soh-laye awn nay-tay?
Are we warm if we walk in the sun in summer?

Oui, nous avons très chaud si
Wee, noo zah-vohng treh shoh see
Yes, we are very warm if

> nous marchons au soleil en été.
> *noo mahr-shohn zoh soh-laye awn nay-tay.*
> we walk in the sun in summer.

Avons-nous froid si nous ouvrons les fenêtres en hiver?
Ah-vohng-noo frwah see noo zoo-vrohng lay fuh-nehtr awn nee-vair?
Are we cold if we open the windows in winter?

Oui, nous avons froid si nous ouvrons les fenêtres en hiver.
Wee, noo zah-vohng frwah see noo zoo-vrohng lay fuh-nehtr awn nee-vair.
Yes, we are cold if we open the windows in winter.

Dans la maison,
Dawng lah meh-zohng,
In the house,

il fait chaud.
eel feh shoh.
it is warm.

Dans la rue,
Dawng lah rew,
In the street,

il fait froid.
eel feh frwah.
it is cold.

Une personne a chaud;
Ewn pair-sun ah shoh;
A person is warm;

un objet est chaud.
uhn nohb-zheh eh shoh.
an object is warm.

Une personne a froid;
Ewn pair-sun ah frwah;
A person is cold;

un objet est froid.
uhn nohb-zheh eh frwah.
an object is cold.

 EXPRESSIONS to Remember: "I am cold"—*J'ai froid.*
"I am hot"—*J'ai chaud.*
"I am thirsty"—*J'ai soif.*
"I am hungry"—*J'ai faim.*

Mastery of these constructions with *avoir* is essential to your speaking *idiomatic* French; i.e.. French that sounds like French, and not English translated into French.

Si le radiateur est très chaud,
See luh rahd-yah-terr eh treh shoh,
If the radiator is very hot,

vous ne pouvez pas le toucher.
voo nuh poo-vay pah luh too-shay.
you cannot touch it.

Si la soupe est froide,
See lah soop eh frwahd,
If the soup is cold,

elle n'est pas bonne.
ell neh pah bun.
it is not good.

Si le café est trop chaud,
See luh kah-fay eh troh shoh,
If the coffee is too hot,

vous ne pouvez pas le boire.
voo nuh poo-vay pah luh bwahr.
you cannot drink it.

Aimez-vous le café froid?
Eh-may-voo luh kah-fay frwah?
Do you like cold coffee?

Non, monsieur, je n'aime pas le café froid.
Nohng, muss-yuh, zhuh nehm pah luh kah-fay frwah.
No, Sir, I do not like cold coffee.

Touchez le radiateur;
Too-shay luh rahd-yah-terr;
Touch the radiator;

est-il chaud ou froid?
eh-teel shoh oo frwah?
is it hot or cold?

Il est chaud (froid).
Eel eh shoh (frwah).
It is hot (cold).

Avez-vous chaud ou froid maintenant?
Ah-vay-voo shoh oo frwah mahnt-nawng?
Are you hot or cold now?

Je n'ai ni chaud ni froid, je suis bien.
Zhuh nay nee shoh nee frwah, zhuh swee b'yahng.
I am neither hot nor cold, I am comfortable.

Fait-il chaud ou froid dans cette chambre?
Feh-teel shoh oo frwah dawng sett shawmbr?
Is it hot or cold in this room?

Il ne fait ni froid ni chaud, il fait bon.
Eel nuh feh nee frwah nee shoh, eel feh bohng.
It is neither cold nor hot, it is comfortable.

Au pôle nord, il fait froid en hiver et il fait froid en été:
Oh pohl nohr, eel feh frwah awn nee-vair ay eel feh frwah awn nay-tay:
At the North Pole, it is cold in winter and it is cold in summer:

il fait toujours froid,
eel feh too-zhoor frwah,
it is always cold,

il ne fait jamais chaud.
eel nuh feh zhah-meh shoh.
it is never hot.

À New-York, il fait froid en hiver et il fait chaud en été:
Ah New-York, eel feh frwah awn nee-vair ay eel feh shoh awn nay-tay:
In New York, it is cold in winter and it is warm in summer:

il fait quelquefois froid et quelquefois chaud.
eel feh kell-kuh-fwah frwah ay kell-kuh-fwah shoh.
It is sometimes cold and sometimes warm.

Il neige quelquefois à Paris en hiver;
Eel nehzh kell-kuh-fwah zah Pah-ree awn nee-vair;
It sometimes snows in Paris in winter;

en été, il ne neige jamais.
awn nay-tay, eel nuh nehzh zhah-meh.
in summer, it never snows.

Neige-t-il quelquefois en mars?
Nehzh-teel kell-kuh-fwah zawn mahrss?
Does it sometimes snow in March?

Oui, il neige quelquefois en mars.
Wee, eel nehzh kell-kuh-fwah zawng mahrss.
Yes, it sometimes snows in March.

Neige-t-il quelquefois en août?
Nehzh-teel kell-kuh-fwah zawn noo?
Does it snow sometimes in August?

Non, il ne neige jamais en août.
Nohng, eel nuh nehzh zhah-meh zawn noo.
No, it never snows in August.

WATCH OUT! If you use "never" in a sentence, you must use both *Ne* and *jamais.* Example: "She never eats candy"— *Elle ne mange jamais de bonbons.*

Parlez-vous quelquefois français?
Pahr-lay-voo kell-kuh-fwah frawng-seh?
Do you sometimes speak French?

Oui, quelquefois je parle français.
Wee, kell-kuh-fwah zhuh pahrl frawng-seh.
Yes, sometimes I speak French.

Parlez-vous quelquefois espagnol?
Pahr-lay-voo kell-kuh-frwah zess-pahn-yol?
Do you sometimes speak Spanish?

Non, monsieur, je ne parle jamais espagnol.
Nohng, muss-yuh, zhuh nuh pahrl zhah-meh zess-pahn-yol.
No, Sir, I never speak Spanish.

À Londres, il pleut souvent.
Ah Lohndr, eel pluh soo-vawng.
In London, it rains often.

À Nice, il pleut rarement,
Ah Nees, eel pluh rahr-mawng,
In Nice, it rarely rains.

il fait généralement beau.
eel feh zhay-nay-rahl-mawng boh.
it is generally fine.

THINKING IN FRENCH
(Answers on page 261)

1. De quelle couleur est le ciel quand il fait mauvais temps?
2. De quoi le ciel est-il couvert?
3. Pleut-il maintenant?
4. Qu'est-ce qui tombe du ciel en hiver?
5. Fait-il bon marcher quand les rues sont couvertes d'eau?
6. Que portez-vous à la main quand il pleut?
7. Quel temps fait-il aujourd'hui?
8. Sortez-vous quand il fait mauvais temps?
9. Fait-il trop chaud dans cette salle?
10. Fait-il froid au pôle nord?
11. Dans quels mois neige-t-il?
12. Neige-t-il souvent en février?
13. Neige-t-il souvent en avril?
14. Et en août, neige-t-il quelquefois?
15. Avez-vous froid?

16. Comment cette chambre est-elle chauffée?

17. Le soleil est-il aussi chaud en hiver qu'en été?

18. D'où vient la pluie?

19. Est-il agréable de marcher quand il pleut?

20. Aimez-vous sortir quand il fait beaucoup de vent?

21. Dans quel mois fait-il beaucoup de vent?

22. Dans quels mois mettez-vous des vêtements chauds?

23. Quel temps fait-il généralement à Monte-Carlo?

LEÇON 30

Qu'est-ce que j'ai fait hier?
Kess kuh zhay feh tee-yair?
What did I do yesterday?

CLAUDE: **Qu'avez-vous fait hier matin, Louis?**
Kah-vay-voo feh tee-air mah-tahng, Loo-ee?
What did you do yesterday morning, Louis?

LOUIS: **Hier j'ai déjeuné à onze heures:**   **j'ai bu un verre d'eau,**
Ee-air zhay day-zhuh-nay ah ohnz err: *zhay bew uhng vair doh,*
Yesterday I had lunch at 11 o'clock: I drank a glass of water,

j'ai mangé une côtelette de mouton et j'ai pris une tasse de café.
zhay mawn-zhay ewn koht-lett duh moo-tohng ay zhay pree zewn tahss duh kah-fay.
I ate a lamb chop and I took a cup of coffee.

Ensuite,	**j'ai commencé mon travail;**
Awn-sweet,	*zhay kohm-mawn-say mohng trah-vigh;*
Then,	I began my work;

157

j'ai lu toutes mes lettres,
zhay lew toot may lehtr,
1 read all my letters,

j'ai écrit les réponses,
zhay ay-kree lay ray-pohnss,
I wrote the answers,

j'ai mis les lettres sous enveloppe
zhay mee lay lehtr soo zawng-vlop
I put the letters in envelopes

et j'ai demandé à mon ami de les mettre à la poste.
ay zhay duh-mawn-day ah moh nah-mee duh lay mehtr ah lah pawst.
and I asked my friend to mail them.

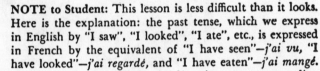 **NOTE to Student:** This lesson is less difficult than it looks. Here is the explanation: the past tense, which we express in English by "I saw", "I looked", "I ate", etc., is expressed in French by the equivalent of "I have seen"—*j'ai vu*, "I have looked"—*j'ai regardé*, and "I have eaten"—*j'ai mangé*. Most French verbs, therefore, form their past by using the corresponding form of the verb *avoir* ("to have") *with* the past participle of the verb in question. Thus, "she saw"—*elle a vu*, and "we wrote"—*nous avons écrit*, and "they dined"—*ils ont dîné*. *Avoir*, because it helps other verbs to form their past, is called an auxiliary verb.

This sounds simple enough, but the question then arises: "How are you going to know what the past participle of the verb is?" Here is where the conjugations which we mentioned before in Lesson 21 prove helpful. These conjugations are four group-types of verbs, whose infinitives end in -*er*, -*ir*, -*re*, and -*oir*. Here is a type verb from each conjugation, and following it, in parenthesis, the past participle: *manger (mangé)*, *finir (fini)*, *rompre (rompu)*, *recevoir (reçu)*. This takes care of most of them, but there are some that do not follow this rule and are therefore called irregular. As luck will have it, many of the verbs in constant use are irregular.

Here are some examples of these irregular past participles: *être* (été), *tenir* (tenu), *pouvoir* (pu), *conduire* (conduit), etc.

 CAUTION: Do not relax just yet; some verbs form their past tenses with another auxiliary, *être* (to be). We deal with them in the next lesson.

Moreover, you may have noticed that, in the lesson entitled *L'Année*, we used *était* as the past of *être*, instead of *été*, as would seem logical from this lesson. Do not worry about this, as it is a completely different past tense, called the "Imperfect", which we shall deal with in the lesson at the end of the book called *Chez les Bertin.*

CLAUDE: Qu'avez-vous fait à midi?
Kah-vay-voo feh tah mee-dee?
What did you do at noon?

LOUIS: À midi,   mon professeur m'a donné une leçon.
Ah mee-dee,   *mohng praw-fess-err mah dun-nay ewn luh-sohng.*
At noon,   my teacher gave me a lesson.

Il a reçu un nouveau roman;   il me l'a apporté,
Eel ah ruh-sew uhng noo-voh roh-mawng;   *eel muh lah ah-pohr-tay,*
He received a new novel;   he brought it to me,

il a lu quelques pages à haute voix,
eel ah lew kell-kuh pahzh ah oht vwah,
he read a few pages aloud,

ensuite il m'a posé des questions   et j'ai répondu.
awn-sweet eel mah poh-zay day kehst-yohng   *ay zhay ray-pohn-dew.*
then he asked me (some) questions   and I answered.

Il a corrigé mes fautes de prononciation,
Eel ah koh-ree-zhay may foht duh proh-nohnss-yahss-yohng,
He corrected my faults of pronunciation,

il m'a fait écrire des exercices et,   à une heure,
eel mah feh tay-kreer day zeg-zair-seess ay, *ah ewn err,*
he made me write some exercises and,   at one o'clock.

il m'a quitté.
eel mah kee-tay.
he left me.

CLAUDE: Et l'après-midi?
Ay lah-preh-mee-dee?
And in the afternoon?

LOUIS: À deux heures, Edouard m'a rendu visite,
Ah duh zerr, Aid-wahr mah rawn-dew vee-zeet,
At 2 o'clock, Edward paid me a visit,

nous avons passé l'après-midi ensemble.
noo zah-vohng pah-say lah-preh-mee-dee awn-sawmbl.
we spent the afternoon together.

Nous avons eu une longue conversation.
Noo zah-vohng zew ewn lohngg kohng-vair-sahss-yohng.
We had a long talk.

Nous avons parlé longuement de vous
Noo zah-vohng pahr-lay lohngg-mawng duh voo
We spoke for a long time of you

et, plus tard, nous avons fait une promenade au parc
ay, plew tahr, noo zah-vohng feh tewn prohm-nahd oh pahrk
and, later, we took a walk in the park

où nous avons rencontré Auguste.
oo noo zah-vohng rawn-kohn-tray Oh-gewst.
where we met August.

Nous avons dîné ensemble à sept heures.
Noo zah-vohng dee-nay awn-sawmbl ah sett err.
We had dinner together at 7 o'clock.

Nous avons voulu manger dans le jardin,
Noo zah-vohng voo-lew mawn-zhay dawng luh zhahr-dahng,
We wanted to eat in the garden,

mais nous n'avons pas pu rester dehors;
meh noo nah-vohng pah pew rehs-tay duh-ohr;
but we weren't able to stay outdoors;

il a plu et nous avons été obligés de rentrer dans la salle à manger.
eel ah plew ay noo zah-vohn zay-tay oh-blee-zhay duh rawn-tray dawng lah sahl-ah-mawn-zhay.
it rained and we had to go back into the dining room.

CLAUDE: N'a-t-il pas fait trop chaud dans la salle à manger?
Nah-teel pah feh troh shoh dawng lah sahl-ah-mawn-zhay?
Wasn't it too warm in the dining room?

LOUIS: Non, nous avons ouvert les portes et nous avons été très bien.
Nohng, noo zah-vohn zoo-vair lay pohrt ay noo zah-vohn zay-tay treh b'yahng.
No, we opened the doors, and we were very comfortable.

CLAUDE: Le mauvais temps a-t-il duré longtemps?
Luh moh-veh tawng ah-teel dew-ray lohng-tawng?
Did the bad weather last long?

LOUIS: Non, il a plu pendant une heure,
Nohng, eel ah plew pawn-dawn tewn err,
No, it rained for an hour,

ensuite la pluie a cessé et il a fait très beau toute la soirée.
awn-sweet lah plwee ah seh-say ay eel ah feh treh boh toot lah swah-ray.
then the rain stopped and the weather was fine all evening.

CLAUDE: Avez-vous vu André ou avez-vous reçu une lettre de lui?
Ah-vay-voo vew Awn-dray oo ah-vay-voo ruh-sew ewn lehtr duh lwee?
Have you seen Andrew or have you received a letter from him?

LOUIS: Je ne l'ai pas vu mais j'ai reçu une carte de lui ce matin.
Zhuh nuh lay pah vew meh zhay ruh-sew ewn kahrt duh lwee suh mah-tahng.
I have not seen him but I received a card from him this morning.

CLAUDE: Vous a-t-il parlé de moi?
Voo zah-teel pahr-lay duh mwah?
Did he speak to you about me?

LOUIS: Oui, il m'a écrit qu'il n'a pas pu vous voir parce que
Wee, eel mah ay-kree keel nah pah pew voo vwahr pahrss kuh
Yes, he wrote me that he could not see you because

Monsieur et Madame Berlitz ont passé la semaine chez lui.
Muss-yuh ay Mah-dahm Bair-leetz ohng pah-say lah suh-mehn shay lwee.
Mr. and Mrs. Berlitz spent the week at his house.

Monsieur Berlitz et lui ont beaucoup travaillé;
Muss-yuh Bair-leetz ay lwee ohng boh-koo trah-vah-yay;
Mr. Berlitz and he worked very hard:

ils ont écrit un nouveau livre.
eel zohng tay-kree uhng noo-voh leevr.
they wrote a new book.

CLAUDE: Avez-vous entendu parler du voyage de Monsieur
et Madame Berlitz à la Jamaïque?
*Ah-vay-voo zawn-tawn-dew pahr-lay dew vwah-yahzh duh Muss-yuh
ay Mah-dahm Bair-leetz ah lah Zhah-mah-eek?*
Have you heard about Mr. and Mrs. Berlitz' trip to Jamaica?

LOUIS: Oui, ils ont fait un très beau voyage.
Wee, eel zohng feh tuhng treh boh vwah-yahzh.
Yes, they had a fine trip.

Avant de partir,
Ah-vawng duh pahr-teer,
Before leaving,

ils ont demandé à Robert de les accompagner,
eel zohng duh-mawn-day ah Roh-bair duh lay zah-kohm-pahn-yay,
they asked Robert to accompany them,

mais il n'a pas pu aller avec eux.
mah zeel nah pah pew ah-lay ah-veh kuh.
but he wasn't able to go with them.

EXPRESSIONS to Remember: When *faire* is used with another verb it conveys the sense of having something done. In the above lesson, you saw the expression *Il m'a fait écrire des exercices.* This means, "He had me write exercises" or "He made me write exercises."

When two verbs are used together, as in "I've heard the trip spoken about", the second verb is in the infinitive. Therefore, you say, *j'ai entendu parler du voyage.*

More About *DE:* You will remember that "some books" is *des livres*, but "some new books" is *de nouveaux livres.* The *des* becomes *de* when there is an adjective before the noun.

THINKING IN FRENCH
(Answers on page 262)

1. À quelle heure avez-vous déjeuné hier?

2. Avez-vous bu du vin hier à midi?

3. À quelle heure avez-vous dîné hier soir?

4. Avez-vous mangé quelque chose ce matin?

5. Le professeur a-t-il ouvert la fenêtre de sa chambre?

6. A-t-il déjeuné au lit?

7. À quelle heure a-t-il quitté la maison?

8. A-t-il pris son parapluie avec lui?

9. A-t-il oublié son chapeau?

10. Avez-vous reçu des lettres avant-hier?

11. Avez-vous lu "Le Comte de Monte Cristo" d'Alexandre Dumas?

12. Où avez-vous mis votre parapluie?

13. Avez-vous fait une promenade ce matin?

14. Avez-vous été au théâtre hier soir?

15. Avez-vous été en France l'année dernière?

16. Avez-vous parlé à M. Berlitz hier?

17. Avez-vous écrit une lettre?

18. Avez-vous lu le journal?

19. Avez-vous vu Monsieur Collonge la semaine dernière?

20. Avez-vous vu le général de Gaulle en 1945?

21. Avez-vous entendu Maurice Chevalier en 1941?

22. Avez-vous mangé de la viande ce matin?

23. Avez-vous eu une leçon hier?

24. Avons-nous eu une leçon lundi dernier?

25. A-t-il fait du soleil hier?

26. Avez-vous fait votre chapeau vous-même?

27. Quel temps a-t-il fait hier?

28. A-t-il plu hier?

29. Est-ce que je vous ai vu hier?

30. De quoi vous ai-je parlé la semaine dernière?

31. Vous ai-je écrit le mois passé?

32. Qu'est-ce que les élèves ont fait à la dernière leçon?

33. Avez-vous vu Paris?

34. Les soldats américains ont-ils vu la Tour Eiffel?

35. Avez-vous entendu frapper à la porte?

36. Où ces messieurs ont-ils entendu chanter Maurice Chevalier?

37. Avez-vous toujours aimé lire?

Madame est sortie!

Mah-dahm eh sohr-tee!

Madam has gone out!

JUSTINE: Êtes-vous déjà allé en France, monsieur?
Ett-voo day-zhah ah-lay awng Frawnss, muss-yuh?
Have you already gone to France, Sir?

ROBERT: Mais oui, madame!
Meh wee, mah-dahm!
Indeed yes, Madam!

Avant mon mariage, j'ai passé plusieurs années en France.
*Ah-vawng mohng mah-ree-ahzh, zhay pah-say plewz-yuhr zah-nay awng
Frawnss.*
Before my marriage, I spent several years in France.

Et vous, y avez-vous jamais été?
Ay voo, ee ah-vay-voo zhah-meh zay-tay?
And you, have you ever been there?

JUSTINE: **Oh oui!**
Oh wee!
Oh yes!

Nous y avons fait un beau voyage en 1938.
Noo zee ah-vohng feh tuhng boh vwah-yahzh awng meel nuf sawn trawnt-weet.
We made a wonderful trip there in 1938.

Nous sommes parties de New-York, ma mère et moi,
Noo sum pahr-tee duh New-York, mah mair ay mwah,
sur le Normandie.
sewr luh Nohr-mawn-dee.
We left New York, my mother and I, on the Normandie.

Nous sommes arrivées au Havre d'où nous sommes allées à Paris
Noo sum zah-ree-vay zoh Ahvr doo noo sum zah-lay zah Pah-ree
en chemin de fer.
awng shuh-mahn duh fair.
We landed at Le Havre from where we went to Paris by rail.

ROBERT: **À quel hôtel êtes-vous descendues?**
Ah kell oh-tell ett-voo deh-sawng-dew?
At what hotel did you stop?

JUSTINE: **Au Ritz.**
Oh Reetz.
At the Ritz.

Nous nous sommes bien amusées pendant tout notre séjour.
Noo noo sum b'yahn nah-mew-zay pawn-dawng too nohtr say-zhoor.
We enjoyed ourselves during our whole stay.

Puis, nous sommes rentrées en Amérique sur l'Île-de-France.
Pwee, noo sum rawn-tray zawn nAh-may-reek sewr leel-duh-Frawnss.
Then, we came back to America on the Île-de-France.

 EXPRESSIONS to Remember: *Connaître* means "to be acquainted with." *Savoir* means "to know" or "to know how." Example: *Connaissez-vous M. Machin?*—"Do you know Mr. Machin?" *Savez-vous danser le tango?*—"Do you know how to dance the tango?"

Descendre à un hôtel means to "stop at a hotel." In French, you do not "stop at the Ritz," you "descend" at it.

To indicate "to" or "at" a city. *à* alone is usually sufficient. But, if a city, such as *le Havre*, has an inseparable article with it, it combines with *à*. Examples: *à Marseille, à New-York, au Havre.*

S'amuser, literally "to amuse oneself," means "to have a good time." Don't forget that the *Se* or *S'* before the infinitive form of a verb indicates that it is reflexive.

ROBERT: Alors, madame, vous êtes parties de France
Ah-lohr, mah-dahm, voo zett pahr-tee duh Frawnss
un an avant la guerre.
uhn nawng ah-vawng lah gair.
Then, madam, you left France a year before the war.

C'est vraiment de la chance!
Seh vreh-mawng duh lah shawnss!
That's really luck!

JUSTINE: N'êtes-vous pas retourné en France depuis la guerre, monsieur?
Nett-voo pah ruh-toor-nay awng Frawnss duh-pwee lah gair,
muss-yuh?
Haven't you gone back to France since the war, Sir?

ROBERT: Hélas! non, madame.
Ay-lahss! nohng, mah-dahm.
Alas! no, Madam.

Mais un de mes amis, qui y est allé dernièrement,
est revenu la semaine dernière.
Meh zhung duh may zah-mee, kee ee eh tah-lay dairn-yair-mawng,
eh ruhv-new lah suh-mehn dairn-yair.
But one of my friends, who went there recently, returned last week.

Il m'a raconté beaucoup de choses sur Paris,
Eel mah rah-kohn-tay boh-koo duh shozh sewr Pah-ree,
He told me many things about Paris,

qui n'a rien perdu de son charme.
kee nah r'yahng pair-dew duh sohng sharm.
which has lost nothing of its charm.

J'ai envie d'y aller maintenant.
Zhay awn-vee dee ah-lay mahnt-nawng.
I should like to go there now.

Aujourd'hui, rien de plus facile en avion.
Oh-zhoor-dwee, r'yahng duh plew fah-seel awn nahv-yohng.
Today, it is very easy by plane.

JUSTINE: Moi aussi j'ai l'intention de faire le trajet en avion.
Mwah oh-see zhay lahn-tawnss-yohng duh fair luh tra-zheh awn nahv-
yohng.
I too expect to make the trip by plane.

Pourtant, ma mère a peur des avions.
Poor-tawng, mah mair ah puhr day zahv-yohng.
However, my mother is afraid of airplanes.

Elle n'y est pas encore montée.
Ell nee eh pah zawn-kohr mohn-tay.
She hasn't yet gone up in one.

 NOTE to Student: This completes the use of this past tense, called the *Passé Composé* or *Passé Indéfini* in French. But it is more important to remember how to use it than to remember its name.

All the verbs that are not conjugated in the past with *avoir* are conjugated with *être*. Example: "I went"—*Je suis allé.* "We came"—*Nous sommes venus.* "Francine and Nadine left for Paris"—*Francine et Nadine sont parties pour Paris.* Note especially how the past participles of the verbs conjugated with *être* agree with their subjects according to whether they are masculine or feminine, singular or plural.

At this point, the student may well ask: "How am I going to remember which verbs take *avoir* and which take *être* to form the past?"

Here is a helpful hint: all verbs use *avoir* unless they are reflexive (*s'amuser, s'asseoir, se lever,* etc.) or unless they are intransitive verbs of motion. This last mouthful means verbs like "to go"—*aller,* "to go up"—*monter,* "to leave"—*partir,* "to arrive"—*arriver,* "to enter"—*entrer,* and others like them.

THINKING IN FRENCH
(Answers on page 263)

1. Le professeur s'est-il couché dans le hamac?

2. Qui a bu une citronnade?

3. A-t-il quitté son veston?

4. Où l'a-t-il mis?

5. A-t-il lu son journal?

6. S'est-il endormi?

7. Quand êtes-vous allé voir Charles Boyer?

8. Êtes-vous allé au théâtre hier soir?

9. Êtes-vous sorti dimanche dernier?

10. Êtes-vous resté à la maison lundi dernier?

11. Est-ce que Maurice Chevalier est parti pour l'Europe?

12. En quelle année Christophe Colomb est-il allé en Amérique la première fois? (en 1492).

13. En quel mois est-il parti? (en août).

14. En quel mois est-il arrivé? (en octobre).

15. Jusqu'en quel mois est-il resté en Amérique? (jusqu'en mars).

16. Combien de temps sommes-nous restés en classe hier?

17. À quelle heure êtes-vous sorti hier matin?

18. Quand êtes-vous parti de chez vous?

19. Êtes-vous allé à Londres l'année dernière?

20. Combien de temps êtes-vous resté à Londres?

21. Quelqu'un est-il venu vous voir hier matin?

22. Suis-je sorti en même temps que vous?

23 Votre parapluie est-il tombé dans la neige?

24. Pendant combien de temps la neige est-elle tombée hier?

25. Êtes-vous tombé quand vous êtes sorti de l'ascenseur?

26. Mesdemoiselles Mequet sont-elles venues ici la semaine dernière?

27. Combien de temps Monsieur et Madame de Roux sont-ils restés chez vous?

28. Êtes-vous allé à l'Exposition de Paris en 1938?

29. Combien de fois êtes-vous monté sur la Tour Eiffel?

30. Quel jour le paquebot Île-de-France est-il arrivé au Havre?

31. Quand est-il parti de New-York?

32. Mes lettres sont-elles parties avant six heures?

33. Êtes-vous souvent monté en avion?

34. Quand l'armée américaine est-elle arrivée en Normandie?

35. Quel général américain est entré à Casablanca en 1942?

36. En quelle année le général MacArthur est-il allé à Tokio?

LEÇON 32

Que ferons-nous demain?
Kuh fuh-rohng-noo duh-mahng?
What shall we do tomorrow?

GASTON: Êtes-vous très occupé aujourd'hui?
Ett-voo treh zoh-kew-pay oh-zhoor-dwee?
Are you very busy today?

ALPHONSE: Non, aujourd'hui je n'ai rien à faire,
Nohng, oh-zhoor-dwee zhuh nay r'yahn nah fair,
No, today I have nothing to do,

mais demain j'aurai beaucoup de travail;
meh duh-mahng zhoh-ray boh-koo duh trah-vigh;
but tomorrow I shall have much work;

je serai occupé toute la journée.
zhuh suh-ray oh-kew-pay toot lah zhoor-nay.
I shall be busy all day.

GASTON: Qu'aurez-vous à faire?
Koh-ray-voo zah fair?
What will you have to do?

171

ALPHONSE: Je me lèverai de bonne heure;   à neuf heures du matin,
Zhuh muh lehv-ray duh bun err;   *ah nuh verr dew mah-tahng,*
I shall get up early;   at nine a.m.,

je prendrai une leçon;
zhuh prawn-dray ewn luh-sohng;
I shall take a lesson;

ensuite, j'écrirai des exercices et
awn-sweet, zhay-kree-ray day zeg-zair-seess ay
then, I shall write some exercises and

je lirai quelques pages d'un livre que mon professeur m'a donné.
zhuh lee-ray kell-kuh pahzh duhng leevr kuh muhng praw-fess-err mah dun-nay.
I shall read several pages of a book my teacher gave me.

GASTON: Mais que ferez-vous ensuite?
Meh kuh fuh-ray-voo zawn-sweet?
But what will you do afterwards?

Resterez-vous à la maison?
Rehst-ray-voo zah lah meh-zohng?
Will you stay at home?

Ne déjeunerez-vous pas chez nous?
Nuh day-zhuhn-ray-voo pah shay noo?
Won't you have lunch at our house?

ALPHONSE: Si, je déjeunerai chez vous;
See, zhuh day-zhuhn-ray shay voo;
Certainly, I shall have lunch with you;

je viendrai à midi.
zhuh v'yahn-dray ah mee-dee.
I shall come at noon.

Dans l'après-midi, j'irai chez le peintre Duval.
Dawng lah-preh-mee-dee, zhee-ray shay luh pahntr Dew-vahl.
In the afternoon, I shall go to Duval the painter's.

Venez avec moi et vous verrez le nouveau tableau
Vuh-nay zah-vek mwah ay voo vair-ray luh noo-voh tah-bloh
Come with me and you will see the new picture
qu'il a commencé.
keel ah kohm-mawn-say.
he has begun.

Ensuite, vous pourrez venir avec moi à la matinée de l'Odéon.
Awn-sweet, voo poo-ray vuh-neer ah-vek mwah ah lah mah-tee-nay duh loh-day-ohng.
Then, you can come with me to the matinee at the Odéon.

GASTON: Je ne pourrai pas aller au théâtre en matinée.
Zhuh nuh poo-ray pah zah-lay oh tay-ahtr awng mah-tee-nay.
I shall not be able to go to the theater in the afternoon.

Nous irons le soir,   si vous voulez.
Noo zee-rohng luh swahr,   *see voo voo-lay.*
We shall go in the evening,   if you wish.

Nous pourrons retenir nos places à l'avance
Noo poo-rohng ruht-neer noh plahss ah lah-vawnss
We shall be able to reserve our places in advance
et nous dînerons ensemble.
ay noo deen-rohn zawn-sawmbl.
and we shall have dinner together.

Pendant les entr'actes,   nous sortirons prendre l'air.
Pawn-dawng lay zawn-trahkt,   *noo sohr-tee-rohng prawndr lair.*
During the intermissions,   we'll go out to get some air.

Après la représentation,
Ah-preh lah ruh-pray-zawn-tahss-yohng,
After the play,

nous retournerons chez vous, où nous souperons.
noo ruh-toorn-rohng shay voo, oo noo soop-rohng.
we shall return to your house, where we'll have supper.

Nous passerons une soirée agréable.
Noo pahss-rohn zewn swah-ray ah-gray-ahbl.
We shall spend a pleasant evening.

ALPHONSE: Oui, mais je ne pourrai pas aller avec vous parce que
Wee, meh zhuh nuh poo-ray pah zah-lay ah-vek voo pahrss kuh
Yes, but I shall not be able to go with you because

Monsieur Collard viendra passer la soirée chez nous.
Muss-yuh Koh-lahr v'yahn-drah pah-say lah swah-ray shay noo.
Mr. Collard will come to spend the evening with us.

GASTON: Eh bien, vous lui écrirez un mot
Ay b'yahng, voo lwee ay-kree-ray zuhng moh
Very well, you'll write him a line
qu'il recevra avant midi.
keel ruh-suh-vrah ah-vawng mee-dee.
which he will receive before noon.

Vous lui direz de venir après-demain.
Voo lwee dee-ray duh vuh-neer ah-preh-dul-mahng.
You will tell him to come the day after tomorrow.

ALPHONSE: **Oui, mais il ne viendra pas seul,**
Wee, meh zeel nuh v'yahn-drah pah suhl,
Yes, but he will not come alone,

il amènera sa femme.
eel ah-mehn-rah sah fahmm.
he will bring his wife.

J'aime mieux aller au théâtre une autre fois.
Zhehm m'yuh zah-lay oh tay-ahtr ewn ohtr fwah.
I'd rather go to the theater some other time.

EXPRESSIONS to Remember: *En ville* means "in the city," but *à la campagne* means "in the country."

Aimer mieux—"to prefer." Example: "She prefers diamonds to pearls"—*Elle aime mieux les diamants que les perles.*

Rester—"to remain." Do not confuse it with "to rest"—*se reposer.* There are a great many words in French which resemble English words. However, their meanings are often quite different.

GASTON: **C'est bien, nous irons après-demain, si vous voulez.**
Seh b'yahng, noo zee-rohn zah-preh-duh-mahng, see voo voo-lay.
Fine, we'll go the day after tomorrow, if you wish.

Est-ce que Monsieur et Madame Collard resteront en ville tout l'été?
Ess kuh Muss-yuh ay Mah-dahm Koh-lahr rehst-rohn tawng veel too lay-tay?
Will Mr. and Mrs. Collard stay in the city all summer?

ALPHONSE: **Non, ils iront passer un mois à la campagne,**
Nohng, eel zee-rohng pah-say uhng mwah zah lah kawn-pahn-y'h,
No, they will go to spend a month in the country,

et ils reviendront en ville en automne.
ay eel ruhv-yahn-drohng tawng veel awn noh-tun.
and they will come back to the city in the fall.

À ce moment-là, il y aura beaucoup de personnes
Ah suh moh-mawng-lah, eel yoh-rah boh-koo duh pair-sun
At that time, there will be many people

qui voudront prendre des leçons de français
kee voo-drohng prawndr day luh-sohng duh frawng-seh
who will wish to take French lessons

et d'autres qui prendront des leçons d'espagnol.
ay dohtr kee prawn-drohng day luh-sohng dess-pahn-yol.
and others who will be taking Spanish lessons.

 NOTE to Student: The future is really the easiest tense you will encounter. As a rule, add the following endings to the last "r" of the infinitive. For *je*, add -*ai;* for *vous*, -*ez;* for *il*, -*a;* for *nous*, -*ons;* for *ils*, -*ont.* Here are examples from the four conjugations (note that if an *r* ends the infinitive, it is retained): *je marcherai, je finirai, je prendrai, je recevrai.* The -*oir* conjugation drops the *oi* from the *oir*, in forming the future.

There are a few exceptions to this rule. Certain verbs change their construction when forming the future. Examples: *voir (je verrai), savoir (je saurai), vouloir (je voudrai), être (je serai), avoir (j'aurai), pouvoir (je pourrai), faire (je ferai), venir (je viendrai), aller (j'irai).* There are others, which you will encounter later.

Est-ce que je serai un jour une étoile de Hollywood?

Qu'est-ce que je mangerai ce soir chez Mme de la Pompe?

Est-ce que le professeur arrivera à l'heure pour le diner ce soir?

THINKING IN FRENCH

(Answers on page 264)

1. Allez-vous à l'église tous les dimanches?
2. Que ferez-vous dimanche prochain?
3. Prendrez-vous une leçon demain?
4. Aurez-vous une leçon de français demain?
5. Serez-vous chez vous ce soir?
6. Qu'est-ce que vous ferez ce soir?
7. Qu'est-ce que je ferai ce soir?
8. Pourrez-vous m'accompagner à l'Opéra ce soir?
9. Pourrons-nous sortir pendant les entr'actes?
10. A quelle heure partirons-nous?
11. Irons-nous en voiture?
12. Resterez-vous chez vous cet après-midi?
13. Vous verrai-je ce soir?
14. Qu'est-ce que nous ferons demain?
15. Lirez-vous le journal demain matin?
16. Écrirez-vous des lettres ce soir?

17. Mangerez-vous de la viande ce soir?

18. Boirez-vous du vin?

19. Viendrez-vous ici demain?

20. Irez-vous à Paris l'été prochain?

21. Est-ce que je vous verrai demain?

22. Quel livre lirons-nous à la prochaine leçon?

23. Parlerons-nous français à la prochaine leçon?

24. Sortirons-nous après la leçon?

25. M. Berlitz viendra-t-il la semaine prochaine?

26. Mademoiselle, avez-vous un chapeau?

27. Aurez-vous le même chapeau l'année prochaine ou un nouveau chapeau?

28. Aurez-vous des billets ce soir pour l'Opéra?

29. Les élèves auront-ils des livres à la prochaine leçon?

30. Les dames auront-elles de nouvelles robes l'année prochaine?

31. Êtes-vous à Paris maintenant?

32. Serez-vous à Paris l'année prochaine?

33. Sommes-nous à table maintenant?

34. Serons-nous à table à 7 heures ce soir?

LEÇON 33

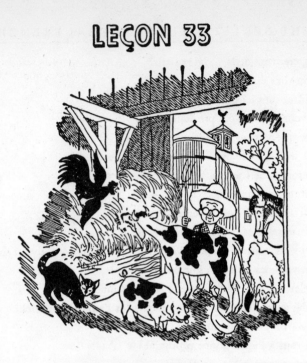

Les animaux
Lay zah-nee-moh
The animals

Le cheval, la vache et le chien sont des animaux domestiques.
Luh shuh-vahl, lah vahsh ay luh sh'yahng sohng day zah-nee-moh ⁂
   mess-teek.
The horse, the cow, and the dog are domestic animals.

Voici un lion, un tigre, un éléphant, un loup.
Vwah-see uhng l'yohng, uhng teegr, uhn nay-lay-fawng, uhng loo.
Here is a lion, a tiger, an elephant, a wolf.

Ce sont des animaux sauvages.
Suh sohng day zah-nee-moh soh-vahzh.
These are wild animals.

Les animaux domestiques font des travaux pour l'homme.
Lay zah-nee-moh doh-mess-teek fohng day trah-voh poor lum.
Domestic animals do work for man.

Le chien garde la maison,
Luh sh'yahng gahrd lah meh-zohng,
The dog guards the house,

le chat chasse les souris,
luh shah shahss lay soo-ree,
the cat chases mice,

le cheval tire les voitures
luh shuh-vahl teer lay vwah-tewr
the horse pulls vehicles

et la vache nous donne du lait.
ay lah vahsh noo dun dew leh.
and the cow gives us milk.

Mais les animaux sauvages vivent dans la forêt
et sont dangereux à rencontrer.
Meh lay zah-nee-moh soh-vahzh veev dawng lah foh-reh
ay sohng dawnzh-ruh zah rawn-kohn-tray.
But wild animals live in the forest and are dangerous to meet.

Le cheval a quatre pieds:
Luh shuh-vahl ah kahtr p'yay:
The horse has four feet:

c'est un quadrupède.
seh tuhng kwah-drew-pehd.
it is a quadruped.

Le tigre a quatre pattes:
Luh teegr ah kahtr pahtt:
The tiger has four feet:

c'est aussi un quadrupède.
seh toh-see uhng kwah-drew-pehd.
it is also a quadruped.

Les quadrupèdes courent, marchent et sautent.
Lay kwah-drew-pehd koor, mahrsh ay soht.
Quadrupeds run, walk and jump.

L'aigle, le moineau, le coq et la poule sont des oiseaux.
Lehgl, luh mwah-noh, luh kohk ay lah pool sohng day zwah-zoh.
The eagle, the sparrow, the rooster, and the hen are birds.

Les oiseaux ont deux pattes pour marcher et deux ailes pour voler.
Lay zwah-zoh ohng duh pahtt poor mahr-shay ay duh zell poor voh-lay.
Birds have two feet for walking and two wings for flying.

Les animaux marchent ou courent sur la terre;
Lay zah-nee-moh mahrsh oo koor sewr lah tair;
Animals walk or run on the ground;

les oiseaux volent dans l'air.
lay zwah-zoh vohl dawng lair.
birds fly in the air.

Notre tête est couverte de cheveux;
Nohtr tett eh koo-vairt duh shuh-vuh;
Our head is covered with hair;

le corps des animaux est couvert de poils;
luh kohr day zah-nee-moh eh koo-vair duh pwahl;
the body of animals is covered with hair;

celui des oiseaux est couvert de plumes.
suh-lwee day zwah-zoh eh koo-vair duh plewm.
that of birds is covered with feathers.

Les poissons vivent dans l'eau.	**Ils n'ont ni pattes ni ailes;**
Lay pwah-sohng veev dawng loh.	*Eel nohng nee pahtt nee ell;*
Fish live in the water.	They have neither feet nor wings;

ils ont des nageoires et se meuvent en nageant.
eel zohng day nahzh-wahr ay suh muhv tawng nah-zhawng.
they have fins and move by swimming.

Leur corps est couvert d'écailles.
Luhr kohr eh koo-vair day-kigh.
Their body is covered with scales.

 NOTE to Student: The ending *-ant* added to the root of a verb indicates that the present participle is being used. Example: *marchant* — "walking", *nageant* — "swimming", *écrivant*—"writing", *lisant*—"reading". If *en* is used with it, it means "while" or "by". Example: *en lisant*—"while reading" or "by reading".

CAUTION: The present participle is *not* used as in the English progressive form. Example: "He is thinking"—*Il pense.* "The horses are running"—*Les chevaux courent.*

Le requin est un poisson dangereux.
Luh ruh-kahng eh tuhng pwah-sohng dawnzh-ruh.
The shark is a dangerous fish.

Le serpent, qui appartient à la classe des reptiles, n'a pas de pattes;
Luh sair-pawng, kee ah-pahrt-yahn tah lah klahss day rehp-teel,
nah pah duh pahtt;
The snake, which belongs to the class of reptiles, has no feet;

il rampe sur la terre.
eel rawmp sewr lah tair.
it crawls on the ground.

La grenouille est un animal amphibie qui vit dans l'eau et sur la terre.
Lah gruh-noo-y'h eh tuhn nah-nee-mahl awn-fee-bee kee vee dawng loh ay
sewr lah tair.
The frog is an amphibious animal which lives in the water and on the land.

En France, nous mangeons les cuisses de grenouille.
Awng Frawnss, noo mawn-zhohng lay kweess duh gruh-noo-y'h.
In France, we eat frogs' legs.

Elles sont délicieuses.
Ell sohng day-leess-yuhz.
They are delicious.

Parmi les insectes, il y a le ver à soie, la mouche et le moustique.
Pahr-mee lay zahn-sekt, eel yah luh vair ah swah, lah moosh, ay luh moos-teek.
Among the insects, there are the silk-worm, the fly, and the mosquito.

L'abeille qui produit le miel
Lah-baye kee proh-dwee luh m'yel
The bee which produces honey

et le ver à soie qui donne la soie   sont utiles;
ay luh vair ah swah kee dun lah swah   sohn tew-teel;
and the silk-worm which gives silk   are useful;

la mouche et le moustique sont inutiles et nuisibles,
lah moosh ay luh mooss-teek sohn tee-new-teel ay nwee-seebl,
the fly and the mosquito are useless and noxious,

car ils ne produisent rien,   mais au contraire font du mal.
kahr eel nuh proh-dweez r'yahng,   meh zoh kohn-trair fohng dew mahl.
for they produce nothing,   but on the contrary do harm.

Les animaux mangent, boivent et respirent parce qu'ils vivent.
Lay zah-nee-moh mawnzh, bwahv ay reh-speer pahrss keel veev.
Animals eat, drink, and breathe because they live.

Si un animal ne respire pas,   il ne peut pas vivre.
See uhn nah-nee-mahl nuh reh-speer pah,   eel nuh puh pah veevr.
If an animal does not breathe,   it cannot live.

L'homme et presque tous les animaux   (la plupart des animaux)
Lum ay prehs-kuh too lay zah-nee-moh   (lah plew-pahr day zah-nee-moh)
Man and almost all the animals   (most animals)

ont des sens pour voir,   entendre,   sentir,
ohng day sawnss poor vwahr,   awn-tawndr,   sawn-teer,
have senses for seeing,   hearing,   smelling,

goûter   et toucher.
goo-tay   ay too-shay.
tasting,   and feeling.

Nous voyons avec les yeux:
Noo vwah-yohn zah-vek layz yuh:
We see with the eyes:

les yeux sont les organes de la vue.
layz yuh sohng lay zohr-gahn duh lah vew.
the eyes are the organs of sight.

Nous entendons avec les oreilles:
Noo zawn-tawn-dohn zah-vek lay zoh-raye:
We hear with the ears:

les oreilles sont les organes de l'ouïe.
lay zoh-raye sohng lay zohr-gahn duh l'wee.
the ears are the organs of hearing.

Nous sentons avec le nez: le nez est l'organe de l'odorat.
Noo sawn-tohn zah-vek luh nay: *luh nay eh lohr-gahn duh loh-doh-rah.*
We smell with the nose: the nose is the organ of smell.

Nous goûtons avec la langue: la langue est l'organe du goût.
Noo goo-tohn zah-vek lah lawngg: *lah lawngg eh lohr-gahn dew goo.*
We taste with the tongue: the tongue is the organ of taste.

L'organe du toucher est la peau.
L'ohr-gahn dew too-shay eh lah poh.
The organ of touch is the skin.

La vue nous indique la couleur,   la forme,   les dimensions,
Lah vew noo zahn-deek lah koo-luhr,   *lah fohrm,*   *lay dee-mawnss-yohng,*
Sight indicates to us color,   form,   dimensions,

la place   et la position des objets.
lah plahss,   *ay lah poh-zeess-yohng day zohb-zheh.*
location,   and position of objects.

Par l'ouïe, nous percevons les sons et les bruits.
Pahr l'wee, noo pair-suh-vohng lay sohn zay lay brwee.
Through the hearing, we perceive sounds and noises.

Par le toucher, nous sentons le froid de la glace,
Pahr luh too-shay, noo sawn-tohng luh frwah duh lah glahss,
Through the touch, we feel the cold of the ice,

la chaleur du radiateur,
lah shah-luhr dew rahd-yah-tuhr,
the heat of the radiator,

la douleur quand nous nous brûlons.
lah doo-luhr kawng noo noo brew-lohng.
pain when we burn ourselves.

C'est aussi par le toucher que nous percevons
Seh toh-see pahr luh too-shay kuh noo pair-suh-vohng
It is also by the touch that we perceive

si une chose est molle ou dure.
see ewn shohz eh mawl oo dewr.
whether a thing is soft or hard.

Nous respirons l'air.
Noo reh-spee-rohng lair.
We breathe air.

Nous respirons par le nez.
Noo reh-spee-rohng pahr luh nay.
We breathe through the nose.

Nous respirons avec les poumons:
Noo reh-spee-rohn zah-vek lay poo-mohng:
We breathe with the lungs:

    les poumons sont les organes de la respiration.
    lay poo-mohng sohng lay zohr-gahn duh lah reh-spee-rahss-yohng.
    the lungs are the organs of respiration.

Les poumons sont dans la poitrine.
Lay poo-mohng sohng dawng lah pwah-treen.
The lungs are in the chest.

Nous mangeons avec la bouche.
Noo mawn-zhohn zah-vek lah boosh.
We eat with the mouth.

Nous mangeons la nourriture.
Noo mawn-zhohng lah noo-ree-tewr.
We eat food.

    La nourriture descend dans l'estomac.
    Lah noo-ree-tewr deh-sawng dawng leh-stoh-mah.
    The food goes down into the stomach.

    L'estomac digère la nourriture.
    Leh-stoh-mah dee-zhair lah noo-ree-tewr.
    The stomach digests the food.

Si je me coupe,
See zhuh muh koop,
If I cut myself,

un liquide rouge sort de la blessure:
uhng lee-keed roozh sohr duh lah bleh-sewr:
a red liquid flows from the wound:

    c'est le sang.
    seh luh sawng.
    it is blood.

Le sang circule dans le corps.
Luh sawng seer-kewl dawng luh kohr.
The blood circulates in the body.

Le coeur fait circuler le sang.
Luh kuhr feh seer-kew-lay luh sawng.
The heart makes the blood circulate.

Le coeur est dans la poitrine.
Luh kuhr eh dawng lah pwah-treen.
The heart is in the chest.

Si la digestion,
See lah dee-zhehst-yohng,
If the digestion,

la respiration
lah reh-spee-rahss-yohng
the respiration

et la circulation sont bonnes,
ay lah seer-kew-lahss-yohng sohng bun,
and the circulation are good,

nous sommes en bonne santé.
noo sum zawng bun sawn-tay.
we are in good health.

Si elles sont mauvaises,	**nous sommes malades.**
See ell sohng moh-vehz,	*noo sum mah-lahd.*
If they are bad,	we are sick.

Il faut alors téléphoner au médecin.
Eel foh tah-lohr tay-lay-foh-nay roh mayd-sahng.
Then it is necessary to telephone the doctor.

EXPRESSIONS to Remember: *Alors* is a word you will hear constantly in conversation. It is more or less equivalent to "then" or "therefore" but, used idiomatically, can mean "now". Example: *Eh biens, alors!*—"Well, now!"

Avoir besoin de—"to have need of" or "to need". Example: "She needs new clothes"—*Elle a besoin de vêtements neufs.*

THINKING IN FRENCH
(Answers on page 265)

1. Les plantes peuvent-elles se mouvoir?
2. Qu'est-ce que les animaux sont obligés de faire pour vivre?
3. Pouvons-nous vivre si nous n'avons pas de nourriture?
4. De quoi avons-nous besoin pour vivre?
5. Quels sont les cinq sens?
6. Comment s'appellent les principaux animaux domestiques?
7. Quel est le plus grand des oiseaux?
8. Quels sont les organes de la digestion et de la respiration?
9. Où les poissons vivent-ils?
10. Comment se meut le serpent?
11. La grenouille marche-t-elle?
12. Ce livre vous appartient-il?
13. A quelle classe d'animaux appartiennent l'aigle et le hibou?
14. Pourquoi l'abeille est-elle un insecte utile?

15. Nommez les principaux animaux domestiques et sauvages.

16. Combien le chien a-t-il de pattes?

17. Combien un oiseau a-t-il de pattes?

18. Que font les animaux avec les pattes?

19. Que font les oiseaux avec les ailes?

20. Où volent les oiseaux?

21. Votre tête est-elle couverte de cheveux?

22. De quoi le corps des animaux est-il couvert?

23. Le corps des oiseaux est-il couvert d'écailles?

24. Le poisson nage-t-il dans la mer?

25. Pouvons-nous vivre sans manger et sans respirer?

26. Avec quoi respirons-nous?

27. Où sont les poumons?

28. De quelle couleur est le sang?

29. Qu'est-ce qui fait circuler le sang?

30. Où est le coeur?

31. Mourons-nous si notre coeur s'arrête?

32. Êtes-vous en bonne santé?

33. Si vous mangez trop, pouvez-vous bien digérer?

34. Si je ne respire pas bien, puis-je rester en bonne santé?

LEÇON 34

L'homme et ses émotions
Lum ay say zay-mohss-yohng
Man and his emotions

L'homme est semblable aux animaux:
Lum eh sawm-blahbl oh zah-nee-moh:
Man is similar to the animals:

il est obligé de manger,
eel eh toh-blee-zhay duh mawn-zhay,
he is obliged to eat,

de boire et de respirer.
duh bwahr ay duh reh-spee-ray.
to drink and to breathe.

Mais l'homme est différent des animaux parce qu'il parle.
Meh lum eh dee-fay-rawng day zah-nee-moh pahrss keel pahrl.
But man is different from the animals because he speaks.

L'homme parle parce qu'il pense.
Lum pahrl pahrss keel pawnss.
Man speaks because he thinks.

Nous pensons avec le cerveau,
Noo pawng-sohn zah-vek luh sair-voh,
We think with the brain,

qui est dans la tête.
kee eh dawng lah tett.
which is in the head.

187

Le cerveau est l'organe de la pensée.
Luh sair-voh eh lohr-gahn duh lah pawng-say.
The brain is the organ of thought.

En quoi sommes-nous semblables aux animaux?
Awng kwah sum-noo sawm-blahbl oh zah-nee-moh?
How are we similar to the animals?

Comme eux, nous avons besoin de manger,
Kum uh, noo zah-vohng buh-zwahng duh mawn-zhay,
Like them, we need to eat,

> **de boire et de respirer.**
> *duh bwahr ay duh reh-spee-ray.*
> to drink and to breathe.

Quelle est la grande différence entre l'homme et l'animal?
Kell eh lah grawnd dee-fay-rawnss awntr lum ay lah-nee-mahl?
What is the great difference between man and animal?

C'est la parole et la pensée.
Seh lah pah-rohl ay lah pawng-say.
It is speech and thought.

Nous pensons à des choses présentes ou absentes.
Noo pawng-sohn zah day shohz pray-zawnt oo ahb-sawnt.
We think of things present or absent.

EXPRESSIONS to Remember: *Penser à*—"to think of" (to direct one's thought to). Example: *Je pense à ma famille*—"I am thinking of my family."

Penser de—"to think of" (to have an opinion about). Example: *Que pensez-vous de ce professeur?*—"What do you think of that teacher?"

Nous avons dans le cerveau des images appelées idées.
Noo zah-vohng dawng luh sair-voh day zee-mahzh ahp-lay ee-day.
We have, in the mind, pictures, called ideas.

Nous parlons pour communiquer nos idées à d'autres personnes.
Noo pahr-lohng poor koh-mew-nee-kay noh zee-day zah dohtr pair-sun.
We speak to communicate our ideas to other people.

Nous pouvons penser à des choses présentes ou absentes.
Noo poo-vohng pawng-say rah day shohz pray-zawnt oo ahb-sawnt.
We can think of things present or absent.

Vous pensez maintenant à votre leçon;
Voo pawng-say mahnt-nawng ah vohtr luh-sohng;
You are thinking now of your lesson;

si vous pensez à autre chose,
se: voo pawng-say zah ohtr shohz,
if you think of something else,

vous ne pouvez pas bien me comprendre.
voo nzť poo-vay pah b'yahng muh kohm-prawndr.
you cannot understand me well.

Souvent vous pensez à votre leçon quand vous êtes chez vous.
Soo-vawng voo pawng-say zah vohtr luh-sohng kawng voo zett shay voo.
You often think of your lesson when you are at home.

Que faites-vous maintenant?	Vous apprenez le français.
Kuh fett-voo mahnt-nawng?	*Voo zah-pruh-nay luh frawng-seh.*
What are you doing now?	You are learning French.
Le professeur enseigne,	l'élève apprend.
Luh praw-fess-err awn-sehn-y'h	*lay-levv ah-prawng.*
The teacher teaches,	the pupil learns.

Vous apprenez le français maintenant;
Voo zah-pruh-nay luh frawng-seh mahnt-nawng;
You are learning French now;

vous avez appris l'anglais il y a longtemps.
voo zah-vay zah-pree lawn-gleh eel yah lohng-tawng.
you learned English long ago.

 EXPRESSIONS to Remember: *Il y a*—"ago." We saw, in a preceding lesson, that *il y a* is a much used word for "There is" or "There are." However, it has another important use as an adverb meaning "ago." Example: "I saw him two years ago"—*Je l'ai vu il y a deux ans.*

Si nous avons bien appris une chose,	nous la savons.
See noo zah-vohng b'yahng nah-pree zewn shohz,	*noo lah sah-vohng*
If we have learned a thing well,	we know it.

Vous savez compter,
Voo sah-vay kohn-tay,
You know how to count,

vous savez écrire parce que vous l'avez appris.
voo sah-vay zay-kreer pahrss kuh voo lah-vay zah-pree.
you know how to write because you have learned how.

Vous savez que j'ai une montre dans ma poche parce que vous l'avez vue.
Voo sah-vay kuh zhay ewn mohntr dawng mah posh pahrss kuh voo
   lah-vay vew.
You know that I have a watch in my pocket because you have seen it.

Vous avez appris beaucoup de mots français, mais
Voo zah-vay zah-pree boh-koo duh moh frawng-seh, meh
You have learned many French words, but

> vous en avez oublié une partie.
> *voo zawn nah-vay zoo-blee-ay ewn pahr-tee.*
> you have forgot some of them.

 EXPRESSIONS to Remember: *Chez*—"at the house of."
You have probably seen this many times before Example:
Chez nous—"at our house." *Chez Robert*—"at Robert's." It
has an even broader sense. Example: "With the French,
politeness is essential."—*Chez les Français la politesse est
essentielle.*

Chez l'homme, les sensations et les sentiments
sont plus développés que chez l'animal.
Shay lum, lay sawn-sahss-yohng ay lay sawn-tee-mawng
sohng plew dayv-loh-pay kuh shay lah-nee-mahl.
In man, sensation and feeling are more developed than in the animal

Les animaux aiment généralement leurs petits,
Lay zah-nee-moh ehm zhay-nay-rahl-mawng luhr puh-tee,
Animals generally love their little ones,

> mais l'amour de notre mère est bien plus fort.
> *meh lah-moor duh nohtr mair eh b'yahng plew fohr.*
> but the love of our mother is very much stronger.

Nous aimons voir un beau tableau,   une belle statue,
Noo zeh-mohng vwahr uhng boh tah-bloh,   *ewn bell stah-tew,*
We like to see a beautiful picture,   a beautiful statue,

parce que nous éprouvons de l'admiration pour la beauté.
pahrss kuh noo zay-proo-vohng duh lahd-mee-rahss-yohng poor lah boh-tay.
because we feel admiration for beauty.

Au contraire,   nous avons de la répulsion pour la laideur
Oh kohn-trair,   noo zah-vohng duh lah ray-pewlss-yohng poor lah leh-duhr
On the contrary, we feel repulsion for ugliness,

> et c'est pourquoi nous n'aimons pas toucher les choses sales.
> *ay seh poor-kwah noo neh-mohng pah too-shay lay shohz sahl.*
> and that is why we do not like to touch dirty things.

La peur est une autre émotion;
Lah puhr eh tewn oh-tray-mohss-yohng;
Fear is another emotion;

les petits animaux ont peur des grands.
lay puh-tee zah-nee-moh ohng puhr day grawng.
small animals are afraid of large (ones).

Les enfants ont peur de l'obscurité.
Lay zawn-fawng ohng puhr duh lohb-skew-ree-tay.
Children are afraid of the dark.

Les jeunes filles ont-elles peur des araignées, des serpents et des souris?
*Lay zhuhn fee ohn-tell puhr day zah-rehn-yay, day sair-pawng ay day
soo-ree?*
Are girls afraid of spiders, snakes and mice?

Oui, elles en ont peur.
Wee, ell zawn nohng puhr.
Yes, they are afraid of them.

Si l'on n'a pas peur, on est courageux.
See lohng nah pah puhr, ohn neh koo-rah-zhuh.
If one isn't afraid, one is brave.

Nos soldats ont été courageux pendant la guerre.
Noh sohl-dah ohn tay-tay koo-rah-zhuh pawn-dawng lah gair.
Our soldiers were brave during the war.

Vous éprouvez du plaisir en voyant ou en entendant des choses agréables.
*Voo zay-proo-vay dew pleh-zeer awng vwah-yawng oo awn nawn-tawn-dawng
day shohz zah-gray-ahbl.*
You feel pleasure on seeing or on hearing pleasant things.

Si vous voyez une belle comédie ou si vous entendez de la bonne musique,
*See voo vwah-yay zewn bell koh-may-dee oo see voo zawn-tawn-day duh lah
bun mew-zeek,*
If you see a beautiful play or if you hear good music,

vous éprouvez du plaisir.
voo zay-proo-vay dew pleh-zeer.
you feel pleasure.

Quand votre professeur vous dit que votre exercice est bien fait,
Kawng vohtr praw-fess-err voo dee kuh voh-tregg-zair-seess eh b'yahng feh
When your teacher tells you that your exercise is well done,

vous en êtes content;   cela vous fait plaisir.
voo zawn nett kohn-tawn;   *suh-lah voo feh pleh-zeer.*
you are pleased;   it gives you pleasure.

NOTE: *Faire plaisir à*—"to give pleasure to." Example: *Ça me fait plaisir*—"That pleases me" or "That gives me pleasure."

Si quelque chose de désagréable vous arrive,
See kell-kuh shohz duh day-zah-gray-ahbl voo zah-reev,
If something disagreeable happens to you,

vous en êtes fâché.
voo zawn nett fah-shay.
you are annoyed (angry).

Nous nous fâchons quand le bruit nous empêche de dormir.
Noo noo fah-shohng kawng luh brwee noo zawng-pehsh duh dohr-meer.
We are annoyed when noise prevents us from sleeping.

On est fâché
Ohn neh fah-shay
One is annoyed

quand il faut attendre trop longtemps une place
au restaurant ou au cinéma.
kawn teel foh tah-tawndr troh lohng-tawng ewn plahss
oh rehs-toh-rawng oo oh see-nay-mah.
when one has to wait too long for a seat in the restaurant or movies.

Quand les enfants se fâchent, ils pleurent,
Kawng lay zawn-fawng suh fahsh, eel pluhr,
When children become angry, they cry,

mais les adultes montrent leur colère autrement.
meh lay zah-dewlt mohntr luhr koh-lair oh-truh-mawng.
but adults show their anger otherwise.

Pourtant, il vaut mieux rire ou sourire qu'être fâché ou triste.
Poor-tawng, eel voh m'yuh reer oo soo-reer kehtr fah-shay oo treest.
However, it is better to laugh or to smile than to be angry or sad.

NOTE: *Il vaut mieux*—"it is better (to)" Example: *Il vaut mieux rire que pleurer*—"It is better to laugh than to cry."

Fifi pleure parce qu'elle a cassé sa poupée. Le professeur est content parce qu'il a beaucoup d'argent. Madame de la Pompe est triste parce que personne ne l'aime.

THINKING IN FRENCH

(Answers on page 266)

1. Pourquoi le professeur est-il content?
2. Fifi est-elle heureuse?
3. Pourquoi pleure-t-elle?
4. Madame de la Pompe est-elle triste?
5. Pourquoi est-elle triste?
6. L'homme est-il supérieur aux animaux en toutes choses?
7. Peut-on parler correctement sans penser?
8. Pensez-vous que j'ai froid si je m'assieds près du radiateur?
9. Qu'apprenez-vous maintenant?
10. Avez-vous appris la musique l'année dernière?
11. Avez-vous appris à danser?
12. Où vont les enfants pour apprendre à lire et à écrire?

13. Savez-vous le nom du Président?

14. Est-ce que je sais combien d'argent vous avez dans votre poche?

15. Est-ce que je sais combien il y a d'étoiles?

16. Savons-nous quel temps il fera la semaine prochaine?

17. Savons-nous quelle heure il est?

18. Le professeur sait-il la distance entre Paris et le Havre?

19. Pouvons-nous savoir si nous vivrons demain?

20. Un enfant sait-il lire sans apprendre?

21. Avez-vous appris en quelle année Christophe Colomb a decouvert l'Amérique?

22. Le savez-vous?

23. L'avez-vous oublié?

24. Avez-vous une bonne mémoire?

25. Oubliez-vous vite si votre mémoire est mauvaise?

26. Avez-vous su le latin autrefois?

27. Le savez-vous encore?

28. Désirez-vous avoir beaucoup d'argent?

29. Qu'éprouvez-vous quand votre professeur vous dit que votre prononciation est très bonne?

30. Êtes-vous content de voir qu'il fait beau temps?

31. Êtes-vous content de quitter la ville en été?

32. Avez-vous été heureux à la fin de la guerre?

33. Êtes-vous satisfait de vos progrès en français?

34. Serez-vous content si je vous fais des compliments sur vos progrès?

35. Connaissons-nous le nom du président des États-Unis?

36. Avez-vous connu M. Berlitz en 1878?

LEÇON 35

Quand on voyage
Kawn tohng vwah-yahzh
When we travel

La France est un pays.
Lah Frawnss eh tuhng pay-ee.
France is a country.

Voici quelques pays d'Europe:
Vwah-see kell-kuh pay-ee duh-rawp:
Here are a few countries of Europe:

l'Angleterre
lawn-gluh-tair
England

la Suisse
lah Sweess
Switzerland

l'Espagne
less-pahn-y'h
Spain

l'Italie
lee-tah-lee
Italy

la Russie
lah Rew-see
Russia

l'Allemagne.
lahl-mahn-y'h.
Germany.

Les États-Unis et le Canada sont en Amérique du Nord;
Lay Zay-tah-zew-nee ay luh Kah-nah-dah sohn tawn Nah-may-reek dew Nohr;
The United States and Canada are in North America;

la Chine et le Japon sont en Asie.
lah Sheen ay luh Zhah-pohng sohn tawn Nah-zee.
China and Japan are in Asia.

Les plus grandes villes du monde sont: Paris
Lay plew grawnd veel dew mohnd sohng: *Pah-ree*
The largest cities of the world are: Paris

Londres	New-York	Berlin
Lohndr	*New-York*	*Bair-lahng*
London	New York	Berlin

Moscou	et Shanghaï.
Maw-scoo	*ay Shawn-gigh.*
Moscow	and Shanghai.

Quand nous allons d'une ville à une autre
Kawng noo zah-lohng dewn veel ah ewn ohtr
When we go from one city to another,

ou d'un pays à un autre,   nous voyageons.
oo duhng pay-ee ah uhn nohtr,   *noo vwah-yah-zhohng.*
or from one country to another,   we are traveling.

Nous voyageons en avion,   en bateau,
Noo vwah-yah-zhohn zawng nahv-yohng, *awng bah-toh,*
We travel by plane,   by ship,

en automobile   ou en chemin de fer.
awn noh-toh-moh-beel   *oo awng shuh-mahng duh fair.*
by automobile.   or by railroad.

Si l'endroit où nous allons est loin,
See lawn-drwah oo noo zah-lohng eh lwahng,
If the place to which we are going is distant,

nous prenons l'avion;   s'il est près,
noo pruh-nohng lahv-yohng;   *seel eh preh,*
we take the plane;   if it is nearby,

nous pouvons faire le voyage en automobile ou en train.
noo poo-vohng fair luh vwah-yahzh awn noh-toh-moh-beel oo awng trahng.
we can make the trip by automobile or by train.

Avant de partir en voyage,
Ah-vawng duh pahr-teer awng vwah-yahzh,
Before leaving on a trip,

il faut faire nos valises ou nos malles.
eel foh fair noh vah-leez oo noh mahl.
we have to pack our bags or our trunks.

Nous mettons dans les valises tout ce dont
nous aurons besoin pendant notre voyage:
Noo meh-tohng dawng lay vahleez too suh dohng
noo zoh-rohng buh-zwahng pawn-dawng nohtr vwah-yahzh:
We put in the bags everything we shall need during our trip:

des costumes,	des chaussettes,	des chemises,
day koh-stewm,	*day shoh-sett,*	*day shuh-meez,*
suits,	socks,	shirts,

des sous-vêtements,	des articles de toilette
day soo-veht-mawng,	*day zahr-teekl duh twah-leht*
underclothes,	toilet articles,

et beaucoup d'autres choses.
ay boh-koo dohtr shohz.
and many other things.

Puis nous faisons descendre les valises par le garçon
Pwee noo fuh-zohng deh-sawndr lay vah-leez pahr luh gahr-sohng
Then we have the bell boy take our bags down,

et nous prenons un taxi.
ay noo pruh-nohn zuhng tahk-see.
and we take a taxi.

Nous disons au chauffeur:	—À la gare du Nord;
Noo dee-zohng zoh shoh-fuhr·	—*Ah lah gahr dew Nohr;*
We say to the chauffeur:	"To the Gare du Nord (North Station);

dépêchez-vous,	s'il vous plaît.
day-peh-shay-voo,	*seel voo pleh.*
hurry,	please."

À la gare, nous allons au guichet pour prendre un billet.
Ah lah gahr, noo zah-lohn zoh ggee-sheh poor prawndr uhng bee-yeh.
At the station, we go to the ticket window to buy a ticket.

Nous disons à l'employé:	—Deux première classe,
Noo dee-zohn zah lawm-plwah-yay:	—*Duh pruhm-yair klahss,*
We say to the agent:	"Two first class,

aller et retour   Marseille, je vous prie.
ah-lay ay ruh-toor   *Mahr-saye, zhuh voo pree.*
round trip   Marseilles, please."

Le porteur porte vos valises jusqu'à la voiture.
Luh pohr-tuhr pohrt voh vah-leez zhews-kah lah vwah-tewr.
The porter carries your bags to the car.

Vous lui demandez: —Qu'est-ce que je vous dois?
Voo lwee duh-mawn-day: *—Kess kuh zhuh voo dwah?*
You ask him: "What do I owe you?"

Voici des expressions dont vous aurez besoin pendant le voyage:
*Vwah-see day zek-sprehss-yohng dohng voo zoh-ray buh-zwahng pawn-dawng
luh vwah-yahzh:*
Here are some expressions that you will need during the trip:

> —Cette place est-elle prise?
> *—Sett plahss eh-tell preez?*
> "Is this place taken?"

> —Combien de temps le train s'arrête-t-il à Lyon?
> *—Kohm-b'yahng duh tawng luh trahng sah-reht-teel ah L'yohng?*
> "How long does the train stop at Lyons?"

> —Quand arriverons-nous à Marseille?
> *—Kawn tah-reev-rohn-noo zah Mahr-saye?*
> "When shall we arrive in Marseilles?"

> —Combien d'heures faut-il pour aller à Rouen?
> *—Kohm-b'yahng derr foh-teel poor ah-lay ah Roo-awng?*
> "How many hours does it take to go to Rouen?"

Quand on arrive à sa destination,
Kawn tohn nah-reev ah sah deh-stee-nahss-yohng,
When one arrives at one's destination,

> on demande le nom d'un bon hôtel
> *ohng duh-mawnd luh nohng duhng bohn noh-tell*
> one asks the name of a good hotel,

> et on y va en taxi.
> *ay ohn nee vah awng tahk-see.*
> and goes there by cab.

On dit à l'employé de l'hôtel:
Ohng dee tah lawm-plwah-yay duh loh-tell:
One says to the hotel employee:

—Avez-vous une chambre avec bain?
—*Ah-vay-voo zewn shawmbr ah-vek bahng?*
"Have you a room with bath?

Je resterai ici une semaine.	Combien est-ce?
Zhuh rehst-ray ee-see ewn suh-mehn.	*Kohm-b'yahng ness?*
I shall stay here a week.	How much is it?"

Si vous vous égarez dans une ville que vous ne connaissez pas,
See voo voo zay-gah-ray dawn zewn veel kuh voo nuh koh-neh-say pah,
If you lose your way in a city that you do not know,

il faut dire à un agent de police:
eel foh deer ah uhn nah-zhawng duh poh-leess:
you must say to a policeman:

—Pardon, monsieur, pouvez-vous m'indiquer le chemin de l'hôtel Ritz?
—*Pahr-dohng, muss-yuh, poo-vay-voo mahng-dee-kay luh shuh-mahng duh loh-tell Reetz?*
"Pardon me, Sir, can you show me the way to the Ritz Hotel?"

Si vous ne comprenez pas ce qu'on vous répond,	il faut dire:
See voo nuh kohm-pruh-nay pah suh kohng voo ray-pohng,	*eel foh deer:*
If you do not understand what they answer (you),	you must say:

—Voulez-vous parler plus lentement, monsieur,
—*Voo-lay-voo pahr-lay plew lawnt-mawng, muss-yuh,*
"Will you speak more slowly, Sir,

je ne comprends pas très bien le français.
zhuh nuh kohm-prawng pah treh b'yahng luh frawng-seh.
I do not understand French very well."

Dans une grande ville,	il y a des magasins.
Dawn zewn grawnd veel,	*eel yah day mah-gah-zahng.*
In a large city,	there are stores.

Dans une librairie,	on vend des livres;
Dawn zewn lee-breh-ree,	*ohng vawng day leevr;*
In a bookstore,	they sell books;

dans une épicerie,	on vend des légumes;
dawn zewn ay-peess-ree,	*ohng vawng day lay-gewm;*
in a grocery,	they sell vegetables;

vous trouvez la viande dans une boucherie,
voo troo-vay lah v'yawnd dawn zewn boosh-ree,
you find meat in a butcher shop,

les médicaments dans une pharmacie,
lay may-dee-kah-mawng dawn zewn fahr-mah-see,
medicines in a pharmacy.

les fleurs chez un fleuriste
lay fluhr shay zuhng fluh-reest
flowers at a florist's,

et dans les grands magasins
ay dawng lay grawng mah-gah-zahng
and in the department stores,

on trouve un peu de tout.
ohng troov uhng puh duh too.
you find a little of everything.

Si vous allez dans un grand magasin pour acheter un chapeau,
See voo zah-lay dawng zuhng grawng mah-gah-zahng poor ahsh-tay ruhng shah-poh,
If you go to a department store to buy a hat,

vous dites en entrant:
voo deet zawn nawn-trawng:
you say on entering:

—Bonjour, mademoiselle,
—Bohng-zhoor, mahd-mwah-zell,
"Good day, Miss,

où est le rayon des chapeaux?
oo eh luh ray-ohng day shah-poh?
where is the hat department?"

Elle vous l'indique et vous dites alors à l'employé:
Ell voo lahng-deek ay voo deet zah-lohr zah lawm-plwah-yay:
She shows it to you and then you say to the salesman:

—Montrez-moi un chapeau gris, s'il vous plaît;
—Mohng-tray-mwah uhng shah-poh gree, seel voo pleh;
"Show me a gray hat, please;

pointure 55.
pwahn-tewr sahn-kawnt-sank.
size 7."

Si le prix est trop élevé,
See luh pree eh troh payl-vay,
If the price is too high,

vous demandez:
voo duh-mawn-day:
you ask:

—Avez-vous quelque chose de meilleur marché?
—Ah-vay-voo kell-kuh shohz duh may-yuhr mahr-shay?
"Have you something cheaper?"

Si l'article vous convient,
See lahr-teekl voo kohnv-yahng,
If the article suits you,

vous dites:
voo deet:
you say:

—Bien, je le prends.
—B'yahng, zhuh luh prawng.
"Good, I'll take it.

Voulez-vous l'envelopper?
Voo-lay-voo lawnv-loh-pay?
Will you wrap it?

Je l'emporte avec moi.
Zhuh lawm-pohrt ah-vek mwah.
I am taking it with me."

EXPRESSIONS to Remember: *Pendant une semaine*—"for a week" or "during a week."

Un billet aller et retour—"a round trip ticket."

Devoir—"owe." Example: "How much do I owe?"—*Combien est-ce que je dois?* But *devoir* also means "must" or "to be obliged." Example: "He must go to see his mother"—*Il doit aller voir sa mère.*

Se dépêcher—"to hurry." Note that this is a reflexive verb.

Ce dont—"that of which," "that about which," or "what." Example: "Take what you need"—*Prenez ce dont vous avez besoin.* "Forget what I told you about"—*Oubliez ce dont je vous ai parlé.*

THINKING IN FRENCH
(Answers on page 267)

1. Quelle est la plus grande ville d'Europe?
2. Quelle est la plus grande ville d'Amérique?
3. Est-ce que le Havre est au nord de Paris?
4. L'Espagne est-elle au nord ou au sud de la France?
5. Quel est le pays qui est au sud de la Suisse?
6. Londres est-il loin de Tokio?
7. Votre hôtel est-il loin d'ici?
8. Les Américains voyagent-ils beaucoup?
9. Voyagent-ils plus que les Français?
10. Voyagez-vous en été?
11. Allez-vous chaque année en Suisse?
12. Beaucoup d'Anglais voyagent-ils en Italie?
13. Combien de jours faut-il pour aller d'Europe en Amérique?
14. Combien d'heures faut-il pour aller de Paris à Berlin?
15. Combien de temps faut-il pour aller de chez vous à la gare?
16. Que mettez-vous dans votre malle?
17. Portez-vous votre malle vous-même?

18. Qui la descend?

19. Que dites-vous au domestique?

20. Allez-vous à la gare à pied?

21. Prenez-vous un taxi pour aller à la gare?

22. D'où partent les trains?

23. Que faites-vous avant de monter dans le wagon?

24. Où prenez-vous les billets?

25. Que dites-vous à l'employé?

26. Comprenez-vous bien le français?

27. Que dites-vous si vous ne comprenez pas?

28. Quelles sont les plus grandes rues de New-York?

29. Qu'est-ce qu'il y a dans les rues?

30. Quels sont les plus grands magasins de New-York?

31. Que dites-vous après être entré dans le magasin?

LEÇON 36

L'invitation au voyage
Lahng-vee-tahss-yohng oh vwah-yahzh
The invitation to the trip

AUBERT: Voulez-vous venir avec moi à Paris?
Voo-lay-voo vuh-neer ah-vek mwah ah Pah-ree?
Will you come with me to Paris?

BERTIN: Avec beaucoup de plaisir.
Ah-vek boh-koo duh pleh-zeer.
With much pleasure.

Je n'ai jamais visité la belle capitale de la France
Zhuh nay zhah-meh vee-zee-tay lah bell kah-pee-tahl duh lah Frawnss
I have never visited the beautiful capital of France,

et je ne veux pas quitter le continent sans y avoir été.
ay zhuh nuh vuh pah kee-tay luh kohn-tee-nawng sawng zee ah-vwahr ay-tay.
and I do not wish to leave the continent without having been there.

AUBERT: Eh bien, nous quitterons Bruxelles demain, si vous voulez.
Ay b'yahng, noo keet-rohng Brewk-sehl duh-mahng, see voo voo-lay.
Well, we shall leave Brussels tomorrow, if you wish.

BERTIN: Très bien, cette idée me plaît beaucoup.
Treh b'yahng, sett ee-day muh pleh boh-koo.
Good, that idea pleases me very much.

Nous pourrons rester une semaine à Paris et aller ensuite à Londres;
Noo poo-rohng reh-stay rewn suh-mehn ah Pah-ree ay ah-lay rawn-sweet ah Lohndr;
We shall be able to stay a week in Paris and then go to London;

la traversée de la Manche par beau temps est très agréable.
lah trah-vair-say duh lah Mawnsh pahr boh tawng eh treh zah-gray-ahbl.
the Channel crossing in fine weather is very pleasant.

AUBERT: Comment irons-nous à Londres?
Kohm-mawn tee-rohng-noo zah Lohndr?
How shall we go to London?

BERTIN: Par Calais et Douvres, si vous voulez.
Pahr Kah-leh ay Doovr, see voo voo-lay.
By Calais and Dover, if you wish.

C'est plus court;
Seh plew koor;
It is shorter;

on reste plus longtemps en chemin de fer,
ohng rehst plew lohng-tawn zawng shuh-mahng duh fair,
the train ride is longer,

mais la traversée en bateau ne dure qu'une heure et quart.
meh lah trah-vair-say awng bah-toh nuh dewr kewn err ay kahr.
but the crossing by boat lasts only an hour and a quarter.

Beaucoup de voyageurs passent aussi par Dieppe et Newhaven,
Boh-koo duh vwah-yah-zhuhr pahss toh-see pahr D'yepp ay New-ah-ven,
Many travelers go also by Dieppe and Newhaven,

mais on reste plus longtemps en mer.
meh zohng rehst plew lohng-tawn zawng mair.
but they stay longer on the water.

AUBERT: Je préfère la route Calais-Douvres,
Zhuh pray-fair lah root Kah-leh-Doovr,
I prefer the route from Calais to Dover,

parce qu'en cette saison la mer n'est pas toujours bonne
pahrss kawng sett seh-sohng lah mair neh pah too-zhoor bun
because in this season the sea is not always calm,

et une traversée par mauvaise mer est très désagréable.
ay ewn trah-vair-say pahr moh-vehz mair eh treh day-zah-gray-ahbl.
and a crossing in a choppy sea is very unpleasant.

BERTIN: A quelle heure partirons-nous demain?
Ah kell err pahr-tee-rohn-noo duh-mahng?
At what time shall we leave tomorrow?

Avez-vous un indicateur?
Ah-vay-voo zuhn nahng-dee-kah-tuhr?
Have you a time table?

AUBERT: Voilà.
Vwah-lah.
Here you are.

BERTIN: Voyons, voulez-vous prendre l'express
Vwah-yohng, voo-lay-voo prawndr leks-prehss
    de sept heures quarante-huit du matin?
    duh sett err kah-rawnt-weet dew mah-tahng?
Let's see, do you wish to take the express at seven-forty-eight a.m.?

Nous arriverons à midi quarante-neuf à Paris.
Noo zah-reev-rohn zah mee-dee kah-rawnt-nuff ah Pah-ree.
We shall arrive at twelve-forty-nine in Paris.

AUBERT: Je veux bien.
Zhuh vuh b'yahng.
I'm willing.

C'est une bonne heure;
Seh tewn bun err;
It's a good hour;

nous aurons le temps de déjeuner
noo zoh-rohng luh tawng duh day-zhuh-nay
we'll have time to have lunch,

et dans l'après-midi nous pourrons voir un peu la ville.
ay dawng lah-preh-mee-dee noo poo-rohng vwahr uhng puh lah veel.
and in the afternoon we can see a bit of the city.

 NOTE that *une bonne heure* means "a good hour," but *de bonne heure* means "early."

BERTIN: **Si vous voulez,**
See voo voo-lay,
If you wish,

je viendrai vous prendre chez vous
zhuh v'yahng-dray voo prawndr shay voo
I shall come to pick you up at your house

à sept heures demain matin.
ah sett err duh-mahng mah-tahng.
at seven o'clock tomorrow morning.

Maintenant, je vous quitte;   **j'ai encore beaucoup à faire.**
Mahnt-nawng, zhuh voo keet;   *zhay awn-kohr boh-koo pah fair.*
Now, I'll leave you;   I still have a great deal to do.

A demain.
Ah duh-mahng.
See you tomorrow.

AUBERT: **Au revoir.**
Oh r'vwahr.
Goodbye.

EXPRESSIONS to Remember: *Quitter une ville*—"to leave a city."

Sans avoir été à Paris—"without having been in Paris."

Eh bien—"Well." This is difficult to translate. It is an expression used to preface almost any statement.

Cette idée me plaît—"This idea pleases me" or "I like this idea."

A demain—"Until tomorrow."

La Manche—"The English Channel." This literally means "the sleeve." You can hardly expect the French to call this body of water on their northern shore "the *English* Channel."

THINKING IN FRENCH
(Answers on page 267)

1. Quel voyage M. Aubert propose-t-il à M. Bertin?
2. M. Bertin a-t-il déjà été à Paris?
3. Ces messieurs sont-ils en Angleterre ou sur le Continent?
4. Est-ce un plaisir de faire un voyage?
5. Est-ce un plaisir de se promener par beau temps?
6. Est-ce un plaisir de sortir par mauvais temps?
7. Est-ce que M. Bertin accepte la proposition de M. Aubert?
8. Par quels mots fait-il comprendre qu'il l'accepte?
9. Est-ce que M. Aubert a une bonne idée?
10. La langue française vous plaît-elle?
11. Est-ce que Londres vous plaît autant que Paris?
12. Est-ce que Paris vous plaît plus que Rome?
13. Aimez-vous mieux Paris que New-York?
14. Où ces messieurs iront-ils d'abord?
15. Où iront-ils ensuite?
16. Combien de temps resteront-ils à Paris?
17. Pourront-ils aller en Angleterre en chemin de fer?

18. Est-ce que l'Angleterre est entourée d'eau?

19. Pouvons-nous aller en Australie en chemin de fer?

20. Faut-il prendre le bateau pour aller en Angleterre?

21. Est-ce un plaisir de traverser la Manche par un beau temps?

22. Et par un mauvais temps, est-ce un plaisir?

23. Est-ce que la traversée de Calais à Douvres est longue?

24. Est-ce que M. Bertin aime mieux la route Calais-Douvres que la route Dieppe-Newhaven?

25. Est-il agréable de faire la traversée quand la mer est mauvaise?

26. Où voyez-vous les heures de départ et d'arrivée des trains?

27. Par quel train préférez-vous voyager: par les trains qui vont vite ou par ceux qui vont lentement?

28. Comment s'appellent les trains rapides?

29. À quelle heure MM. Aubert et Bertin partiront-ils?

30. À quelle heure arriveront-ils?

31. Que feront-ils avant de visiter Paris?

32. À quelle heure M. Bertin viendra-t-il chez M. Aubert le lendemain matin?

33. Pourquoi ira-t-il chercher M. Aubert?

34. M. Bertin reste-t-il longtemps chez M. Aubert?

35. Pourquoi le quitte-t-il?

LEÇON 37

Le départ de la gare
Luh day-pahr duh lah gahr
The departure from the station

Après que Monsieur Bertin a quitté Monsieur Aubert,
Ah-preh kuh Muss-yuh Bair-tahng ah kee-tay Muss-yuh Oh-bair,
After Mr. Bertin has left Mr. Aubert,

celui-ci fait ses préparatifs.
suh-lwee-see feh say pray-pah-rah-teef.
the latter makes his preparations.

Il met ses vêtements et son linge dans une malle;
Eel meh say veht-mawng ay sohng lahnzh dawn zewn mahl;
He puts his clothing and linen in a trunk;

et ses brosses,	son peigne,	ses pantoufles
ay say brohss,	*sohng pehn-y'h,*	*say pawn-toofl*
and his brushes,	comb,	slippers,

210

et d'autres objets dans ses valises.
ay dohtr zohb-zheh dawng say vah-leez.
and other things in his bags.

Ensuite, il se couche et s'endort.
Awn-sweet, eel suh koosh ay sawn-dohr.
Then, he goes to bed and falls asleep.

Le matin, il se réveille de très bonne heure,
Luh mah-tahng, eel suh ray-vay duh treh bun err,
In the morning, he wakes up very early,

se lève et continue à empaqueter ses effets. Son ami arrive.
*suh lehv ay kohng-tee-new ah awng-pahk-tay say zay-feh. Soh nah-mee
ah-reev.*
gets up and continues to pack his belongings. His friend arrives

AUBERT: **Ah, vous voilà!**
    Ah, voo vwah-lah!
    Ah, there you are!

    Vous êtes en avance, il n'est que six heures.
    Voo zett zawn nah-vawnss, eel neh kuh see zerr.
    You're early, it's only six o'clock.

BERTIN: **C'est que j'aime mieux être en avance qu'en retard.**
    Seh kuh zhehm m'yuh zehtr awng nah-vawnss kawng ruh-tahr.
    It's only that I prefer to be early than late.

AUBERT: **Avez-vous pris votre café?**
    Ah-vay-voo pree vohtr kah-fay?
    Have you had your coffee?

BERTIN: **Oh, oui, il y a plus d'une demi-heure.**
    Oh, wee, eel yah plew dewn duh-mee-err.
    Oh, yes, more than a half hour ago.

    Je n'ai pas bien dormi cette nuit;
    Zhuh nay pah b'yahng dohr-mee sett nwee;
    I did not sleep well last night;

    je me suis levé de très bonne heure.
    zhuh muh swee luh-vay duh treh bun err.
    I got up very early.

    Avez-vous fait vos valises?
    Ah-vay-voo feh voh vah-leez?
    Have you packed your bags?

AUBERT: **Les voilà.**   **Elles sont prêtes.**
    Lay vwah-lah.   *Ell sohng preht.*
    There they are.   They are ready.

BERTIN: Alors, je vais chercher un taxi.
Ah-lohr, zhuh veh shair-shay ruhng tahk-see.
Then, I'll go to look for a taxi.

AUBERT: Très bien.
Treh b'yahng.
Very well.

En attendant, je vais faire un paquet
Awn ah-tawn-dawng, zhuh veh fair uhng pah-keh
Meanwhile, I'm going to make a package

de quelques objets que je n'ai pas pu mettre dans mes baggages.
*duh kell-kuh zohb-zheh kuh zhuh nay pah pew mehtr dawng may
bah-gahzh.*
of a few things that I wasn't able to put in my luggage.

.   .   .   .

BERTIN: La voiture attend devant la porte.
Lah vwah-tewr ah-tawng duh-vawng lah pohrt.
The cab is waiting in front of the door.

AUBERT: Dites au garçon de venir prendre mes bagages,
Deet zoh gahr-sohng duh vuh-neer prawndr may bah-gahzh,
Tell the boy to fetch my luggage,

je vous prie.
zhuh voo pree.
please.

—Garçon, voulez-vous descendre ma malle?
—*Gahr-sohng, voo-lay-voo deh-sawndr mah mahl?*
—Boy, will you take my trunk down?

Mettez la malle sur la voiture,
Meh-tay lah mahl sewr lah vwah-tewr,
Put the trunk on top of the cab,

s'il vous plaît,   et les valises à l'intérieur.
seel voo pleh,   *ay lay vah-leez ah lahng-tair-yuhr.*
please,   and the bags inside.

BERTIN: Eh bien, allons-y!
Ay b'yahng, ah-lohn-zee!
Well, let's go!

Voilà la voiture;   montez, s'il vous plaît.
Vwah-lah lah vwah-tewr;   *mohn-tay, seel voo pleh.*
There's the cab;   get in, please.

AUBERT: Est-ce que la gare est loin d'ici?
Ess kuh lah gahr eh lwahng dee-see?
Is the station far from here?

BERTIN: Non, elle est tout près.
Nohng, ell eh too preh.
No, it is quite near.

C'est ce grand édifice au bout de la rue.
Seh suh grawn tay-dee-feess oh boo duh lah rew.
It's that big building at the end of the street.

AUBERT: Combien faut-il donner au chauffeur?
Kohm-b'yahng foh-teel dun-nay roh shoh-fuhr?
How much must we give the driver?

BERTIN: Regardez le taximètre.
Ruh-gahr-day luh tahk-see-mehtr.
Look at the meter.

Il marque 180 francs:
Eel mahrk sawn kahtr-vahng frawng:
It registers 180 francs:

160 pour la course
sawn swah-sawnt poor lah koors
160 for the drive,

et 20 francs pour les deux colis.
ay vahng frawng poor lay duh koh-lee.
and 20 francs for the two pieces of luggage.

AUBERT: Je lui donnerai 200 francs,
Zhuh lwee dun-ray duh sawng frawng,
I'll give him 200 francs,

cela lui fera 20 francs de pourboire.
suh-lah lwee fuh-rah vahng frawng duh poor-bwanr.
that will make 20 francs for a tip.

Nous voici à la gare.
Noo vwah-see ah lah gahr.
Here we are at the station.

Voulez-vous faire porter nos valises à la consigne?
Voo-lay-voo fair pohr-tay noh vah-leez ah lah kohng-seen-y'n?
Will you have our bags taken to the baggage room?

J'irai prendre les billets.
Zhee-ray prawndr lay bee-yeh.
I shall get the tickets.

BERTIN: Oui, je veux bien.
Wee, zhuh vuh b'yahng.
Yes, I'll be happy to.

AUBERT: Où est le guichet?
Oo eh luh ggee-sheh?
Where is the ticket window?

Oh, je le vois.
Oh, zhuh luh vwah.
Oh, I see it.

• • • • • • • • • • •

Deux premières pour Paris.
Duh prum-yair poor Pah-ree.
Two first class for Paris.

L'EMPLOYÉ: Huit cents francs, monsieur.
Wee sawng frawng, muss-yuh.
800 francs, Sir.

AUBERT: Bon.
Bohng.
Good.

• • • • • • • • • • •

BERTIN: Voilà le porteur avec nos valises.
Vwah-lah luh pohr-tuhr ah-vek noh vah-leez.
There is the porter with our bags.

J'aime mieux voyager en chemin de fer qu'en avion,
Zhehm m'yuh vwah-yah-zhay rawng shuh-mahng duh fair kawn nah
yohng,
I prefer train travel to plane travel,

car on n'est pas obligé de faire peser
ni enregistrer les bagages constamment.
kahr ohng neh pah zoh-blee-zhay duh fair puh-zay
nee awn-ruh-zhee-stray lay bah-gahzh kohng-stah-mawng.
because you do not have to have your luggage constantly weighed or
registered.

Porteur, qu'est-ce que nous vous devons?
Pohr-tuhr, kess kuh noo voo duh-vohng?
Porter, what do we owe you?

LE PORTEUR: Ce que vous voudrez.
Suh kuh voo voo-dray.
Whatever you wish.

AUBERT: Entrons dans la salle d'attente.
Awn-trohng dawng lah sahl dah-tawnt.
Let's go into the waiting room.

Quelle heure est-il?
Kell err eh-teel?
What time is it?

BERTIN: Il est sept heures et demie.
Eel ch sett err ay d'mee.
It is half past seven.

AUBERT: Les portes sont ouvertes,
Lay pohrt sohn too-vairt,
The gates are open,

nous pouvons monter dans le train pour chercher de bonnes places.
noo poo-vohng mohng-tay dawng luh trahng poor shair-shay duh bun plahss.
we can get on the train to look for good seats.

EXPRESSIONS to Remember: *Ne . . . . . que*—"only." Observe that there is a space between the two words, in which a verb *or* verb and pronoun can be placed. Example: "I have only one automobile."—*Je n'ai qu'une automobile.* Also, "I have only one (of them)."—*Je n'en ai qu'une.*

S'endormir—"to go to sleep." Note that it is reflexive.

De bonne heure—"early." *Tôt* is another word for "early."

Un pourboire—"a tip." This is a useful expression. Its literal translation means "for to drink." Although tipping is usually 10%, as in America, some restaurants add it automatically to the check. Therefore, when in France, examine your check for this.

une demi-heure—"half an hour." Note the difference in spelling in *une demi-heure* and *une heure et demie* (an hour and a half).

THINKING IN FRENCH
(Answers on page 268)

1. À quoi M. Aubert se prépare-t-il?
2. Avez-vous beaucoup de préparatifs à faire avant de partir pour un long voyage?
3. Qu'a fait M. Aubert quand son ami l'a quitté?
4. Emportez-vous des vêtements avec vous en voyage?
5. Où les mettez-vous?
6. Les dames voyagent-elles avec beaucoup de bagages?
7. M. Aubert fera-t-il ses malles le soir même?
8. Sera-t-il prêt le lendemain?
9. Où M. Aubert met-il son linge?
10. Que fait M. Aubert après avoir fait ses malles et ses valises?
11. Dort-il bien?
12. Qu'est-ce que M. Bertin a pris au petit déjeuner, du café ou du thé?
13. À quelle heure a-t-il pris son café?
14. Pourquoi s'est-il levé de bonne heure?

15. A-t-il passé une nuit agréable?

16. Où sont les malles de M. Bertin?

17. Les bagages de M. Aubert sont-ils prêts?

18. Que va faire M. Bertin?

19. Que fait M. Aubert pendant que son ami va chercher un taxi?

20. Où est la voiture?

21. Que fait le garçon?

22. Que dit M. Aubert au garçon?

23. Où le garçon met-il les valises?

24. Combien ces messieurs auront-ils à payer au chauffeur?

25. Et combien lui donnent-ils?

26. Donnons-nous généralement des pourboires aux agents de police?

27. Qui porte les malles à la consigne?

28. Que fait M. Aubert?

29. Où prend-il les billets?

30. Que dit-il à l'employé?

31. Que fait-on dans la salle d'attente?

32. A quelle heure MM. Aubert et Bertin montent-ils dans le train?

33. Pourquoi n'attendent-ils pas plus longtemps?

LEÇON 38

L'arrivée à Paris.
Lah-ree-vay ah Pah-ree
The arrival in Paris

AUBERT: Nous nous approchons de Paris.
Noo noo zah-proh-shohng duh Pah-ree.
We are nearing Paris.

Regardez, voici la banlieue.
Ruh-gahr-day, vwah-see lah bawn-l'yuh.
Look, here are the suburbs (outskirts).

Dans un quart d'heure, nous serons à la gare du Nord.
Dawng zuhng kahr derr, noo suh-rohng zah lah gahr dew Nohr.
In a quarter of an hour, we shall be at the Gare du Nord (North Station).

BERTIN: Alors, descendons nos valises.
Ah-lohr, deh-sawn-dohng noh vah-leez.
Then, let's get our bags down.

Que je suis heureux d'être enfin à Paris!
Kuh zhuh swee zuh-ruh dehtr awn-fahng ah Pah-ree!
How glad I am to be in Paris at last!

AUBERT: Nous voici arrivés.
Noo vwah-see ah-ree-vay.
Here we are (arrived).

Le train s'arrête, descendons.
Luh trahng sah-reht, deh-sawn-dohng.
The train is stopping, let's get out.

Prenons un porteur et faisons mettre nos valises dans la voiture.
Pruh-nohn zuhng pohr-tuhr ay fuh-zohng mehtr noh vah-leez dawng lah vwah-tewr.
Let's get a porter and have our bags put into the cab.

Porteur!
Pohr-tuhr!
Porter!

LE PORTEUR: Voilà, monsieur.
Vwah-lah, muss-yuh.
Here, Sir.

AUBERT: Prenez ces valises et ces paquets et mettez-les dans un taxi.
Pruh-nay say vah-leez ay say pah-keh ay meh-tay-lay dawn zuhng tahk-see.
Take these bags and packages and put them in a taxi.

Il y en a cinq en tout.
Eel yawn nah sank awng too.
There are five of them in all.

Ensuite, vous nous accompagnerez à la douane.
Awn-sweet, voo noo zah-kohm-pahn-yuh-ray zah lah dwahn.
Then, you will accompany us to the customs.

BERTIN: Voici nos bulletins de bagages.
Vwah-see noh bewl-tahng duh bah-gahzh.
Here are our baggage checks.

AUBERT: Allons chercher nos bagages.
Ah-lohng shair-shay noh bah-gahzh.
Let us go to look for our luggage.

Par ici, Monsieur Bertin!
Pahr ree-see, Muss-yuh Bair-tahng!
This way, Mr. Bertin!

BERTIN: Voici les douaniers;
Vwah-see lay dwahn-yay;
Here are the customs officials;

nous sommes les premiers à passer.
noo sum lay prum-yay zah pah-say.
we are the first to go through.

Ça ira vite.
Sah ee-rah veet.
This will go quickly.

 Ceci and cela (also, ça) mean "this" or "that" when there is no definite antecedent or it is unexpressed, or even when a general idea is referred to. Example: "This is interesting"— *Ceci est intéressant;* "I don't like that"—*Je n'aime pas cela.*

LE DOUANIER: Avez vous quelque chose à déclarer:
Ah-vay-voo kell-kuh shohz ah day-klah-ray:
Have you anything to declare:

tabac, cigares, allumettes?
tah-bah, see-gahr, ah-lew-mett?
tobacco, cigars, matches?

BERTIN: Non, rien du tout;
Nohng, r'yahng dew too;
No, nothing at all;

faut-il ouvrir?
foh-teel oo-vreer?
must we open up?

LE DOUANIER: (marque chaque valise): Non, c'est bien; passez.
(mark shahk vah-leez): Nohng, seh b'yahng; pah-say.
(marks each bag): No, it's all right; go ahead.

AUBERT: Nous n'avons plus rien à faire ici.
Noo nah-vohng plew r'yahn nah fair ee-see.
We have nothing more to do here.

Montons dans la voiture.
Mohng-tohng dawng lah vwah-tewr.
Let's get into the cab.

BERTIN: Passez-moi ce paquet,
Pah-say-mwah suh pah-keh,
Give me that package,

je le mettrai sur mes genoux.
zhuh luh meh-tray sewr may zhuh-noo.
I'll hold it on my knees.

(Donnant quinze francs au porteur)
(Dun-nawng kahnz frawng oh pohr-tuhr)
(Giving 15 francs to the porter)

Voici pour vous.
Vwah-see poor voo.
Here is (something) for you.

LE PORTEUR: Merci bien, monsieur.
Mair-see b'yahng, muss-yuh.
Thank you very much, Sir.

AUBERT: Chauffeur, au Grand Hôtel.
Shoh-fuhr, oh Grawn toh-tell.
Driver, to the Grand Hotel.

BERTIN: Quelle est cette rue-ci, Monsieur Aubert?
Kell eh sett rew-see, Muss-yuh Oh-bair?
What street is this, Mr. Aubert?

AUBERT: C'est la rue La Fayette, une rue longue et très mouvementée.
Seh lah rew Lah Fah-yet, ewn rew lohn gay treh moov-mawn-tay.
It's La Fayette Street, a long and very busy street.

Nous serons bientôt à l'hôtel.
Noo suh-rohng b'yahn-toh ah loh-tell.
We'll soon be at the hotel.

BERTIN: Le chauffeur s'arrête.   Sommes-nous déjà arrivés?
Luh shoh-fuhr sah-rett.   *Sum-noo day-zhah ah-ree-vay?*
The driver is stopping.   Are we there already?

AUBERT: Oui, descendons.   (A l'employé)
Wee, deh-sawn-dohng.   *(Ah lawn-plwah-yay)*
Yes, let's get out.   (To the desk clerk)

Avez-vous une chambre à deux lits?
Ah-vay-voo zewn shawmbr ah duh lee?
Have you a double room?

L'EMPLOYÉ DE L'HÔTEL: Oui, monsieur, au premier étage.
Wee, muss-yuh, oh prum-yay ray-tahzh.
Yes, Sir, on the second floor.

AUBERT: Pouvons-nous monter la voir?
Poo-vohn-noo mohn-tay lah vwahr?
May we go up to see it?

L'EMPLOYÉ: Oui, monsieur.
Wee, muss-yuh.
Yes, Sir

Ces messieurs veulent-ils prendre l'ascenseur?
Say mace-yuh, vuhl-teel prawndr lah-sawn-suhr?
Do you gentlemen wish to take the elevator?

. . . .

AUBERT: Je n'aime pas cette chambre.
Zhuh nehm pah sett shawmbr.
I do not like this room.

Elle n'est pas claire.
Ell neh pah klair.
It is not bright.

BERTIN: Où donne cette fenêtre?
Oo dun sett fuh-nehtr?
On what does this window open?

L'EMPLOYÉ: Sur une cour intérieure.
Sewr ewn koor ahn-tair-yuhr.
On an inner court.

AUBERT: N'avez-vous pas de chambre libre sur le devant de la maison?
Nah-vay-voo pah duh shawmbr leebr sewr luh duh-vawng duh lah meh-zohng?
Haven't you an unoccupied room in the front of the house?

L'EMPLOYÉ: Si, nous en avons une.
See, noo zawn nah-vohn zewn.
Yes, we have one (of them).

Ces messieurs désirent-ils la voir?
Say mace-yuh day-zeer-teel lah vwahr?
Do you gentlemen wish to see it?

AUBERT: S'il vous plaît.
Seel voo pleh.
Please.

Eh bien, j'aime mieux cette chambre-ci.
Ay b'yahng, zhehm m'yuh sett shawmbr-see.
Well, I prefer this room.

Regardez!
Ruh-gahr-day!
Look!

Elle donne sur la rue La Fayette.
Ell dun sewr lah rew Lah Fah-yet.
It opens on La Fayette Street.

Quelle jolie vue!
Kell zhoh-lee vew!
What a pretty view!

BERTIN: Elle me plaît aussi, à moi.
Ell muh pleh toh-see, ah mwah.
I like it, too. (It pleases me, too.)

AUBERT: Quel est le prix de cette chambre?
Kell eh luh pree duh sett shawmbr?
What is the price of this room?

L'EMPLOYÉ: C'est 300 francs par jour.
Seh trwah sawng frawng pahr zhoor.
It's 300 francs a day.

AUBERT: C'est bien, nous retenons cette chambre-ci
Seh b'yahng, noo ruht-nohng sett shawmbr-see.
Good, we'll take this room.

Faites monter nos bagages, s'il vous plaît.
Fett mohn-tay noh bah-gahzh, seel voo pleh.
Have our luggage brought up, please.

BERTIN: À quelle heure sont les repas?
Ah kell err sohng lay ruh-pah?
At what time are the meals?

L'EMPLOYÉ: Le déjeuner de midi à deux,
et le dîner à partir de six heures et demie.
Luh day-zhuh-nay duh mee-dee ah duh,
ay luh dee-nay ah pahr-teer duh see zerr ay d'mee.
Lunch from noon to two, and dinner starting at half past six.

AUBERT: Où est la salle à manger?
Oo eh lah sahl ah mawn-zhay?
Where is the dining room?

L'EMPLOYÉ: Au rez-de-chaussée.   L'ascenseur est là-bas.
Oh rayd-shoh-say.   *Lah-sawn-suhr eh lah-bah.*
On the ground floor.   The elevator is over there.

. . . .

LE MAÎTRE D'HÔTEL: Veuillez entrer par ici, messieurs.
Vuh-yay zawng-tray pahr ee-see, mace-yuh.
Come in this way, gentlemen.

LE GARÇON: Voici le menu.
Vwah-see luh muh-new.
Here is the menu.

AUBERT: Voyons ce qu'il y a de bon à manger.
Vwah-yohng suh keel yah duh bohn nah mawn-zhay.
Let's see what there is good to eat.

Aimez-vous le poisson?
Eh-may-voo luh pwah-sohng?
Do you like fish?

BERTIN: Je ne l'aime pas beaucoup; je prendrai une omelette.
Zhuh nuh lehm pah boh-koo; zhuh prawn-dray ewn ohm-lett.
I don't like it very much; I'll take an omelet.

AUBERT: Que prenons-nous ensuite, un bifteck, n'est-ce pas?
Kuh pruh-nohng-noo zawn-sweet, uhng beef-tehk, ness pah?
What shall we have then, steak, right?

BERTIN: Oui, parfaitement.
Wee, pahr-fett-mawng.
Yes, perfect.

AUBERT: Garçon, une omelette et deux biftecks.
Gahr-sohng, ewn ohm-lett ay duh beef-tehk.
Waiter, an omelet and two beefsteaks.

LE GARÇON: **Quel vin prennent ces messieurs?**
Kell vahng prenn say mace-yuh?
What wine will the gentlemen have?

AUBERT: **Une demi-bouteille de Saint-Julien.**
Ewn duh-mee-boo-taye duh Sahn-Zhewl-yahng.
A half bottle of Saint Julian.

Voulez-vous de l'eau minérale?
Voo-lay-voo duh loh mee-nay-rahl?
Do you wish any mineral water?

BERTIN: **Prenons une bouteille d'Évian, si vous voulez.**
Pruh-nohng zewn boo-taye dayv-yawng, see voo voo-lay.
Let's have a bottle of Evian, if vou like.

LE GARÇON: **Ces messieurs désirent-ils un dessert?**
Say mace-yuh day-zeer-teel uhng deh-sair?
Would the gentlemen like dessert?

AUBERT: **Oui, quelques prunes.**
Wee, kell-kuh prewn.
Yes, a few plums.

Nous prendrons du café, n'est-ce pas?
Noo prawn-drohng dew kah-fay, ness pah?
We'll take coffee, won't we?

 NOTE to Student: Although we have said, in an earlier -lesson, that "pencils" or "some pencils" should be expressed by *des crayons*, you may also use *quelques crayons*. This has more exactly the sense of "a few". Example: "a few pears" —*quelques poires*.

BERTIN: **Oui, j'en prendrai volontiers une petite tasse.**
Wee, zhawng prawn-dray voh-lohnt-yay ewn puh-teet tahss.
Yes, I'll gladly take a small cup

AUBERT: **Garçon, l'addition.**
Gahr-sohng, lah-deess-yohng.
Waiter, the bill.

LE GARÇON: **Voici, messieurs.**
Vwah-see, mace-yuh.
Here it is, gentlemen.

BERTIN: **Bien, avez-vous payé?**
B'yahng, ah-vay-voo pay-yav?
Good, have you paid?

AUBERT: **Oui, tout est réglé.**
Wee, too teh ray-glay.
Yes, everything is settled.

BERTIN: **Alors, partons.**
Ah-lohr, pahr-tohng.
Then, let's go.

AUBERT: **Maintenant, voulez-vous visiter un peu la ville?**
Mahnt-nawng, voo-lay-voo ver-zee-tay uhng puh lah veel?
Now, do you wish to see a bit of the city?

BERTIN: **Avec beaucoup de plaisir,**
Ah-vek boh-koo duh pleh-zeer,
Gladly,

et comme vous êtes déjà venu à Paris,	**vous serez le guide.**
ay kum voo zett day-zhah vuh-new ah Pah-ree,	*voo suh-ray luh ggeed.*
and as you've already been to Paris,	you will be the guide.

AUBERT: **C'est cela.**
Seh suh-lah.
All right.

EXPRESSIONS to Remember: *Quelle jolie vue!*—"What a beautiful view!" *Quelle* is an adjective and must agree in number and gender with the word modified.

Que je suis hereux!—"How happy I am!" Here, the *que* is an adverb, meaning "how". Note also, *Qu'elle est belle!* —"How beautiful she is!"

Par ici—"over here". *Par là*—"over there".

Rien du tout—"Nothing at all."

au premier étage—"on the second floor." In France and in most other foreign countries, the second floor is called the first, inasmuch as the ground floor is not counted. This has been the cause of much confusion among tourists in France.

Veuillez entrer—Voulez-vous entrer or *Entrez, s'il vous plaît. Veuillez* is an extremely polite form, which is really the subjunctive form of *vouloir.* However, we shall spare you the intricacies of the subjunctive. Simply put "veuillez" before the infinitive of whatever you are asking someone to do, and——you will be cited for gallantry.

THINKING IN FRENCH

(Answers on page 269)

1. Que voient nos voyageurs en s'approchant de Paris?
2. Que font-ils avant de descendre?
3. Que vont-ils faire à la douane?
4. Que leur demande le douanier?
5. Ont-ils quelque chose à déclarer?
6. Que font-ils de leurs bagages?
7. De quoi parlent-ils pendant le trajet de la gare à l'hôtel?
8. Les voyageurs sont-ils restés longtemps en voiture?
9. À qui s'adressent-ils à l'hôtel et que demandent-ils?
10. Que désirent-ils faire avant de retenir leur chambre?
11. Comment montent-ils à la chambre?
12. Aiment-ils la première chambre qu'on leur montre?
13. Où est située cette chambre?
14. À quelle heure sont les repas?

15. Où se rendent-ils pour le déjeuner?

16. Comment savent-ils ce qu'il y a à manger?

17. Que mangent-ils et que boivent-ils?

18. Que demandent-ils au garçon après avoir fini leur repas?

19. Que font-ils ensuite?

20. Où vont-ils?

21. Pourquoi M. Aubert sera-t-il le guide?

LEÇON 39

Une promenade à Paris
Ewn prohm-nahd ah Pah-ree
A stroll in Paris

AUBERT: Quel beau temps!
Kell boh tawng!
What beautiful weather!

Promenons-nous sur les boulevards.
Prohm-nohng-noo sewr lay bool-vahr.
Let's walk along the boulevards.

Nous voici sur le boulevard des Capucines.
Noo vwah-see sewr luh bool-vahr day Kah-pew-seen.
Here we are on the Boulevard des Capucines.

228

BERTIN: Quelle foule sur les trottoirs
Kell fool sewr lay troh-twahr
What a crowd on the sidewalks,

et que de voitures et d'autobus sur la chaussée!
ay kuh duh vwah-tewr ay doh-toh-bewss sewr lah shoh-say!
and how many cars and buses there are in the street!

AUBERT: Aimez-vous regarder les devantures des magasins?
Eh-may-voo ruh-gahr-day lay duh-vawn-tewr day mah-gah-zahng?
Do you like to look at the displays in the store windows?

Voici un bel assortiment de chapeaux
Vwah-see uhng bell ah-sohr-tee-mawng duh shah-poh
Here is a fine assortment of hats

dans la vitrine de ce chapelier.   Voilà un tailleur.
dawng lah vee-treen duh suh shah-puhl-yay.   *Vwah-lah uhng tah-yuhr.*
in the window of this hat store.   There is a tailor.

Comment trouvez-vous cette étoffe pour un complet?
Kum-mawng troo-vay-voo sett ay-tuff poor uhng kohm-pleh?
How do you like this material for a suit?

BERTIN: Je ne l'aime pas, elle est trop claire:
Zhuh nuh lehm pah, ell eh troh klair.
I do not like it, it is too light (in color).

AUBERT: Regardez le magasin de cette modiste;
Ruh-gahr-day luh mah-gah-zahng duh sett moh-deest;
Look at that millinery store;

toutes les dames s'arrêtent pour admirer
toot lay dahm sah-reht poor ahd-mee-ray
all the ladies are stopping to admire

les beaux chapeaux dans la vitrine.
lay boh shah-poh dawng lah vee-treen.
the beautiful hats in the window.

BERTIN: Arrêtons-nous pour voir la devanture de ce bijoutier.
Ah-reh-tohng-noo poor vwahr lah duh-vawn-tewr duh suh bee-zhoot-yay.
Let's stop to see the show window of this jeweler.

Que de beaux bijoux!
Kuh duh boh bee-zhoo!
What beautiful jewels!

AUBERT: Oh! la belle bague!
Oh! lah bell bahg!
Oh! What a beautiful ring!

Elle est ornée d'un diamant magnifique.
Ell eh tohr-nay duhng d'yah-mawng mahn-yee-feek.
It is set with a magnificent diamond.

BERTIN: Voulez-vous entrer avec moi dans ce magasin en face?
Voo-lay-voo zawng-tray ah-vek mwah dawng suh mah-gah-zahng awng fahss?
Will you come with me into this store opposite?

J'ai besoin d'une paire de gants,   ceux-ci sont déchirés.
Zhay buh-zwahng dewn pair duh gawng,   suh-see sohng day-shee-ray.
I need a pair of gloves,   these are torn.

LE VENDEUR: Que puis-je vous montrer, messieurs?
Kuh pweezh voo mohng-tray, mace-yuh?
What can I show you, gentlemen?

 EXPRESSIONS to Remember: *Puis-je* is an interrogative form of *je peux*. It is fortunate, for your peace of mind, that other verbs do not possess this variant for their interrogative forms. *Peut-il* does not change.

BERTIN: Je désire acheter une paire de gants.
Zhuh day-zeer ahsh-tay rewn pair duh gawng.
I wish to buy a pair of gloves.

LE VENDEUR: Voulez-vous des gants de chevreau?
Voo-lay-voo day gawng duh shuh-vroh?
Do you wish kid gloves?

BERTIN: Qu'avez-vous à me montrer?
Kah-vay-voo zah muh mohng-tray?
What have you to show me?

LE VENDEUR: Voici des gants d'une excellente qualité.
Vwah-see day gawng dewn ek-say-lawnt kah-lee-tay.
These gloves are of excellent quality.

Voyez comme la peau est souple et solide.
Vwah-yay kum lah poh eh soopl ay soh-leed.
See how supple and solid the skin is.

BERTIN: Quel est le prix de ceux-ci?
Kell eh luh pree duh suh-see?
What is the price of these?

LE VENDEUR: 200 francs la paire.
Duh sawng frawng lah pair.
200 francs a pair.

BERTIN: **C'est trop cher. N'avez-vous pas de gants meilleur marché?**
    Seh troh shair.   Nah-vay-voo pah duh gawng may-yuhr mahr-shay?
    That's too dear.   Haven't you cheaper gloves?

    Bon marché—"cheap". Literally, "good market", which calls to mind
the famous bargaining qualities of the French.

LE VENDEUR: **Si, en voici d'une qualité un peu inférieure.**
    See, awng vwah-see dewn kah-lee-tay uhng puh ahng-fair-yuhr
    Yes, here are some of a slightly inferior quality.

BERTIN: **Combien coûtent ceux-ci?**
    Kohm-b'yahng koot suh-see?
    How much do these cost?

LE VENDEUR: **125 francs.**
    Sawn-vahnt-sahng frawng.
    125 francs.

    Nous en avons d'autres qui sont encore meilleur marché,
    Noo zawn nah-vohng dohtr kee sohn tawn-kohr may-yuhr mahr-shay.
    We have others which are still cheaper,

    mais ils ne sont pas si bons.
    meh zeel nuh sohng pah see bohng.
    but they are not so good.

BERTIN: **Bien, je vais prendre cette paire-ci.**
    B'yahng, zhuh veh prawndr sett pair-see.
    Good, I shall take this pair.

LE VENDEUR: **Voilà, monsieur, et avec cela?**
    Vwah-lah, muss-yuh, ay ah-vek suh-lah?
    There you are, Sir, and with that?

BERTIN: **Rien d'autre, merci.**
    R'yahng dohtr, mair-see.
    Nothing else, thank you.

LE VENDEUR: **Voulez-vous payer à la caisse, s'il vous plaît.**
    Voo-lay-voo pay-yay rah lah kehss, seel voo pleh.
    Will you pay at the desk, please.

LE CAISSIER: **Cent vingt-cinq et vingt-cinq, cent cinquante. Merci, monsieur.**
    Sawn vahnt-sahnk ay vahnt-sahnk, sawng sahn-kawnt. Mair-see, muss-yuh.
    125 and 25, 150. Thank you, Sir.

BERTIN: **Nous voilà de nouveau dans la rue.**
    Noo vwah-lah duh noo-voh dawng lah rew.
    Here we are again in the street.

Où allons-nous maintenant?
Oo ah-lohn-noo mahnt-nawng?
Where are we going now?

AUBERT: Il est presque six heures.
Eel eh press-kuh see zerr.
It is almost six o'clock.

Retournons à l'hôtel pour dîner.
Ruh-toor-nohn zah loh-tell poor dee-nay.
Let's go back to the hotel for dinner.

 NOTE to Student: You have seen that the imperative for *vous* is formed by using the second person plural without the *vous* (*finissez, venez, portez,* etc.) unless the verb is reflexive, in which case, one *vous* is retained (*asseyez-vous, dépêchez-vous*).

The imperative for *nous* is formed in exactly the same way. Example: *Allons*—"Let's go." *Asseyons-nous*—"Let's sit down."

THINKING IN FRENCH
(Answers on page 270)

1. Messieurs Aubert et Bertin restent-ils à l'hôtel ou sortent-ils?

2. Où commencent-ils leur promenade?

3. Quel temps fait-il?

4. Que voient-ils sur les trottoirs et sur la chaussée?

5. Devant quelle vitrine s'arrêtent-ils d'abord?

6. Que demande M. Aubert en regardant la devanture du tailleur?

7. Comment M. Bertin trouve-t-il cette étoffe?

8. Quelle est la devanture qui attire le regard des dames?

9. Qu'est-ce que nos deux voyageurs voient de très beau dans la vitrine d'un bijoutier?

10. De quoi M. Bertin parle-t-il en arrivant devant le magasin de gants?

11. Pourquoi veut-il acheter des gants neufs?

12. Dans quel état sont ses gants?

13. Sont-ils neufs ou vieux?

14. Dans quel état est votre livre?

15. Est-il déchiré ou en bon état?

16. Achetez-vous de vieux vêtements?

17. Le magasin vend-il de vieux gants?

18. À qui parle M. Bertin après être entré dans le magasin?

19. Quelle sorte de gants veut-il acheter?

20. Quelle est la différence entre les gants que le vendeur lui montre?

21. Quelle paire prend-il enfin?

22. Que demande-t-on avant d'acheter une chose?

23. Que font les messieurs après avoir payé?

24. Prolongent-ils leur promenade?

25. Pourquoi pas?

26. Où vont-ils?

27. Achetez-vous vos vêtements dans les grands magasins ou chez un tailleur?

28. Est-ce que les prix sont plus élevés depuis la guerre?

LEÇON 40

Les monuments de Paris
Lay moh-new-mawng duh Pah-ree
The monuments of Paris

BERTIN: **Où irons-nous aujourd'hui?**
Oo ee-rohn-noo zoh-zhoor-dwee?
Where are we going today?

Prenons un taxi, car nous avons beaucoup à voir.
Pruh-nohn zuhng tahk-see, kahr noo zah-vohng boh-koo pah vwahr.
Let's take a taxi, for we have much to see.

AUBERT: **Je vais vous montrer un peu le Paris historique.**
Zhuh veh voo mohn-tray uhng puh luh Pah-ree ee-stoh-reek.
I am going to show you a little of historical Paris.

Vous êtes bien aimable.
Voo zett b'yahng neh-mahbl.
You are very kind.

AUBERT: **Mais, ce n'est rien.**
May, suh nay r'yahng.
But, not at all.

C'est un vrai plaisir.
Seh tuhng vreh pleh-zeer.
It's a real pleasure.

235

Taxi!   (un taxi s'arrête)
Tahk-see!   (*uhng tahk-see sah-rett*)
Taxi!   (a taxi stops)

Chauffeur, conduisez-nous jusqu'à la place de la Concorde,
Shoh-fuhr, kohn-dwee-zay-noo zhews-kah lah plahss duh lah Kohng-
kohrd,
Chauffeur, drive us to the Place de la Concorde (Concord Square),

puis suivez la rue de Rivoli jusqu'au Louvre.
pwee swee-vay lah rew duh Ree-voh-lee zhews-koh Loovr.
then follow la rue de Rivoli to the Louvre.

Ensuite, traversez le Pont-Neuf et passez devant Notre-Dame.
Awng-sweet, trah-vair-say luh Pohng-Nuff ay pah-say duh-vawng
Notr-Dahm.
Afterwards, cross the Pont-Neuf (New Bridge) and pass in front of
Notre Dame.

Sur la rive gauche, passez par les Invalides.
Sewr lah reev gohsh, pah-say pahr lay zahn-vah-leed.
On the left bank, pass by the Invalides.

Vous nous laisserez à la Tour Eiffel.
Voo noo lehss-ray zah la Toor Eh-fell.
Leave us at the Eiffel Tower.

LE CHAUFFEUR: Bien, monsieur.
B'yahng, muss-yuh.
Very well, Sir.

BERTIN: Quelle est cette grande place que nous traversons en ce moment?
Kell eh sett grawnd plahss kuh noo trah-vair-sohng awng suh moh-
mawng?
What is this large square that we are crossing now?

AUBERT: C'est la place de la Concorde.
Seh lah plahss duh lah Kohn-kohrd.
It is the Place de la Concorde.

Vous savez, c'était ici qu'il y avait la guillotine
Voo sah-vay, say-teh tee-see keel yah-veh lah gee-yoh-teen
You know, it was here that the guillotine stood
pendant la Révolution française.
pawn-dawng lah Ray-voh-lews-yohng frawn-sezz.
during the French Revolution.

Voici la rue de Rivoli.
Vwah-see lah rew duh Ree-voh-lee.
Here is the rue de Rivoli.

À droite, vous voyez les jardins des Tuileries.
Ah drwaht, voo vwah-yay lay zhahr-dahng day Tweel-ree.
On the right, you see the Tuileries Gardens.

BERTIN: C'est l'endroit où il y avait le palais des Tuileries autrefois.
Seh lawn-drwah oo eel yah-veh luh pah-leh day Tweel-ree oht-ruh-fwah.
It is the spot where the Tuileries Palace was located formerly.

 NOTE to Student: The new tense introduced here is called the *Imperfect* and can be translated approximately by the English expression "used to be" or "was" used with the present participle. Thus, *j'allais* means either "I used to go" or "I was going." Other forms: *Vous alliez, il (elle) allait, nous allions, ils (elles) allaient.*

HELPFUL HINT: All four conjugations form the imperfect tense in the same way. Here is an example from each conjugation:

J'achetais—"I was buying" or "I used to buy."
Je finissais—"I was finishing" or "I used to finish."
Je recevais—"I was receiving" or "I used to receive."
Je rompais—"I was breaking" or "I used to break."

Second conjugation verbs (-*ir*) use a double "s" before the final ending. For example: *Je finissais.*

AUBERT: C'est exact.
Seh tegs-zahkt.
That's right.

Je vois que vous commencez à connaître déjà pas mal Paris.
Zhuh vwah kuh voo kohm-mawn-say zah koh-nehtr day-zhah pah mahl Pah-ıee.
I see that you already begin to know Paris quite a bit.

Maintenant, nous passons devant le Palais-Royal,
Mahnt-nawng, noo pah-sohng duh-vawng luh Pah-leh-Rwah-yahl,
Now, we are passing the Royal Palace,

où vivait le cardinal Richelieu.
oo vee-veh luh kahr-dee-nahl Ree-shuhl-yuh.
where Cardinal Richelieu lived.

BERTIN: Et ce grand palais, je crois que je le reconnais.
Ay suh grawng pah-leh, zhuh krwah kuh zhuh luh ruh-koh-neh.
And that large palace, I think I recognize it.

C'est le Louvre, n'est-ce pas?
Seh luh Loovr, ness pah?
It's the Louvre, isn't it?

AUBERT: Il y a quelques siècles, il était en dehors de Paris
Eel yah kell-kuh s'yehkl, eel ay-teh tawng duh-ohr duh Pah-ree
Several centuries ago, it was outside Paris,

et les rois de France l'employaient comme résidence
ay lay rwah duh Frawnss lawm-plwah-yeh kum ray-zee-dawnss
and the French kings used it as a residence
lorsqu'ils chassaient le loup.
lohrs-keel shah-seh luh loo.
when they went wolf hunting.

BERTIN: Oh, je comprends. Voilà pourquoi il s'appelle le Louvre.
Oh, zhuh kohm-prawng. Vwah-lah poor-kwah eel sah-pell luh Loovr.
Oh, I see. That is why it's called the Louvre.

C'est très 'ntéressant.
Seh treh zahn-tay-reh-sawng.
That's very interesting.

AUBERT: Voici le Pont-Neuf. Nous sommes dans l'île de la Cité,
Vwah-see luh Pohng-Nuff. Noo sum dawng leel duh lah See-tay,
Here is the Pont Neuf. We are on the Isle of the City,

qui était le centre de Paris quand la ville commençait à s'aggrandir.
kee ay-teh luh sawntr duh Pah-ree kawng lah veel kohm-mawn-seh tah sah-grawn-deer.
which was the center of Paris when the city began to grow.

Et voilà Notre-Dame.
Ay vwah-lah Nohtr-Dahm.
And there is Notre Dame.

BERTIN: C'est magnifique! C'est intéressant pour moi surtout.
Seh mahn-yee-feek! Seh tahn-tay-reh-sawng poor mwah sewr-too.
It's magnificent! It is interesting to me especially.

Quand j'étais à l'école, j'ai lu le livre "Notre-Dame" de Victor Hugo.
Kawng zhay-teh zah lay-kohl, zhay lew luh leevr "Nohtr-Dahm" duh Veek-tohr Ew-goh.
When I was in school, I read the book, "Notre Dame" by Victor Hugo.

AUBERT: Maintenant nous sommes sur la rive gauche de Paris
Mahnt-nawng noo sum sewr lah reev gohsh duh Pah-ree
Now we are on the left bank of Paris.

et nous suivons le Boulevard Raspail.
ay noo swee-vohng luh bool-vahr Rahs-pigh.
and we are following Raspail Boulevard.

Voyez-vous ce monument-là?
Vwah-yay-voo suh moh-new-mawn-lah?
Do you see that monument (over there)?

Ce sont les Invalides, où est le tombeau de Napoléon.
Suh sohng lay Zahn-vah-leed, oo eh luh tohm-boh duh Nah-poh-lay-ohng.
It is the Invalides, where Napoleon's tomb is.

BERTIN: Est-ce là que vivait Napoléon lorsqu'il était empereur?
Ess lah kuh vee-veh Nah-poh-lay-ohng lohr-skeel ay-teh tawmp-ruhr?
Is it there that Napoleon lived when he was emperor?

AUBERT: Non, il avait sa résidence à Fontainebleau.
Nohng, eel ah-veh sah ray-zee-dawnss ah Fohng-tehn-bloh.
No, he resided at Fontainebleau.

Chauffeur! déposez-nous à la Tour Eiffel.
Shoh-fuhr! day-poh-zay-noo ah lah Toor Eh-fell.
Driver! drop us at the Eiffel Tower.

De là-haut nous pourrons voir toute la ville jusqu'à
Duh lah-oh noo poo-rohng vwahr toot lah veel zhew-skah
From up there we'll be able to see the whole city as far as
Montmartre et même beaucoup plus loin.
Mohng-mahrtr ay mehm boh-koo plew lwahng.
Montmartre and even much farther.

Nous prendrons un rafraîchissement au café de la tour.
Noo prawn-drohng zuhng rah-freh-shees-mawn toh kah-fay duh lah toor.
We'll have some refreshments at the tower café.

BERTIN: Il y a aussi un café?   Je ne le savais pas.
Eel yah oh-see uhng kah-fay?   *Zhuh nuh luh sah-veh pah.*
There is also a café?   I did not know that.

Allons-y, j'ai soif.
Ah-lohng-zee, zhay swahf.
Let's go, I'm thirsty.

EXPRESSIONS to Remember: *la rive gauche*—"the left bank." You have probably heard of this before as the Bohemian district of Paris. The right bank is the northern side of the Seine River, which bisects the city, and the left bank is the southern side.

À droite—"to the right"; *à gauche*—"to the left."

même—"even." Example: "even farther"—*même plus loin*. *Même* also means "the same." Example: "the same thing"—*la même chose*. Also, when added to pronouns, it means "self." Example: *moi-même*—"myself"; *lui-même*—"himself."

j'ai soif—"I am thirsty."	*j'ai sommeil*—"I am sleepy."
j'ai faim—"I am hungry."	*j'ai froid*—"I am cold."
j'ai peur—"I am afraid."	*j'ai chaud*—"I am hot."

THINKING IN FRENCH
(Answers on page 270)

Don't forget to use the imperfect tense when necessary.

1. Où MM. Aubert et Bertin commencent-ils leur promenade en taxi?

2. Qu'est-ce qui existait autrefois dans le jardin des Tuileries?

3. Où vivait le cardinal Richelieu?

4. Est-ce que le Louvre était autrefois la résidence des rois de France?

5. Qu'est-ce que les deux amis voient dans l'île de la Cité?

6. Avez-vous lu *Notre-Dame* de Victor Hugo?

7. Est-ce que M. Bertin l'a lu quand il était à l'école?

8. Où vivait Napoléon quand il était empereur?
9. Où ces deux messieurs descendent-ils du taxi?
10. Monteront-ils à la Tour Eiffel?
11. De là-haut, pourront-ils voir très loin?
12. Y a-t-il un café dans la Tour Eiffel?
13. M. Bertin savait-il qu'il y en avait un?
14. Est-ce que M. Bertin a déjà été à Paris?
15. Qui connaît mieux Paris, M. Aubert ou M. Bertin?

Faites comme chez vous!
Fett kum shay voo!
Make yourself at home!

AUBERT: C'est tres gentil de votre part, mon cher Bertin,
Seh treh zhawn-tee duh vohtr pahr, mohng shair Bair-tahng,
de m'inviter à dîner chez vous.
duh mahng-vee-tay rah dee-nay shay voo.
It is very kind of you, my dear Bertin, to invite me to your home
for dinner.

BERTIN: Mais, c'est la moindre des choses.
Meh, seh lah mwahndr day shohz.
But, it's nothing at all.

Ma femme m'a souvent dit qu'elle désirait faire votre connaissance.
Mah fahmm mah soo-vawng dee kell day-zee-reh fair vohtr kuh-neh-
sawnss.
My wife has often said that she wished to meet you.

La voici, justement.
Lah vwah-see, zhews-tuh-mawng
Here she is, now.

242

JEANNINE BERTIN: **Ah! bonsoir, François.**
Ah! Bohng-swahr, Frawn-swah.
Ah! Good evening, Francis.

Je croyais que tu serais en retard pour le dîner.
Zhuh krwah-yeh kuh tew sur-reh zawng ruh-tahr poor luh dee-nay.
I thought that you would be late for dinner.

 NOTE to Student: When Madame Bertin speaks to her husband, she does not address him as *vous*, but *tu*. The verb forms for *tu* are almost the same as for *je*, except that it always has a final *S*. The object form is *te*. Example: *Je te vois*—"I see you." *Je te le donnerai*—"I shall give it to you."

Now, the question is, when should you use it? A good rule to follow is never to use it unless talking to small children or pet dogs and other animals. The use of *tu* has been greatly misunderstood by English-speaking students. It does not mean exactly that you like a person, but that you feel enough in his confidence, or even superior to him, to speak to him very informally.

BERTIN: **Pas du tout, comme tu vois.**
Pah dew too, kum tew vwah.
Not at all, as you see.

Jeannine, je veux te présenter mon ami, Georges Aubert.
Zhah-neen, zhuh vuh tuh pray-zawn-tay moh nah-mee, Zhohrzh Oh-bair.
Jeannine, may I present my friend, George Aubert.

JEANNINE: **Je suis enchantée, monsieur.**
Zhuh swee zawn-shawn-tay muss-vuh.
I am delighted, Sir.

François m'a tant parlé de vous!
Frawn-swah mah tawng pahr-lay duh voo!
Francis has spoken to me so much of you!

AUBERT: **En bien ou en mal, madame?**
Awng b'yahng oo awng mahl, mah-dahm?
Well or badly, Madam?

BERTIN: **Ne fais pas attention à ce qu'il dit, Jeannine.**
Nuh feh pah zah-tawnss-yohng ah suh keel dee, Zhan-neen.
Don't pay any attention to what he says, Jeannine.

Tu sais, mon ami Aubert aime toujours plaisanter.
Tew seh, moh nah-mee Oh-bair ehm too-zhoor pleh-zawn-tay.
You know, my friend Aubert always likes to joke.

JEANNINE: **Voici nos fillettes, Lisette et Jacqueline.**
Vwah-see noh fee-yet, Lee-zett ay Zhak-leen.
Here are our little daughters, Lisette and Jacqueline.

NOTE: The ending, *-ette*, added to the root of certain French nouns, forms the diminutive. Example: *fille—girl or daughter. fillette—little girl or little daughter.*

LOOK OUT! When using *fille* meaning "girl," ALWAYS say *jeune fille*.

AUBERT: Ah, qu'elles sont mignonnes, ces petites! Quel âge ont-elles?
Ah, kell sohng meen-yuhn, say puh-teet! *Kell ahzh ohn-tell?*
Ah, how sweet they are, these little ones. How old are they?

JEANNINE: L'aînée a six ans et sa soeur en a quatre.
Leh-nay ah see zawng ay sah suhr awn nah kahtr.
The elder is six years old and her sister is four.

BERTIN: Si mon fils Charles était ici, vous pourriez faire
sa connaissance aussi.
See mohng feess Shahrl ay-teh tee-see, voo poor-r'yay fair
sah koh-neh-sawnss oh-see.
If my son Charles were here, you could make his acquaintance too.

AUBERT: Où donc est-il?
Oo dohnk eh-teel?
Where is he, then?

BERTIN: En villégiature chez ses grands-parents à Aix-les-Bains, en Savoie.
Awng vee-lay-zhee-ah-tewr shay say grawn-pah-rawng ah Eks-lay-Bahng,
awng Sah-vwah.
In the country with his grandparents at Aix-les-Bains in Savoy.

Sa grand-mère l'invite chaque année pendant les grandes vacances.
Sah grawng-mair lahn-veet shahk ah-nay pawn-dawng lay grawnd vah-
kawnss.
His grandmother invites him each year for the long (summer) vaca-
tion.

AUBERT: C'est dommage! Je voudrais bien le connaître.
Seh doh-mahzh! *Zhuh voo-dreh b'yahng luh koh-nehtr.*
That's too bad! I should like very much to know him

JEANNINE: Et vous, Monsieur Aubert, êtes-vous père de famille?
Ay voo, Muss-yuh Oh-bair, ett-voo pair duh fah-mee-y'h?
And you, Mr. Aubert, are you a family man?

AUBERT: Oui, madame, j'ai deux filles.
Wee, mah-dahm, zhay duh fee-y'h.
Yes, Madam, I have two daughters.

L'une d'elles est mariée et l'autre fiancée.
Lewn dell eh mahr-yay ay lohtr fee-awn-say.
One of them is married and the other engaged.

Celle qui est mariée a un bébé de deux ans;
Sell kee eh mahr-yay ah uhng bay-bay duh duh zawng;
The married one has a two-year old baby;

je suis donc grand-père.
zhuh swee dohnk grawn-pair.
so I'm a grandfather.

JEANNINE: **Vous n'en avez pas l'air!**
Voo nawn nah-vay pah lair!
You certainly don't look it!

AUBERT: **Vous êtes trop aimable, madame.**
Voo zett troh peh-mahbl, mah-dahm.
You are very kind, Madam.

À propos, est-ce votre famille à vous qui habite Aix-les-Bains?
Ah proh-poh, ess vohtr fah-mee yah voo kee ah-beet Eks-lay-Bahng?
Incidentally, is it your own family that lives in Aix-les-Bains?

JEANNINE: **Non, ce sont mes beaux-parents.**
Nohng, suh sohng may boh-pah-rawng.
No, they are my in-laws.

AUBERT: **Je vous ai demandé cela car j'ai habité longtemps Aix-les-Bains.**
Zhuh voo zay duh-mawn-day suh-lah kahr zhay ah-bec-tay lohn-tawng Lks-lay-Bahng.
I asked you that because I lived a long time in Aix-les-Bains.

La ville est plutôt petite et tout le monde se connaît plus ou moins.
Lah veel eh plew-toh puh-teet ay tool mohnd suh koh-neh plew zoo mwahng.
The city is rather small and everybody knows each other more or less.

BERTIN: **En effet, toute ma famille y habite: oncles, tantes, neveux, nièces, et cousins.**
Awn nay-feh, toot mah fah-mee yee oh-beet: ohnkl, tawnt, nuh-vuh, n'yess, ay koo-zahng.
Indeed, my whole family lives there: uncles, aunts, nephews, nieces, and cousins.

Allons à table, et nous parlerons de tout ça en dînant.
Ah-lohng zah tahbl, ay noo pahrl-rohng duh too sah awng dee-nawng.
Let's go to the table, and we shall speak of all that while dining.

Je suis sûr que nous nous trouverons des amis communs.
Zhuh swee sewr kuh noo noo troov-rohng day zah-mee koh-muhng.
I am sure that we shall find mutual friends.

LA DOMESTIQUE: Madame est servie.
Mah-dahm eh sair-vee.
Dinner is served.

How to Form Conditions: There is another French tense to be learned, called the Conditional. It is formed by adding the *imperfect endings* (-ais, -ais, -ait, -ions, -iez, -aient) to the future stem. This tense is roughly equivalent to the "would" construction. Note the following examples: *Je parlerais*—"I should speak"; *il rendrait*—"he would give back"; *il voudrait*—"he would like."

Note the use of the conditional here: *Voudriez-vous aller au cinéma ce soir?*—"Would you like to go to the movies this evening?"

Another use of the conditional is in *conditions contrary to fact.* This sounds difficult, but really isn't. For instance, if you say, "If I were rich." and you really are not, you are supposing something that is not so. In this case, the verb after "if" is used in the imperfect tense, and the other verb, telling what *would happen,* is in the conditional.

Note the following examples: "If he were rich, he would be happy."—*S'il était riche, il serait content.* "If they were here, you would see them."—*S'ils étaient ici, vous les verriez.* "If I told you a lie, would you believe me?"—*Si je vous disais un mensonge, me croiriez-vous?*

EXPRESSIONS to Remember: *faire la connaissance de quelqu'un*—"to make someone's acquaintance."

Enchanté de faire votre connaissance—"Delighted to meet you."
en bien ou en mal—"in a good way or in a bad way."

Quel âge ont-elles?—"How old are they?" Literally: "What age have they?" (In French, you are not ... years old, you *have* ... years.) Example: "I am 21 years old."—*J'ai 21 ans.*

C'est dommage!—"It's a shame!"

Quel dommage!—"What a shame!"

de façon que—"so that"

vous êtes très aimable—"you are very kind"

la ville est plutôt petite—"the city is rather small."

Madame est servie—"Madam is served." (This is said to the hostess by the servant when dinner is ready.)

THINKING IN FRENCH
(Answers on page 271)

1. M. Bertin invite-t-il son ami à dîner chez lui?
2. Est-ce que M. Aubert connaît Mme Bertin?
3. Voudrait-il faire sa connaissance?
4. Mme Bertin pensait-elle que son mari serait en retard?
5. Qu'est-ce que Mme Bertin dit quand son mari lui présente M. Aubert?
6. Comment s'appellent les fillettes des Bertin?
7. M. Aubert voudrait-il faire la connaissance de Charles?
8. Combien de soeurs a Charles?
9. Où est-il?
10. Qui habite Aix-les-Bains?
11. Pourquoi M. Aubert pensait-il qu'il connaissait les parents de M. Bertin?
12. Est-ce que tout le monde se connaît dans un petit village?
13. Est-ce que tout le monde se connaît dans une grande ville?
14. Les enfants de votre oncle sont-ils vos cousins?
15. Avez-vous de neveux et des nièces?
16. Vos grands-parents vivent-ils encore?
17. Êtes-vous marié?
18. Habitez-vous chez vos beaux-parents?

ANSWERS

ANSWERS TO THE QUESTIONS OF LESSON 1 ON PAGE 3

1. Oui monsieur, c'est le livre.

2. Non monsieur, ce n'est pas le crayon.

3. Non monsieur, ce n'est pas la table.

4. C'est le livre.

5. Oui monsieur, c'est la boîte.

6. Non monsieur, ce n'est pas la fenêtre.

7. Non monsieur, ce n'est pas la porte.

8. C'est la boîte.

9. Oui monsieur, c'est la clé.

10. Non monsieur, ce n'est pas la chaise.

11. Non monsieur, ce n'est pas la lampe.

12. C'est la clé.

13. Oui monsieur, c'est le crayon.

14. Non monsieur, ce n'est pas la boîte.

15. Non monsieur, ce n'est pas la clé.

16. C'est le crayon.

17. Oui monsieur, c'est la table.

18. Non monsieur, ce n'est pas la chaise.

19. Non monsieur, ce n'est pas la porte.

20. C'est la table.

ANSWERS TO THE QUESTIONS OF LESSON 2 ON PAGE 6

1. C'est le soulier.

2. C'est le soulier.

3. Ce n'est ni la cravate ni le mouchoir, c'est le soulier.

4. C'est le gant.

5. C'est le gant.

6. Non, ce n'est pas le crayon, c'est le gant.

7. C'est le pantalon.

8. Non, monsieur, ce n'est pas la robe, c'est le pantalon.

9. Non, monsieur, ce n'est pas le manteau, c'est le pantalon.

10. C'est le pantalon.

11. Non, monsieur, ce n'est pas la cravate, c'est le pantalon.

12. Ce n'est ni le chapeau ni le manteau, c'est le pantalon.

ANSWERS TO THE QUESTIONS OF LESSON 3 ON PAGE 11

1. Non monsieur, la plume n'est pas bleue.

2. Oui monsieur, elle est verte.

3. La plume est verte.

4. Non monsieur, la plume n'est pas rouge.

5. La plume n'est ni blanche ni noire, elle est verte.

6. C'est le crayon.

7. Oui monsieur, c'est le crayon.

8. Non monsieur, le crayon n'est pas rouge.

9. Non monsieur, le crayon n'est pas noir.

10. Le crayon est jaune.

11. Non monsieur, ce n'est pas la table.

12. Non monsieur, ce n'est pas la porte.

13. C'est la lampe.

14. Elle est bleue.

15. Non monsieur, elle n'est pas rouge.

16. Non monsieur, elle n'est pas grise.

17. Oui monsieur, elle est bleue.

18. C'est le livre.

19. Non monsieur, il n'est pas jaune.

20. Non monsieur, il n'est pas noir.

21. Non monsieur, il n'est pas blanc.

22. Le livre est rouge.

ANSWERS TO THE QUESTIONS OF LESSON 4 ON PAGE 15

1. Oui monsieur, le livre rouge est long.

2. Oui monsieur, il est large.

3. Oui monsieur, il est grand.

4. Oui monsieur, le livre vert est court.

5. Oui monsieur, il est étroit.

6. Oui monsieur, il est petit.

7. Le grand livre est rouge.

8. Le petit livre est vert.

9. La robe longue est noire.

10. Non monsieur, elle n'est pas rouge, elle est noire.

11. Oui monsieur, elle est longue.

12. Non monsieur, elle n'est pas courte.

13. La robe courte est jaune.

14. Elle n'est ni noire ni verte, elle est jaune.

15. La fenêtre large est bleue.

16. La fenêtre étroite est rouge.

17. Non monsieur, elle n'est pas grise, elle est rouge.

18. Non monsieur, elle n'est pas large, elle est étroite.

19. La fenêtre bleue est large.

20. Oui monsieur, la fenêtre bleue est grande.

21. Oui monsieur, la fenêtre rouge est petite.

22. La petite fenêtre est rouge.

23. La grande fenêtre est bleue.

ANSWERS TO THE QUESTIONS OF LESSON 5 ON PAGE 21

1. Je suis M. X (Mme X, Mlle X), je suis l'élève.

2. Oui monsieur, je suis américain (américaine).

3. Non monsieur, je ne suis pas le professeur, je suis l'élève.

4. Non monsieur, je ne suis pas français (française).

5. Vous êtes M. Berlitz, vous êtes le professeur.

6. Oui monsieur, vous êtes le professeur.

7. Oui monsieur, vous êtes français. (Non monsieur, vous n'êtes pas français.)

8. Non monsieur, vous n'êtes pas américain. (Oui monsieur, vous êtes américain.)

9. Brigitte Bardot est française.

10. Non monsieur, Greta Garbo n'est pas française.

11. Oui monsieur, Maurice Chevalier est français.

12. Non monsieur, je ne suis pas anglais.

13. Oui madame, vous êtes française.

14. C'est Charles Boyer.

15. La Reine Elizabeth est anglaise.

16. M. Churchill n'est ni allemand ni russe, il est anglais.

17. Oui monsieur, vous êtes debout. (Non monsieur, vous n'êtes pas debout.)

18. Oui monsieur, vous êtes assis. (Non monsieur, vous n'êtes pas assis.)

19. Il n'est pas assis, il est debout. (Il n'est pas debout, il est assis.)

20. Monsieur Kroutchev est russe.

21. Le Général de Gaulle est le président de la Republique Française.

ANSWERS TO THE QUESTIONS OF LESSON 6 ON PAGE 25

1. Le livre est sur la table.

2. Oui monsieur, il est sur la table.

3. Non monsieur, il n'est pas sous la chaise, il est sur la table.

4. La plume est dans la boîte.

5. Non monsieur, elle n'est pas sur la table, elle est sous la table dans la boîte.

6. La fenêtre est derrière le professeur.

7. Le professeur est derrière la table.

8. Non monsieur, il n'est pas sous la table.

9. Non monsieur, il est debout derrière la table.

10. Oui monsieur, je suis assis sur la chaise.

11. Non monsieur, je ne suis pas debout devant la porte, je suis assis sur la chaise.

12. Oui monsieur, le papier est dans le livre.

13. Non monsieur, il n'est pas dans la boîte, il est dans le livre.

14. La boîte est sous la table.

15. Oui monsieur, la plume est dans la boîte.

16. Non, elle n'est pas sous la chaise, elle est sur la table.

17. Ce crayon-ci est rouge.

18. Oui monsieur, il est noir.

19. Il est noir.

20. Ce livre-ci est grand. (Ce livre-ci est petit.)

ANSWERS TO THE QUESTIONS OF LESSON 7 ON PAGE 33

1. Le professeur prend le livre.

2. Oui monsieur, il prend le livre.

3. Non monsieur, il ne met pas le livre sur la table, il prend le livre.

4. Non monsieur, il ne prend pas la boîte, il prend le livre.

5. Le professeur est debout.

6. Non monsieur, il ne ferme pas la fenêtre.

7. Il ouvre la fenêtre.

8. Le professeur ouvre la fenêtre.

9. Oui monsieur, j'ouvre la porte. (Non monsieur, je n'ouvre pas la porte.)

10. Vous ouvrez la porte.

11. Non monsieur, il ne va pas à New-York.

12. Non monsieur, il ne va pas à Londres.

13. Il va à Paris.

14. Paris est grand.

15. Non monsieur, je ne vais pas à Paris.

16. C'est le professeur.

ANSWERS TO THE QUESTIONS OF LESSON 8 ON PAGE 38

1. Je compte de un à dix.

2. Vous comptez.

3. Le professeur compte.

4. Dans cette chambre, il y a deux chaises.

5. Oui monsieur, il y a une table ici.

6. Il n'y a pas des livres français sur la table.

7. Six et cinq font onze.

8. Non monsieur, deux et deux ne font pas cinq, deux et deux font quatre.

9. Trois fois sept font vingt et un.

10. Non monsieur, trois fois quatre ne font pas treize, mais douze.

11. Un journal américain vaut trois ou cinq cents.

12. Non, ce livre ne vaut pas mille dollars.
13. Oui monsieur, un dollar vaut 300 francs.
14. Non monsieur, un franc ne vaut pas un dollar.
15. C'est le nombre cent.

ANSWERS TO THE QUESTIONS OF LESSON 9 ON PAGE 43

1. Il n'y a rien sous le bras droit du professeur.
2. Oui, il y a un journal sous le bras gauche du professeur.
3. Oui, la pipe est dans la poche du professeur.
4. Le papier est sur la grande chaise.
5. Non, la règle n'est pas sous le pied droit du professeur.
6. Il y a deux plumes dans la main droite du professeur.
7. Oui, les plumes sont dans la main droite du professeur.
8. Oui, il y a des crayons dans la boîte.
9. Oui, il y a des clés sur la table.
10. Les livres sont sur la table.
11. Oui, il y a des tableaux au mur.
12. Oui, il y a deux chiens sous la table.
13. Il y a quatre livres sur la table.
14. Oui, il y a de l'argent dans la poche du professeur. (Non, il n'y a pas d'argent dans la poche du professeur.)
15. Oui, il y a un chapeau sur la chaise.

ANSWERS TO THE QUESTIONS OF LESSON 10 ON PAGE 48

1. J'écris la lettre A sur le papier.
2. Vous écrivez le mot LIBERTÉ.
3. C'est M. Blanchard.
4. Je lis la phrase: "Je suis américain."
5. Il y a trois mots dans cette phrase.
6. Oui, je le lis.
7. Oui monsieur, M. Berlitz lit le français.
8. Oui monsieur, il parle français.
9. Non, M. de Gaulle ne parle pas russe.
10. Je ne parle ni anglais, ni italien, je parle français. (Je parle anglais.)
11. Non monsieur, elle ne parle pas espagnol mais chinois.
12. Le mot GENTLEMAN n'est ni allemand ni français, mais anglais.
13. Oui monsieur, vous récitez l'alphabet.
14. Non monsieur, je ne récite pas l'alphabet russe.
15. Il récite l'alphabet français.
16. A New-York, on parle anglais.
17. Oui monsieur, on parle français à Paris.
18. Non monsieur, on ne parle pas russe à Madrid, on parle espagnol.
19. À Berlin, on ne parle ni espagnol ni italien, mais allemand.

ANSWERS TO THE QUESTIONS OF LESSON 11 ON PAGE 52

1. Il y a 26 lettres dans l'alphabet français.
2. La première lettre est A.
3. Oui monsieur, la lettre A est avant la lettre B.
4. La lettre M est après la lettre L.
5. La lettre Q est avant la lettre R.
6. La lettre N est entre M et O.
7. La dernière lettre de l'alphabet est Z.
8. En français, les voyelles sont A, E, I, O, U, Y.
9. C'est une consonne.
10. La treizième lettre est M.
11. Le mot VICTOIRE finit par E.
12. Oui, je pose des questions au professeur.
13. Oui, il répond.
14. Oui, je réponds à ces questions-ci.
15. Non monsieur, vous ne posez pas de questions au président des États-Unis.
16. L'élève répond aux questions de cette page.

ANSWERS TO THE QUESTIONS OF LESSON 12 ON PAGE 59

1. Oui monsieur, j'ai un livre.
2. Oui monsieur, le professeur Berlitz a des élèves.
3. Oui monsieur, vous avez deux yeux.
4. J'ai dix doigts.
5. Les dames ont les cheveux longs.
6. Non monsieur, je n'ai pas de livres chinois.
7. Mes yeux sont bleus. (Mes yeux sont bruns, etc.)
8. Non monsieur, vos yeux ne sont pas de la même couleur que mes yeux. (Oui monsieur, vos yeux sont de la même couleur que mes yeux.)
9. Oui monsieur, ils les ont.
10. Non, le professeur Berlitz ne met pas sa cravate avant sa chemise.
11. Il met ses chaussettes avant ses souliers.
12. Oui monsieur, elle écrit bien.
13. Non monsieur, votre main droite n'est pas plus grande que votre main gauche.

ANSWERS TO THE QUESTIONS OF LESSON 13 ON PAGE 66

1. Oui, les dames vont au cinéma. (Non, elles ne vont pas au cinéma.)
2. Oui, elles mettent leurs chapeaux à l'église.
3. Oui monsieur, nous allons à l'École Berlitz. (Non monsieur, nous n'allons pas à l'École Berlitz.)
4. Ils les mettent dans leurs poches.

5. Oui monsieur, ils les ouvrent.

6. Oui monsieur, nous fermons la porte avant la classe.

7. Oui monsieur, nous l'ouvrons. (Non monsieur, nous ne l'ouvrons pas.)

8. Oui, ils écrivent au tableau.

9. Oui monsieur, nous écrivons des mots français.

10. Oui, nous mettons nos livres sur la table après la classe. (Non, après la classe, nous prenons nos livres.)

11. Oui, les élèves viennent à l'école.

12. Oui, ils les lisent.

13. Non monsieur, nous ne lisons pas le journal en classe.

14. Non, nous ne les prenons pas.

15. Oui, je les écris. (Non, je ne les écris pas.)

ANSWERS TO THE QUESTIONS OF LESSON 14 ON PAGE 71

1. Fifi a un franc.

2. Non, elle a moins d'argent que le professeur.

3. C'est le professeur.

4. Oui, il a des crayons derrière l'oreille.

5. Oui, il a plus de crayons que Fifi.

6. Non, elle a plus de livres que le professeur.

7. C'est Mme de la Pompe.

8. C'est Fifi.

9. Non, elle a peu d'argent. (Elle n'a pas beaucoup d'argent.)

10. Oui, il a peu de livres.

11. Oui, je lis beaucoup de mots français.

12. C'est le professeur.

13. Oui, il y a beaucoup de pages dans ce livre.

14. Non, le New-York Times a moins de pages que ce livre.

ANSWERS TO THE QUESTIONS OF LESSON 15 ON PAGE 75

1. Oui, il y a des chapeaux sur la chaise.

2. Il y a un mouchoir.

3. Il y a des plumes.

4. Il est blanc.

5. Non, il n'y a pas de boîte de plumes sur la chaise.

6. Non, il n'y a pas de chapeaux sur la table.

7. Il est sur la table.

8. Non, il n'y a pas de cigarettes dans la poche du professeur.

9. Non, il n'a pas de cigarette à la bouche.

10. Non, il n'y a pas de chapeau sur la tête du professeur.

11. Non, il n'y a pas de cigarettes sous la table.

12. Non, les cigarettes ne sont pas sous la table.

13. Non, il n'y a pas de chapeaux sur le plancher.

14. Ils sont sur la chaise.

ANSWERS TO THE QUESTIONS OF LESSON 16 ON PAGE 80

1. Oui, le professeur a une cigarette à la main droite.

2. Dans la main gauche de Madame de la Pompe, il y a un mouchoir.

3. Non, elle n'a rien dans la main droite.

4. Il n'y a rien dans sa main gauche.

5. Oui, il y a quelqu'un à sa gauche.

6. Fifi est entre le professeur et Madame de la Pompe.

7. Oui, le livre est dans la main droite de Madame de la Pompe.

8. Personne n'est assis sur la chaise.

9. Non, il n'y a rien sur la table.

10. Il n'y a rien sous le bras gauche du professeur.

11. Madame de la Pompe et Fifi sont à sa droite.

12. Il n'y a rien sous la chaise.

13. Oui, il y a quelqu'un à la droite de Fifi.

ANSWERS TO THE QUESTIONS OF LESSON 17 ON PAGE 84

1. Gisèle sort de la chambre.

2. Oui, elle est assise.

3. Non, il ne s'assied pas.

4. C'est Joseph.

5. Oui, il entre.

6. Non, elle n'entre pas, elle sort.

7. Non, il ne sort pas de la chambre.

8. Joseph se lève.

9. Oui, je me lève après la classe.

10. Oui, vous vous asseyez sur la chaise.

11. Oui, ils se lèvent après la leçon.

12. Oui, nous nous levons devant le président des États-Unis.

13. Oui, nous nous asseyons à l'église.

14. Oui, je sors de la classe avant le professeur. (Non, je sors de la classe après le professeur.)

15. Oui, ils entrent dans la classe avant les élèves. (Non, ils entrent dans la classe après les élèves.)

ANSWERS TO THE QUESTIONS OF LESSON 18 ON PAGE 88

1. Oui, il y est.— Non, il n'y est pas.

2. Oui, il y va.— Non, il n'y va pas.

3. Oui, il en a.— Non, il n'en a pas.

4. Oui, il en donne.— Non, il n'en donne pas.

5. Oui, j'y suis.— Non, je n'y suis pas.

6. Oui, il y est.— Non, il n'y est pas.

7. Oui, elle y est.— Non, elle n'y est pas.

8. Oui, j'y vais.— Non, je n'y vais pas.

9. Oui, j'en viens.— Non, je n'en viens pas.

10. Oui, j'y vais.— Non, je n'y vais pas.

11. Oui, vous en sortez.— Non, vous n'en sortez pas.

12. Oui, vous y entrez.— Non, vous n'y entrez pas.

13. Oui, il y monte.— Non, il n'y monte pas.

14. Oui, il y reste.— Non, il n'y reste pas.

15. Oui, ils y sont.— Non, ils n'y sont pas.

16. Oui, j'y suis.— Non, je n'y suis pas.

17. Oui, nous l'y mettons.— Non, nous ne l'y mettons pas.

18. Oui, vous y allez.— Non, vous n'y alle pas.

19. Oui, nous y sommes.— Non, nous n sommes pas.

20. Oui, j'y monte.— Non, je n'y mon pas.

21. Oui, nous y allons.— Non, nous n'y allons pas.

22. Oui, ils en viennent.— Non, ils n'e viennent pas.

23. Oui, j'y vais.— Non, je n'y vais pas.

ANSWERS TO THE QUESTIONS OF LESSON 19 ON PAGE 93

1. Oui, il lui donne un livre.

2. Il lui donne un franc.

3. Elle donne une balle à Toto.

4. Non, elles ne lui donnent pas de chapeau.

5. C'est le professeur.

6. Il lui dit: "Au revoir Fifi."

7. Non, elle ne lui dit rien.

8. Oui, elle lui donne une balle.

9. Toto ne dit rien.

10. Oui, ils lui parlent.

11. Oui, ils lui disent "Bonjour" ava la classe.

12. Il leur dit "Au revoir."

13. Il y a une balle dans la main gauch de Mme de la Pompe.

14. Je vous dis ce qu'il y a dans la ma gauche de Mme de la Pompe.

15. Elle lui dit: "Merci monsieur."

ANSWERS TO THE QUESTIONS OF LESSON 20 ON PAGE 99

1. Il le sent avec le nez.

2. Non, il sent mauvais.

3. Oui, la rose sent bon.

4. Elle sent une rose.

5. Non, je ne les vois pas.

6. Oui, nous les voyons.

7. Oui, nous l'entendons.

8. Oui, je l'entends.

9. Oui, nous mangeons du pain.

10. Oui, nous voyons le film.

11. Oui, nous mettons du sucre dans café.

12. Oui, ils mangent du pain blanc.

13. Oui, ils boivent beaucoup de vin.

14. Non, nous ne mettons pas de suc sur les pommes de terre.

15. Oui, je mets du lait dans le thé. (No je ne mets pas de lait, je mets citron.)

16. Nous la coupons avec un couteau.

17. Non, nous ne les mangeons pas av un couteau, mais avec une fourchet

ANSWERS TO THE QUESTIONS OF LESSON 21 ON PAGE 104

1. Oui, la rose a une odeur agréable.
2. Non, le fromage n'a pas une odeur agréable, il a une odeur désagréable.
3. Oui, le café sucré a un goût agréable.
4. Non, la soupe sucrée n'a pas un goût agréable, elle a un goût désagréable.
5. Non, le chou a une odeur désagréable
6. Oui, elle a un goût agréable.
7. Non, je n'aime pas manger les pommes vertes.
8. Oui, j'aime le fromage. (Non, je n'aime pas le fromage.)
9. Non, je n'aime pas boire la citronnade sans sucre.
10. Oui, j'aime la bière. (Non, je n'aime pas la bière.)

11. Oui, elles les aiment.
12. Oui, elles l'aiment.
13. Oui, j'aime parler français.
14. Oui, j'aime la France.
15. Oui, la statue de Vénus est belle.
16. Oui, elles sont belles.
17. Oui, ils sont beaux.
18. Oui monsieur, votre cravate est belle.
19. Oui monsieur, votre écriture est belle. (Vous avez une belle écriture.)
20. Il est laid.
21. Oui, il est beau.
22. Oui, elle est belle.
23. Oui, elle est agréable à entendre.

ANSWERS TO THE QUESTIONS OF LESSON 22 ON PAGE 109

1. Oui, j'en mange.— Non, je n'en mange pas.
2. Oui, il en mange.— Non, il n'en mange pas.
3. Oui, nous en mangeons.— Non, nous n'en mangeons pas.
4. Oui, j'en bois.— Non, je n'en bois pas.
5. Oui, vous en buvez.— Non, vous n'en buvez pas.
6. Oui, elle en prend.— Non, elle n'en prend pas.
7. Oui, ils en mangent.— Non, ils n'en mangent pas.
8. Oui, ils en boivent.— Non, ils n'en boivent pas.
9. Oui, ils en prennent.— Non, ils n'en prennent pas.

10. Oui, j'en bois.— Non, je n'en bois pas.
11. Oui, j'en veux.— Non merci, je n'en veux pas.
12. Oui, elles en veulent.— Non, elles n'en veulent pas.
13. Oui, elles en prennent.— Non, elles n'en prennent pas.
14. Oui, j'en écris.— Non, je n'en écris pas.
15. Oui, il en lit.— Non, il n'en lit pas.
16. Oui, j'en vois.— Non, je n'en vois pas.
17. Oui, j'en ai.— Non, je n'en ai pas.
18. Oui, j'en veux.— Non merci, je n'en veux pas.
19. Oui, j'en bois.— Non, je n'en bois pas.
20. Oui, j'en ai.— Non, je n'en ai pas.

21. Oui, j'en veux.— Non, je n'en veux pas.

22. Oui, nous en mangeons.— Non, nous n'en mangeons pas.

23. Oui, j'en bois.— Non, je n'en bois pas.

24. Nous en avons dix.

25. Oui, j'en ai beaucoup.— Non, je n'en ai pas beaucoup, j'en ai peu.

26. Oui, il en a beaucoup.— Non, il n'en a pas beaucoup.

27. Oui, il y en a.— Non, il n'y en a pas.

28. Oui, il y en a beaucoup.— Non, il n'y en a pas beaucoup.

29. Oui, j'en ai peu.— Non, j'en ai beaucoup.

30. Oui, nous en avons beaucoup.— Non, nous n'en avons pas beaucoup.

31. Oui, j'en écris beaucoup.— Non, j'en écris peu.

32. Oui, j'en lis beaucoup.— Non, je n'en lis pas beaucoup.

ANSWERS TO THE QUESTIONS OF LESSON 23 ON PAGE 115

1. Oui, elle le touche.

2. Non, elle ne peut pas la toucher.

3. Oui, il peut le toucher.

4. Non, il ne le touche pas.

5. Oui, elle est basse.

6. Oui, il peut la toucher.

7. Le professeur ne touche rien.

8. Oui, il en porte.

9. Non, il ne peut pas voir sans lunettes.

10. Oui, je peux en sortir.

11. Non, vous ne pouvez pas écrire.

12. Non, nous ne pouvons pas les voir.

13. Non, ils ne peuvent pas le toucher.

14. Oui, je peux casser une allumette.

15. Non, je ne peux pas la casser.

16. Oui, je peux le toucher.

ANSWERS TO THE QUESTIONS OF LESSON 24 ON PAGE 121

1. Oui, je peux. (Non, je ne peux pas.)

2. Oui, je veux. (Non, je ne veux pas.)

3. Oui, je peux la casser.

4. Non, je ne veux pas la casser.

5. Oui, je veux bien.

6. Non, je ne veux pas.

7. Je veux lire le livre. (Je veux lire le journal.) (Je veux lire les deux.)

8. Oui, je veux bien.

9. Oui, je veux bien.

10. Je veux boire du thé (du café, du lait, de la bière, un jus d'orange, etc.).

11. Non, si la porte n'est pas ouverte, nous ne pouvons pas sortir.

12. Non, nous ne pouvons pas manger la soupe sans cuillère.

13. Non, je ne peux pas la couper.

14. Parce que je ne veux pas.

15. Parce qu'ils ne veulent pas.

16. Oui, ils peuvent la casser.

ANSWERS TO THE QUESTIONS OF LESSON 25 ON PAGE 126

1. Oui, elle veut la manger.

2. Non, elle ne peut pas la toucher.

3. Non, le professeur ne donne pas la pomme à Fifi.

4. Parce qu'il ne veut pas.

5. Non, il ne veut pas la lui donner.

6. Oui, il faut l'ouvrir.

7. Oui, nous sommes obligés d'ouvrir les yeux pour voir.

8. Oui, il en faut.

9. Pour écrire, il nous faut un crayon ou une plume ou un morceau de craie.

10. Je suis obligé d'ouvrir la porte.

11. Non, il ne peut pas lire sans lunettes.

12. Pour lire, il lui faut des lunettes.

13. Pour aller à l'Opéra, il nous faut des billets.

14. Non, je ne peux pas la manger.

15. Il me faut une cuillère.

16. Non, il ne faut pas de fourchette pour manger la soupe.

17. Non, je ne suis pas obligé de la casser.

18. Non, je ne suis pas obligé d'y aller.

ANSWERS TO THE QUESTIONS OF LESSON 26 ON PAGE 134

1. Oui, il y en a.

2. Elles sont contre le mur.

3. Oui, j'en ai une. (Non, je n'en ai pas.)

4. Oui, elle est dans ma poche. (Non, elle n'est pas dans ma poche.)

5. Nous la mettons contre le mur, sur la table ou sur la cheminée.

6. Oui, elle marque les secondes. (Non, elle ne les marque pas.)

7. Il est midi (une heure, une heure et demie, deux heures moins le quart, deux heures un quart, trois heures dix, quatre heures moins vingt-cinq, etc.).

8. Elle commence à deux heures (à trois heures, etc.).

9. Elle finit à trois heures (à quatre heures, à quatre heures et demie, etc.).

10. Il y en a soixante.

11. Un jour se compose de vingt-quatre heures.

12. Une minute contient soixante secondes.

13. Non, ma montre n'est pas arrêtée, elle marche. (Oui, ma montre est arrêtée, elle ne marche pas.)

14. Non, ma montre ne peut pas marcher si elle n'est pas remontée.

15. Oui, elle avance de (cinq) minutes. (Non, elle n'avance pas, elle va bien.)

16. Oui, elle retarde. (Non, elle ne retarde pas, elle est juste à l'heure.)

17. Oui, elle est plus grande que la montre.

18. Oui, la table est plus grande que la chaise.

19. Oui, le mur est plus long que le tableau.

20. Non, la fenêtre n'est pas aussi large que la porte, elle est plus étroite.

21. Oui, votre veston est plus long que votre gilet.

22. Non, votre chemise n'est pas plus courte que votre gilet, elle est plus longue.

23. Oui, les chapeaux des dames sont plus beaux que ceux des messieurs.

24. Non, l'eau n'est pas meilleure à boire que le thé, elle est moins bonne. (Oui, l'eau est meilleure à boire que le thé.)

25. Oui, la violette sent meilleur que la tulipe: elle a une odeur plus agréable.

26. Non, l'oignon ne sent pas plus mauvais que le fromage.

27. Oui, ma prononciation anglaise est meilleure que ma prononciation française.

28. Non, je ne le prononce pas très bien.

29. Oui, mon professeur prononce mieux que moi.

30. Oui, j'écris aussi bien que vous. (Non, j'écris moins bien que vous.)

31. Oui, ils sont bons. (Non, ils ne sont pas très bons.) (Non, ils sont mauvais.)

32. Oui, je vois bien. (Non, je ne vois pas très bien.) (Non, je vois mal.)

33. Non, il ne voit pas bien sans lunettes.

34. Oui, il voit mieux avec des lunettes.

ANSWERS TO THE QUESTIONS OF LESSON 27 ON PAGE 141

1. Il y a trois cent soixante-cinq jours dans une année ordinaire et trois cent soixante-six dans une année bissextile.

2. Une semaine se compose de sept jours.

3. Elle commence le premier janvier.

4. Elle finit le trente et un décembre.

5. Le premier mois de l'année est janvier, le troisième est mars, le cinquième est mai et le huitième est août.

6. Les sept jours de la semaine sont lundi, mardi, mercredi, jeudi, vendredi, samedi et dimanche.

7. Le dernier jour de la semaine s'appelle dimanche.

8. Aujourd'hui, c'est (lundi).

9. Oui, hier c'était dimanche. (Non, ce n'était pas dimanche.)

10. Je vais à l'église le dimanche.

11. Non, ce ne sera pas le quinze vendredi. (Oui, ce sera le quinze.)

12. Aujourd'hui, c'est le (premier, deux, etc.).

13. Lundi prochain, ce sera le (premier, quinze, vingt-neuf, etc.).

14. Jeudi dernier, c'était le...

15. Non, ce ne sera pas la fin du mois demain. (Oui, ce sera la fin du mois.)

16. Maintenant, il est (sept heures moins vingt).

17. Nous travaillons le lundi, le mardi, le mercredi, le jeudi, le vendredi et le samedi.

18. Non, je ne travaille pas le dimanche.

19. Non, ils ne donnent pas de leçons le dimanche.

ANSWERS TO THE QUESTIONS OF LESSON 28 ON PAGE 146

1. Il fait clair le jour.

2. Non, il ne fait pas noir maintenant. (Oui, il fait noir.)

3. Elle vient du soleil.

4. Le soleil est dans le ciel

5. Non, le soleil n'est pas visible pendant la nuit.

6. Le soir, cette salle est éclairée à l'électricité.

7. Pour voir quand il fait noir, nous allumons la lumière.

8. La nuit, dans le ciel, je vois la lune et les étoiles.

9. Les quatre points cardinaux sont le nord, le sud, l'est et l'ouest.

10. Le soleil se lève le matin.

11. En mars, il se lève à six heures du matin.

12. Non, en été, le soleil ne se couche pas tôt, il se couche tard.

13. Maintenant, il se couche à (huit) heures du soir.

14. Ils sont longs en été.

15. Non, maintenant les nuits ne sont pas plus longues que les jours, elles sont plus courtes.

16. Non, je ne peux pas voir s'il ne fait pas clair.

17. Je me couche le soir.

18. Je me couche dans un lit.

19. Le matin, je me lève, je me lave, je m'habille, je prends mon petit déjeuner et je vais travailler.

20. Je déjeune à midi.

21. Je travaille jusqu'à six heures du soir.

22. Non, je n'aime pas travailler. (Oui, j'aime travailler.)

23. Non, la lumière de la lune est moins forte que celle du soleil.

24. La lune éclaire le monde la nuit.

25. Non, on ne peut pas compter les étoiles.

26. Le soleil se lève à l'est.

27. Il se couche à l'ouest.

28. Je me couche à (onze) heures.

29. Oui, je me couche plus tard en été qu'en hiver.

30. Oui, en été, je me lève tôt.

31. Non, ce n'est pas très tard. (Oui, c'est tard.)

32. Oui, vous dînez plus tard que moi. (Non, vous ne dînez pas plus tard que moi, vous dînez à la même heure.)

33. Le matin, quand nous nous levons, nous nous habillons, nous prenons notre petit déjeuner et nous partons travailler.

34. Nous déjeunons à midi ou à une heure.

ANSWERS TO THE QUESTIONS OF LESSON 29 ON PAGE 155

1. Quand il fait mauvais temps, le ciel est gris.

2. Le ciel est couvert de nuages.

3. Non, maintenant il ne pleut pas. (Oui, il pleut.)

4. En hiver, il tombe de la neige du ciel.

5. Non, il ne fait pas bon marcher quand les rues sont couvertes d'eau.

6. Quand il pleut, je porte un parapluie.

7. Aujourd'hui, il fait beau. (Il ne fait pas très beau, il fait mauvais.)

8. Non, quand il fait mauvais temps, je ne sors pas.

9. Non, il ne fait pas trop chaud dans cette salle, il fait bon. (Oui, il fait trop chaud.)

10. Oui, il fait froid au pôle nord.

11. Il neige pendant les mois d'hiver.

12. Oui, il neige souvent en février aux États-Unis.

13. Non, il ne neige pas souvent en avril, mais il neige quelquefois.

14. Non, il ne neige jamais en août aux États-Unis, mais il neige en août en Argentine.

15. Oui, j'ai froid. (Non, je n'ai pas froid.)

16. Cette chambre est chauffée par un radiateur.

17. Non, le soleil n'est pas aussi chaud en hiver qu'en été.

18. La pluie vient du ciel.

19. Non, il n'est pas agréable de marcher quand il pleut.

20. Non, je n'aime pas sortir quand il fait beaucoup de vent.

21. Il fait beaucoup de vent pendant le mois de mars.

22. Je mets des vêtements chauds pendant les mois d'automne et d'hiver.

23. A Monte-Carlo, il fait généralement beau.

ANSWERS TO THE QUESTIONS OF LESSON 30 ON PAGE 163

1. Hier, j'ai déjeuné à midi.

2. Non, je n'ai pas bu de vin hier à midi.

3. Hier soir, j'ai dîné à (7) heures.

4. Oui, ce matin, j'ai pris mon petit déjeuner.

5. Oui, le professeur a ouvert la fenêtre de sa chambre.

6. Oui, il a déjeuné au lit. (Non, il a déjeuné dans la salle à manger.)

7. Il a quitté la maison à huit heures.

8. Oui, il l'a pris avec lui. (Non, il ne l'a pas pris.)

9. Non, il ne l'a pas oublié. (Oui, il l'a oublié.)

10. Oui, j'ai reçu des lettres avant-hier. (Non, je n'ai pas reçu de lettres avant-hier.)

11. Oui, je l'ai lu. (Non, je ne l'ai pas lu.)

12. Je l'ai mis dans le corridor.

13. Oui, j'ai fait une promenade ce matin.

14. Oui, j'ai été au théâtre hier soir. (Non, je n'y ai pas été.)

15. Oui, j'ai été en France l'année dernière. (Non, je n'y ai pas été.)

16. Oui, je lui ai parlé. (Non, je ne lui ai pas parlé.)

17. Oui, j'en ai écrit une. (Non, je n'en ai pas écrit.)

18. Oui, je l'ai lu. (Non, je ne l'ai pas lu.)

19. Oui, je l'ai vu. (Non, je ne l'ai pas vu.)

20. Oui, je l'ai vu. (Non, je ne l'ai pas vu.)

21. Oui, je l'ai entendu. (Non, je ne l'ai pas entendu.)

22. Oui, j'en ai mangé. (Non, je n'en ai pas mangé.)

23. Oui, j'ai eu une leçon hier. (Non, je n'en ai pas eu.)

24. Oui, nous en avons eu une. (Non, nous n'en avons pas eu.)

25. Oui, il a fait du soleil hier. (Non, il n'en a pas fait.)

26. Oui, je l'ai fait moi-même. (Non, je ne l'ai pas fait moi-même.)

27. Hier, il a fait beau. (Hier, il a fait mauvais.)

28. Oui, il a plu hier. (Non, il n'a pas plu hier.)

29. Oui, vous m'avez vu hier. (Non, vous ne m'avez pas vu hier.)

30. La semaine dernière, vous m'avez parlé des saisons et du temps.

31. Oui, vous m'avez écrit le mois passé.

32. À la dernière leçon, les élèves ont parlé au professeur, ils ont lu leurs livres et ils ont écrit au tableau.

33. Oui, je l'ai vu. (Non, je ne l'ai pas vu.)

34. Oui, ils ont vu la Tour Eiffel.

35. Oui, j'ai entendu frapper. (Non, je n'ai pas entendu frapper.)

36. Ils l'ont entendu chanter à New-York en 1941.

37. Oui, j'ai toujours aimé lire. (Non, je n'ai pas toujours aimé lire.)

ANSWERS TO THE QUESTIONS OF LESSON 31 ON PAGE 169

1. Oui, le professeur s'est couché dans le hamac.

2. C'est le professeur qui a bu une citronnade.

3. Oui, il a quitté son veston.

4. Il l'a mis sur la chaise.

5. Oui, il l'a lu.

6. Oui, il s'est endormi.

7. Je suis allé le voir l'année dernière.

8. Oui, je suis allé au théâtre hier soir. (Non, je n'y suis pas allé.)

9. Oui, je suis sorti dimanche dernier. (Non, je ne suis pas sorti.)

10. Oui, je suis resté à la maison lundi dernier. (Non, je n'y suis pas resté.)

11. Oui, Maurice Chevalier est parti pour l'Europe.

12. Christophe Colomb est allé en Amérique la première fois en 1492.

13. Il est parti en août.

14. Il est arrivé en octobre.

15. Il y est resté jusqu'en mars.

16. Hier, nous sommes restés (deux) heures en classe.

17. Hier matin, je suis sorti à (huit) heures.

18. Je suis parti de chez moi ce matin à huit heures.

19. Oui, j'y suis allé. (Non, je n'y suis pas allé.)

20. Je suis resté (trois) mois à Londres.

21. Oui, quelqu'un est venu me voir hier matin. (Non, personne n'est venu me voir.)

22. Oui, vous êtes sorti en même temps que moi. (Non, vous n'êtes pas sorti en même temps que moi.)

23. Oui, il est tombé dans la neige. (Non, il n'est pas tombé dans la neige.)

24. Elle est tombée pendant (deux) heures.

25. Non, je ne suis pas tombé quand je suis sorti de l'ascenseur. (Oui, je suis tombé.)

26. Oui, elles sont venues. (Non, elles ne sont pas venues.)

27. Ils sont restés (trois) heures.

28. Oui, j'y suis allé. (Non, je n'y suis pas allé.)

29. J'y suis monté une fois. (Je n'y suis jamais monté.)

30. Il y est arrivé mercredi.

31. Il en est parti jeudi.

32. Oui, elles sont parties avant six heures.

33. Oui, j'y suis souvent monté. (Non, je n'y suis pas souvent monté.)

34. Elle y est arrivée le 6 juin 1944.

35. C'est le général Eisenhower qui est entré à Casablanca en 1942.

36. Le général MacArthur est allé à Tokio en 1945.

ANSWERS TO THE QUESTIONS OF LESSON 32 ON PAGE 176

1. Oui, je vais à l'église tous les dimanches.

2. Dimanche prochain, j'irai à l'église.

3. Oui, je prendrai une leçon demain. (Non, je ne prendrai pas de leçon demain.)

4. Oui, demain, j'aurai une leçon de français.

5. Oui, je serai chez moi ce soir. (Non, je n'y serai pas.)

6. Ce soir, j'irai au cinéma. (Ce soir, je me coucherai tôt.)

7. Ce soir, vous viendrez chez moi.

8. Oui, je pourrai vous accompagner à l'Opéra ce soir.

9. Oui, nous pourrons sortir. (Non, nous ne pourrons pas sortir.)

10. Nous partirons à huit heures du soir.

11. Oui, nous irons en voiture. (Non, nous irons à pied.)

12. Oui, je resterai chez moi cet après-midi. (Non, je ne resterai pas chez moi.)

13. Oui, vous me verrez ce soir. (Non, vous ne me verrez pas.)

14. Demain, nous prendrons une leçon de français.

15. Oui, je le lirai.

16. Oui, j'en écrirai. (Non, je n'en écrirai pas.)

17. Oui, j'en mangerai. (Non, je n'en mangerai pas.)

18. Oui, j'en boirai. (Non, je n'en boirai pas.)

19. Oui, j'y viendrai. (Non, je n'y viendrai pas.)

20. Oui, j'irai à Paris l'été prochain. (Non, je n'irai pas.)

21. Oui, vous me verrez demain. (Non, vous ne me verrez pas.)

22. À la prochaine leçon, nous lirons ce livre.

23. Oui, nous parlerons français à la prochaine leçon.

24. Oui, nous sortirons après la leçon. (Non, nous ne sortirons pas.)

25. Oui, M. Berlitz viendra la semaine prochaine. (Non, il ne viendra pas la semaine prochaine.)

26. Oui monsieur, j'ai un chapeau. (Non monsieur, je n'ai pas de chapeau.)

27. L'année prochaine j'aurai un nouveau chapeau.

28. Oui, j'en aurai. (Non, je n'en aurai pas.)

29. Oui, ils en auront. (Non, ils n'en auront pas.)

30. Oui, elles auront de nouvelles robes l'année prochaine. (Non, elles n'en auront pas.)

31. Non, maintenant, je ne suis pas à Paris.

32. Oui, j'y serai. (Non, je n'y serai pas.)

33. Non, nous ne sommes pas à table maintenant.

34. Oui, nous serons à table à sept heures ce soir.

ANSWERS TO THE QUESTIONS OF LESSON 33 ON PAGE 185

1. Non, elles ne peuvent pas se mouvoir.

2. Ils sont obligés de respirer, de manger et de boire.

3. Non, nous ne pouvons pas vivre.

4. Nous avons besoin de respirer, de manger et de boire: nous avons besoin d'air et de nourriture.

5. Les cinq sens sont la vue, l'ouïe, l'odorat, le toucher et le goût.

6. Les principaux animaux domestiques sont le cheval, la vache, le chien, le chat, l'âne, le mouton, la chèvre et le cochon.

7. Le plus grand des oiseaux est l'autruche

8. Le principal organe de la digestion est l'estomac, et les organes de la respiration sont les poumons.

9. Ils vivent dans l'eau.

10. Il se meut en rampant.

11. Non, elle ne marche pas, elle saute et elle nage

12. Oui, il m'appartient. (Non, il ne m'appartient pas.)

13. Ils appartiennent à la classe des oiseaux.

14. Parce qu'elle produit du miel.

15. Les principaux animaux domestiques sont le cheval, la vache, le chien, le chat, l'âne, le mouton, la chèvre et le cochon; les principaux animaux sauvages sont le lion, le tigre, l'éléphant, le loup, le renard, l'ours, le singe, le cerf, etc.

16. Il en a quatre.

17. Il en a deux.

18. Ils marchent, ils courent et ils sautent.

19. Ils volent.

20. Ils volent dans l'air.

21. Oui, elle est converte de cheveux.

22. Il est couvert de poils, de plumes ou d'écailles.

23. Non, il est couvert de plumes.

24. Oui, le poisson nage dans la mer, ou dans les fleuves.

25. Non, nous ne pouvons pas vivre.

26. Nous respirons avec les poumons.

27. Ils sont dans la poitrine.

28. Il est rouge.

29. C'est le coeur qui fait circuler le sang.

30. Il est dans la poitrine.

31. Oui, nous mourons si notre coeur s'arrête.

32. Oui, je suis en bonne santé. (Non, je ne suis pas en bonne santé.)

33. Non, je ne peux pas bien digérer.

34. Non, vous ne pouvez pas rester en bonne santé.

ANSWERS TO THE QUESTIONS OF LESSON 34 ON PAGE 193

1. Le professeur est content parce qu'il a beaucoup d'argent.

2. Non, Fifi n'est pas heureuse.

3. Elle pleure parce qu'elle a cassé sa poupée.

4. Oui, elle est triste.

5. Elle est triste parce que personne ne l'aime.

6. Non, l'homme n'est pas supérieur aux animaux en toutes choses.

7. Non, on ne peut pas parler correctement sans penser.

8. Oui, je pense que vous avez froid.

9. Maintenant, j'apprends le français.

10. Oui, j'ai appris la musique.

11. Oui, j'ai appris à danser.

12. Ils vont à l'école.

13. Oui, je le sais.

14. Non, vous ne le savez pas.

15. Non, vous ne le savez pas.

16. Non, nous ne le savons pas.

17. Oui, nous le savons.

18. Oui, il la sait

19. Non, nous ne pouvons pas le savoir.

20. Non, il ne sait pas lire sans apprendre.

21. Oui, je l'ai appris.

22. Oui, je le sais. (Non, je ne le sais pas.)

23. Non, je ne l'ai pas oublié. (Oui, je l'ai oublié.)

24. Oui, j'ai une bonne mémoire. (Non, je n'ai pas une bonne mémoire.)

25. Oui, j'oublie vite si ma mémoire est mauvaise.

26. Oui, je l'ai su. (Non, je ne l'ai pas su.)

27. Non, je ne le sais plus. (Oui, je le sais encore.)

28. Oui, je désire en avoir beaucoup.

29. J'éprouve de la satisfaction.

30. Oui, je suis content.

31. Oui, je suis content.

32. Oui, j'ai été très heureux.

33. Oui, j'en suis satisfait. (Non, je n'en suis pas très satisfait.)

34. Oui, je serai content.

35. Oui, nous le connaissons.

36. Non, je ne l'ai pas connu.

ANSWERS TO THE QUESTIONS OF LESSON 35 ON PAGE 202

1. La plus grande ville d'Europe est Londres.

2. La plus grande ville d'Amérique est New-York.

3. Non, le Havre n'est pas au nord de Paris, mais à l'ouest.

4. L'Espagne est au sud de la France.

5. C'est l'Italie qui est au sud de la Suisse.

6. Oui, Londres est loin de Tokio.

7. Non, mon hôtel n'est pas loin d'ici.

8. Oui, les Américains voyagent beaucoup.

9. Oui, ils voyagent plus que les Français.

10. Oui, je voyage en été.

11. Non, je ne vais pas chaque année en Suisse.

12. Oui, beaucoup d'Anglais voyagent en Italie.

13. Il faut six jours pour aller d'Europe en Amérique par bateau, et un jour par avion.

14. Il faut quinze heures pour aller de Paris à Berlin par le train.

15. Il faut un quart d'heure pour aller de chez moi à la gare.

16. Dans ma malle, je mets mes vêtements.

17. Non, je la fais porter par un garçon.

18. Un domestique la descend.

19. Je lui dis de descendre la malle et d'appeler un taxi.

20. Non, je n'y vais pas à pied.

21. Oui, je prends un taxi.

22. Ils partent de la gare.

23. Avant de monter dans le wagon, je prends un billet.

24. Je prends les billets au guichet.

25. Je lui dis: "Donnez-moi une première (ou une seconde), aller simple (ou aller et retour) pour (le Havre), s'il vous plaît."

26. Non, je ne comprends pas bien le français.

27. Je dis: "Parlez plus lentement, s'il vous plaît, je ne comprends pas très bien."

28. Les plus grandes rues de New-York sont Broadway, la Cinquième Avenue et Park Avenue.

29. Il y a des personnes sur les trottoirs et des voitures et des autobus sur la chaussée.

30. Les plus grands magasins de New-York sont Saks, Macy, Gimbel, etc.

31. Je dis: "Indiquez-moi le rayon des parapluies (des vêtements d'hommes, des chaussures, des jouets, etc.), s'il vous plaît."

ANSWERS TO THE QUESTIONS OF LESSON 36 ON PAGE 208

1. M. Aubert propose à M. Bertin d'aller à Paris.

2. Non, M. Bertin n'a jamais été à Paris.

3. Ils sont sur le Continent.

4. Oui, c'est un plaisir.

5. Oui, c'est un plaisir.

6. Non, ce n'est pas un plaisir.

7. Oui, M. Bertin accepte la proposition de M. Aubert.

8. Par les mots: "Avec beaucoup de plaisir."

9. Oui, il a une très bonne idée.

10. Oui, elle me plaît.

11. Non, Londres me plaît moins que Paris. (Oui, Londres me plaît autant que Paris.)

12. Non, Paris me plaît moins que Rome. (Oui, Paris me plaît plus que Rome.)

13. Oui, j'aime mieux Paris que New-York. (Non, j'aime autant New-York que Paris.)

14. Ils iront d'abord à Paris.

15. Ensuite, ils iront à Londres.

16. Ils resteront une semaine à Paris.

17. Non, ils ne pourront pas aller en Angleterre en chemin de fer.

18. Oui, l'Angleterre est entourée d'eau.

19. Non, nous ne pouvons pas aller en Australie en chemin de fer.

20. Pour aller en Angleterre, il faut prendre le bateau ou l'avion.

21. Oui, c'est un plaisir.

22. Non, par un mauvais temps, ce n'est pas un plaisir.

23. Non, elle n'est pas longue.

24. Oui, M. Bertin aime mieux la route Calais-Douvres.

25. Non, il est désagréable de faire la traversée quand la mer est mauvaise.

26. Je les vois dans l'indicateur de chemin de fer.

27. Je préfère voyager par les trains qui vont vite.

28. Ils s'appellent des express ou des rapides.

29. Ils partiront à sept heures quarante-huit du matin.

30. Ils arriveront à midi quarante-neuf.

31. Avant de visiter Paris, ils déjeuneront.

32. Il viendra à sept heures.

33. Il ira le chercher pour aller à la gare.

34. Non, il n'y reste pas longtemps.

35. Parce qu'il a encore beaucoup à faire.

ANSWERS TO THE QUESTIONS OF LESSON 37 ON PAGE 216

1. Il se prépare à partir en voyage.

2. Oui, j'ai beaucoup de préparatifs à faire.

3. Il a fait ses préparatifs: il a mis ses vêtements dans sa malle et dans ses valises, puis il s'est couché et s'est endormi.

4. Oui, j'en emporte.

5. Je les mets dans mes malles et dans mes valises.

6. Oui, les dames voyagent avec beaucoup de bagages.

7. Oui, il les fera le soir même.

8. Oui, il sera prêt.

9. Il met son linge dans une malle.

10. Il se couche et il s'endort.

11. Oui, il dort bien, mais il se réveille de très bonne heure.

12. Il a pris du café.

13. Il l'a pris à cinq heures et demie.

14. Parce qu'il n'a pas bien dormi.

15. Non, il a passé une nuit désagréable.

16. Elles sont à la gare.

17. Oui, ils sont prêts.

18. Il va chercher un taxi.

19. Il fait un paquet de quelques objets qu'il n'a pas pu mettre dans ses malles.

20. Elle est devant la porte.

21. Le garçon descend les bagages et met la malle sur la voiture et les valises à l'intérieur.

22. Il lui dit de descendre les bagages.

23. Il les met à l'intérieur de la voiture.

24. Ils auront à payer cent quatre-vingts francs.

25. Ils lui donnent deux cents francs.

26. Généralement, nous n'en donnons pas.

27. Un porteur porte les malles à la consigne.

28. M. Aubert prend les billets.

29. Il les prend au guichet.

30. Il lui dit: "Deux premières pour Paris."

31. On attend le train.

32. Ils montent dans le train à sept heures et demie.

33. Parce que les portes sont ouvertes et qu'ils peuvent monter dans le train pour chercher de bonnes places.

ANSWERS TO THE QUESTIONS OF LESSON 38 ON PAGE 226

1. Ils voient la banlieue.

2. Avant de descendre, ils préparent leurs valises.

3. Ils vont faire visiter leurs bagages.

4. Il leur demande s'ils ont quelque chose à déclarer.

5. Non, ils n'ont rien à déclarer.

6. Ils les font porter par un porteur.

7. Ils parlent de la rue La Fayette.

8. Non, ils y sont restés peu de temps.

9. Ils s'adressent à l'employé et lui demandent une chambre à deux lits.

10. Ils désirent la voir.

11. Ils y montent par l'ascenseur.

12. Non, ils ne l'aiment pas.

13. Elle est située sur une cour intérieure.

14. Le déjeuner est de midi à deux heures et le dîner à partir de six heures et demie.

15. Ils se rendent à la salle à manger de l'hôtel.

16. Ils le lisent sur le menu.

17. Ils mangent une omelette et deux biftecks; ils boivent une demi-bouteille de vin et une bouteille d'eau minérale; et comme dessert, ils mangent des prunes.

18. Ils lui demandent deux cafés, et l'addition.

19. Ensuite, ils règlent l'addition et ils partent.

20. Ils vont visiter la ville.

21. Parce qu'il a déjà visité Paris.

ANSWERS TO THE QUESTIONS OF LESSON 39 ON PAGE 233

1. Ils sortent.

2. Ils la commencent boulevard des Capucines.

3. Il fait beau.

4. Sur les trottoirs, il voient des personnes; et sur la chaussée, ils voient des automobiles et des autobus.

5. Ils s'arrêtent d'abord devant la vitrine d'un chapelier.

6. Il demande à M. Bertin ce qu'il pense de l'étoffe dans la vitrine.

7. Il ne l'aime pas parce qu'elle est trop claire.

8. C'est la devanture de la modiste.

9. Ils voient une belle bague ornée d'un diamant magnifique.

10. Il parle d'acheter une paire de gants.

11. Parce que ses gants sont déchirés.

12. Ils sont en mauvais état.

13. Ils sont vieux.

14. Il est en bon état.

15. Il est en bon état.

16. Non, j'achète des vêtements neufs.

17. Non, le magasin vend des gants neufs.

18. Il parle au vendeur.

19. Il veut acheter des gants de chevreau.

20. Ils sont de qualités différentes.

21. Il prend la paire à 125 francs.

22. Avant d'acheter une chose, on l'examine et on demande le prix.

23. Ils sortent dans la rue.

24. Non, ils ne la prolongent pas.

25. Parce qu'il est presque six heures.

26. Ils retournent à l'hôtel.

27. J'achète mes vêtements dans les grands magasins. (J'achète mes vêtements chez un tailleur.)

28. Oui, ils sont plus élevés.

ANSWERS TO THE QUESTIONS OF LESSON 40 ON PAGE 240

1. Ils la commencent à la place de la Concorde.

2. Autrefois, dans le jardin des Tuileries, il y avait le palais des Tuileries.

3. Il vivait au Palais-Royal.

4. Oui, autrefois le Louvre était la résidence des rois de France.

5. Dans l'île de la Cité, ils voient Notre-Dame.

6. Oui, je l'ai lu. (Non, je ne l'ai pas lu).

7. Oui, il l'a lu.

8. Il vivait à Fontainebleau.

9. Ils en descendent à la Tour Eiffel.

10. Oui, ils y monteront.

11. Oui, ils pourront voir très loin.

12. Oui, il y en a un.

13. Non, il ne le savait pas.

14. Non, il n'y a jamais été.

15. M. Aubert connaît mieux Paris.

ANSWERS TO THE QUESTIONS OF LESSON 41 ON PAGE 247

1. Oui, il l'invite à dîner chez lui.

2. Non, il ne la connaît pas.

3. Oui, il voudrait faire sa connaissance.

4. Oui, elle pensait que son mari serait en retard.

5. Elle dit: "Je suis enchantée, monsieur. François m'a tant parlé de vous!"

6. Elles s'appellent Lisette et Jacqueline.

7. Oui, il voudrait faire sa connaissance.

8. Charles a deux sœurs.

9. Il est chez ses grands-parents, à Aix-les-Bains en Savoie.

10. Les grands-parents de Charles habitent Aix-les-Bains.

11. Parce qu'il a habité longtemps Aix-les-Bains.

12. Oui, tout le monde se connaît dans un petit village.

13. Non, tout le monde ne se connaît pas dans une grande ville.

14. Oui, les enfants de mon oncle sont mes cousins.

15. Oui, j'ai des neveux et des nièces.

16. Oui, ils vivent encore. (Non, ils sont morts.)

17. Oui, je suis marié. (Non, je ne suis pas marié.)

18. Oui, j'habite chez mes beaux-parents. (Non, je n'y habite pas.)

GLOSSARY

A

a (avoir) has
à at, to
abeille f. bee
absent, (-e) absent
accent m. accent, stress
accepter to accept
accompagner to accompany
achat m. purchase
acheter to buy
acier m. steel
addition f. addition, check
admiration f. admiration
admirer to admire
adresse f. address, skill
(s') adresser to apply
adulte grown up
affaires f.pl. business, things
âge m. age
âgé, (-e) old
agent m. agent, policeman
agneau m. lamb
agréable pleasant

agrandir to enlarge
ai (avoir) (I) have
aigle m. eagle
aile f. wing
aimable kind, amiable
aimer to like, to love
aîné, (-e) elder, eldest
air m. air, look, tune
Allemagne f. Germany
allemand, (-e) German
aller to go
aller et retour m. round trip
allumer to light
allumette f. match
alors then
alphabet m. alphabet
amener to bring
américain, (-e) American
Amérique f. America
ami, (-e) friend
amphibie amphibian, amphibious
(s') amuser to amuse oneself

an *m.* year
ancien, (-ne) old
anglais, (-e) English
Angleterre *f.* England
animal *m.* animal
animaux *m.pl.* animals
année *f.* year
août *m.* August
apercevoir to notice
(s') apercevoir to be aware
appartenir to belong
apporter to bring
apprendre to learn, to teach
appris, (-e) learned
(s') approcher to draw near
après after
après-demain day after to-morrow
après-midi *m.* afternoon
araignée *f.* spider
arbre *m.* tree
argent *m.* silver, money
armée *f.* army
arrêt *m.* stop
arrêter to stop
arrivée *f.* arrival
arriver to arrive
article *m.* article
ascenseur *m.* elevator
asiatique Asiatic
Asie *f.* Asia
asperge *f.* asparagus
(s') asseoir to sit down
assez enough
assiette *f.* plate
assis, (-e) seated
assortiment *m.* assortment
attendre to wait for, to expect
attendu, (-e) waited, expected
attente *f.* waiting, expectation
attention *f.* attention, care
attention! look out!
attraper to catch
au at the, to the
au contraire on the contrary
aujourd'hui today
aura (avoir) (he) will have
aurai (avoir) (I) shall have
au revoir good bye
aurez (avoir) (you) will have
aurons (avoir) (we) shall have
auront (avoir) (they) will have
aussi also too

aussi ... que as ... as ...
Australie *f.* Australia
australien (-ne) Australian
autant as much, as many
auto *f.* auto
autobus *m.* bus
automne *m.* fall
automobile *f.* automobile
autre other
autrefois formerly
autrement otherwise
avance *f.* advance
(à l') avance beforehand
(en) avance ahead of time
avancer to advance, to be fast
avant before
avant-hier day before yesterday
avec with
avenue *f.* avenue
avion *m.* airplane
avoir to have
avoir besoin de to need
avoir envie de to want
avoir faim to be hungry
avoir l'air to seem
avoir raison to be right
avoir soif to be thirsty
avoir sommeil to be sleepy
avoir tort to be wrong
avril *m.* April

B

bagages *m.* luggage
bague *f.* ring
bain *m.* bath
banlieue *f.* outskirts, suburbs
banque *f.* bank
bas (-se) low
bas *m.* stocking
bateau *m.* boat, ship
beau (belle) beautiful, fair, handsome
beaucoup much, many
beau-père *m.* father-in-law, step father
beauté *f.* beauty
bébé *m.* baby
bec *m.* beak
belle-mère *f.* mother-in-law

besoin *m.*   need
beurre *m.*   butter
bien   well
bientôt   soon
bière *f.*   beer
bifteck *m.*   steak
bijou *m.*   jewel
bijouterie *f.*   jewelry
bijoutier *m.*   jeweller
billet *m.*   ticket, note, bill
blanc, (-he)   white
blessure *f.*   wound
bleu, (-e)   blue
boire   to drink
bois *m.*   wood
boisson *f.*   drink
boîte *f.*   box
bon, (-ne)   good
bonjour   good day
bon marché   cheap
bonsoir   good night, goodby
bouche *f.*   mouth
boucher *m.*   butcher
boucherie *f.*   butcher's shop
boulevard *m.*   boulevard
bouteille *f.*   bottle
bras *m.*   arm
bronze *m.*   bronze
brosse *f.*   brush
bruit *m.*   noise
brûler   to burn
brun, (-e)   brown
bulletin *m.*   bulletin, baggage-check
bureau *m.*   desk, office

C

c'   he, she, it
ça (cela)   that
café *m.*   coffee, cafe
caisse *f.*   case, cash-box
caissier, (caissière)   cashier
calendrier *m.*   calendar
campagne *f.*   country
Canada *m.*   Canada
canadien, (-ne)   Canadian
canard *m.*   duck
capitale *f.*   capital
cardinal *m.*   cardinal
carte *f.*   card, menu

cas *m.*   case, circumstance
casser   to break
ce   it, they
ce, cet, cette   this, that
cela   that
celle *f.*   the one, she, it
celle-ci *f.*   this one
celle-là *f.*   that one
celui *m.*   the one, he, it
celui-ci *m.*   this one
celui-là *m.*   that one
cent   hundred
centre *m.*   center
ce que, ce qui   what
cerveau *m.*   brain, mind
ces   these, those
ceux   the ones, they
ceux-ci   these
ceux-là   those
chaise *f.*   chair
chaleur *f.*   warmth, heat
chambre *f.*   room, bed-room
chance *f.*   luck
changer   to change
chanter   to sing
chapeau *m.*   hat
chapelier *m.*   hatter
chaque   each, every
charbon *m.*   coal
charmant, (-e)   charming
chasse *f.*   hunt, chase
chasser   to hunt, to drive away, to
   dismiss
chat *m.*   cat
château *m.*   castle
chaud, (-e)   warm, hot
chauffage *m.*   heating
chauffer   to heat
chauffeur *m.*   chauffeur
chaussée *f.*   street, roadway
(se) chausser   to put on one's shoes
chemin *m.*   way, road
chemin de fer *m.*   railway
cheminée *f.*   chimney, mantelpiece
chemise *f.*   shirt
cher, chère   dear, expensive
chercher   to look for, to seek
cheval *m.*   horse
chevaux *m.pl.*   horses
cheveu *m.*   a hair
cheveux *m.pl.*   hai

chèvre f. she-goat
chevreau m. kid
chez at or to the home of
chien m. dog
chiffre m. figure, digit
Chine f. China
chinois, (-e) Chinese
chose f. thing
chou m. cabbage
ciel m. sky, heaven
cigarette f. cigarette
cinéma m. movies
cinq five
cinquante fifty
cinquième fifth
circulation f. traffic
circuler to spread, to circulate
cité f. city
citer to quote, to cite
citoyen, (-ne) citizen
citronnade f. lemonade
clair, (-e) clear, bright, light
classe f. class
clé f. key
climat m. climate
coeur m. heart
coin m. corner
col m. collar
colère f. anger
(en) colère angry
colis m. parcel
combien de how much, how many
comédie f. comedy
comme like, as
commencement m. beginning
commencer to begin
commun, (-e) common, mutual,
vulgar
communiquer communicate
complet m. suit
complet, (complète) complete
compliment m. compliment, re-
gard(s)
composer to compose
comprendre to understand, to in-
clude
compris, (-e) understood, included
compter to count, to reckon
concert m. concert
conduire to lead, to drive
(se) conduire to behave

connaissance f. knowledge, acquaintance
connaître to know
connu, (-e) known
consonne f. consonant
constamment constantly
continent m. continent
continuer to continue
contraire contrary
contre against
convenir to agree, to suit
convenu, (-e) agreed
conversation f. conversation
coq m. rooster
corps m. body
corridor m. corridor
corriger to correct
côté m. side
(à) côté (de) next (to), beside
côtelette f. chop, cutlet
cou m. neck
(se) coucher to go to bed, to lie
down
couleur f. color
couper to cut
cour m. court, yard
courage m. courage
courageux, (courageuse) courage-
ous
courir to run
courrier m. mail
course f. race, errand, trip
court, (-e) short
couteau m. knife
coûter to cost
couturier, (couturière) dressmaker
couvert, (-e) covered
couvrir to cover
craie f. chalk
crayon m. pencil
croire to believe, to think
cru, (-e) believed, thought
cuillère f. spoon
cuir m. leather
cuire to cook
cuit, (-e) cooked

D

d' of, from
dame f. lady

danger *m.* danger

dangereux, (dangereuse) dangerous

dans in, into

danser to dance

date *f.* date

de of, from

de bonne heure early

décembre *m.* December

déchirer to tear

déclaration *f.* declaration

déclarer to declare

découvert, (-e) discovered, found out

découvrir to discover, to find out

dedans inside, within

défaire to undo

dehors outside

déjeuner *m.* lunch

déjeuner to lunch, to breakfast

délicieux, (delicieuse) delightful, delicious

demain to-morrow

demander to ask, to request

demi, (-e) half

demi-heure *f.* half an hour

demoiselle *f.* young lady

de nouveau again

départ *m.* departure

(se) dépêcher to hurry

déposer to set down, to deposit

depuis since, from

dernier, (dernière) last

derrière behind

des *pl.* of the, from the, some

désagréable unpleasant

descendre to go down, to bring down, to descend

désirer to wish

dessert *m.* dessert

destination *f.* destination

deux two

deuxième second

devant before, in front of

devanture *f.* show-window

développer to expand, to develop

devoir to owe, to be obliged, (must)

différence *f.* difference

différent, (-e) different, unlike

difficile difficult

digérer to digest

digestion *f.* digestion

dimanche *m.* Sunday

dimension *f.* dimension

dîner *m.* dinner

dîner to dine

dire to say, to tell

distance *f.* distance

dit, (-e) said, told

(vous) dites (you) say, tell

dix ten

dixième tenth

doigt *m.* finger

domestique *m. or f.* domestic, servant

dommage *m.* pity, shame, damage

donner to give

dont whose, of whom, of which

dormir to sleep

douane *f.* customs

douanier *m.* customs official

douleur *f.* pain, ache

Douvres Dover

douze twelve

droit, (-e) right, straight

(à) droite to the right

du of the, from the, some

dur, (-e) hard

durer to last

E

eau *f.* water

écaille *f.* scale (of fish)

école *f.* school

écrire to write

écrit, (-e) written

écriture *f.* hand-writing

édifice *m.* building

édition *f.* edition, publication

effet *m.* result

effets *m.pl.* clothes, personal effects

égal, (-e) equal, same

égarer to lose

(s') égarer to lose one's way

église *f.* church

eh bien! well!

électricité *f.* electricity

électrique electric

élément *m.* element

éléphant *m.* elephant

élève *m. or f.* student, pupil

élever to lift, to raise
elle *f.* she, her, it
elles *f.pl.* they, them
emballer to pack up
embrasser to kiss, to embrace
émotion *f.* emotion
empaqueter to pack up
empêcher to prevent
empereur *m.* emperor
employé *m.* clerk, employee
emporter to carry away
ému, (-e) moved (emotionally)
en *prep.* in, into
en of it, of him, of her, of them,
  from there
en avance ahead of time
enchanté, (-e) delighted
en colère angry
encore still, again, more, yet
(s') endormir to go to sleep
endroit *m.* place
en effet indeed
enfant *m.* child
enfin at last
enregistrer to register
en retard late
ensemble together
enseigner to teach
ensuite thereafter, then
entendre to hear, to understand
entendu, (-e) heard, agreed
entourer to surround
entr'acte *m.* intermission
entre between
entrer to enter, to go in
enveloppe *f.* envelope
envelopper to wrap up
envie *f.* fancy, desire
envoyer to send
épaule *f.* shoulder
épicerie *f.* grocery
épicier grocer
éprouver to feel, to test
Espagne *f.* Spain
espagnol, (-e) Spanish, Spaniard
est (être) is
est *m.* east
estomac *m.* stomach
et and
étage *m.* floor (above ground)
était (être) was
étalage *m.* window-display

état *m.* state, condition
États-Unis *m.pl.* United States
été *m.* summer
été been
éteindre to put out
êtes (être) (you) are
étoffe *f.* cloth, fabric, material
étoile *f.* star
être to be
étroit, (-e) narrow
Europe *f.* Europe
européen, (-ne) European
eux them
exact, (-e) correct
excellent, (-e) excellent
excepté except
exercice *m.* exercise, drill
express *m.* express train
expression *f.* expression

F

fâché, (-e) angry, annoyed
(se) fâcher to get angry
facile easy
faim *f.* hunger
(avoir) faim to be hungry
faire to do, to make
fait, (-e) done, made
faites (faire) (you) do, make
famille *f.* family
(il) faut it is necessary
fauteuil *m.* arm-chair
félicitation *f.* congratulation
femme *f.* woman, wife
fenêtre *f.* window
fermer to shut, to close
feu *m.* fire
feuille *f.* sheet, leaf
février *m.* February
fiancé, (-e) betrothed
film *m.* film, movie
fille *f.* daughter, girl
(jeune) fille girl, young lady
fillette *f.* little girl
fin *f.* end
fin, (-e) thin, fine, subtle
finir to finish, to end
fleur *f.* flower
fleuriste *m.* or *f.* florist
fois *f.* time, occasion

(une) fois   once
(deux) fois   twice
(trois) fois   three times
font (faire)   (they) do, make
forêt *f.*   forest
forme *f.*   form, shape
fort, (-e)   strong
foule *f.*   crowd
fourrure *f.*   fur
fraise *f.*   strawberry
français, (-e)   French
France *f.*   France
frapper   to hit, to knock
frère *m.*   brother
froid, (-e)   cold
fruit *m.*   fruit
fumer   to smoke
futur *m.*   future

G

gant *m.*   glove
garçon *m.*   boy, waiter
garder   to keep, to guard
gare *f.*   station
gauche   left
(à) gauche   to the left
gaz *m.*   gas
général *m.*   general
général, (-e)   general
généralement   usually, generally
genou *m.*   knee
gentil, (-le)   pleasant, kind
glace *f.*   ice, mirror, ice-cream
goût *m.*   taste, flavor
goûter   to taste
grand, (-e)   large, big, tall
grand'mère *f.*   grandmother
grand-père *m.*   grandfather
grenouille *f.*   frog
gris, (-e)   grey
guerre *f.*   war
guichet *m.*   ticket window
guide *m.*   guide
guider   to lead, to guide
guillotine *f.*   guillotine

H

(s') habiller   to dress oneself
hamac *m.*   hammock

haricot *m.*   bean
haut, (-e)   high
hélas!   alas!
heure *f.*   hour, time
heureux, (heureuse)   happy, glad
hibou *m.*   owl
hier   yesterday
histoire *f.*   history, story
historique   historical
hiver *m.*   winter
hôtel *m.*   hotel
huit   eight
huitième   eighth

I

ici   here
idée *f.*   idea
il *m.*   he, it
île *f.*   island
ils *m.pl.*   they
il y a   there is, there are, ago
image *f.*   picture
indicateur *m.*   time-table
indiquer   to point out
inférieur, (-e)   inferior, lower
intéressant, (-e)   interesting
intérêt *m.*   interest
intérieur (-e)   interior
insecte *m.*   insect
inutile   useless
invitation *f.*   invitation
inviter   to invite

J

j'   I
jamais   never, ever
jambe *f.*   leg
jambon *m.*   ham
janvier *m.*   January
Japon *m.*   Japan
japonais, (-e)   Japanese
jardin *m.*   garden
jaune   yellow
je   I
jeudi *m.*   Thursday
jeune   young
joli, (-e)   pretty
jouer   to play
jour *m.*   day

journal *m.* newspaper
juillet *m.* July
juin *m.* June
jus *m.* juice
juste right, just, exact

K

kilomètre *m.* kilometer

L

l' the, him, her, it
la *f.* the, her, it
là there
laid, (-e) ugly
laideur *f.* ugliness
lait *m.* milk
lampe *m.* lamp
langue *f.* tongue, language
large broad, wide
latin, (-e) latin
laver to wash
le *m.* the, him, it
leçon *f.* lesson
légume *m.* vegetable
lendemain *m.* next day
lent, (-e) slow
lentement slowly
les *pl.* the, them
lettre *f.* letter
leur them, to them
leur, leurs their
(se) lever to get up, to rise
liaison *f.* connection
librairie *f.* book-shop
limonade *f.* lemon soda
linge *m.* linen
lion *m.* lion
lire to read
lit *m.* bed
livre *m.* book
livre *f.* pound
loin far
Londres London
long, (-ue) long
longtemps a long time
lorsque when
loup *m.* wolf

lu, (-e) read
lui to him, to her
lumière *f.* light
lundi *m.* Monday
lune *f.* moon
lunettes *f.pl.* glasses
Lyon Lyons

M

m' me, to me
ma my
madame *f.* Madam, Mrs.
mademoiselle *f.* Miss
magasin *m.* store
magnifique magnificent
mai *m.* May
main *f.* hand
maintenant now
mais but
maison *f.* house, home
(à la) maison at home
mal badly
mal *m.* evil, sickness, pain
(du) mal harm, trouble
malade sick, ill
malheureux, (malheureuse) un-
  happy, unfortunate
malle *f.* trunk
manche *f.* sleeve
(La) Manche the English Channel
manchette *f.* cuff
manger to eat
manteau *m.* overcoat
marbre *m.* marble
marché *m.* market, bargain, deal
marcher to walk
mardi *m.* Tuesday
marguerite *f.* aster, daisy
mari *m.* husband
mariage *m.* marriage, wedding
marquer to mark, to register
mars *m.* March
Marseille Marseilles
matin *m.* morning
matinée *f.* morning, matinee
mauvais, (-e) bad, wicked
me me, to me
médecin *m.* physician, doctor
médicament *m.* medicine
meilleur, (-e) better

(le) meilleur best
meilleur marché cheaper
même even
même same
mémoire *f.* memory
mensonge *m.* lie
mer *f.* sea
merci thank you
mercredi *m.* Wednesday
mère *f.* mother
mes *pl.* my
mesdames *f.pl.* ladies (a form of address)
mesdemoiselles *f.pl.* misses (a form of address)
messieurs *m.pl.* gentlemen, Messrs.
mettre to put, to put on
midi *m.* noon
(le) Midi Southern France
miel *m.* honey
mieux *adv.* better
(le) mieux the best, the better
mignon, (-ne) delicately charming, darling
mille thousand
minéral, (-e) mineral
minéraux *pl.* minerals
minuit *m.* midnight
minute *f.* minute
mis, (-e) put, laid
modiste *f.* milliner
moi me, I
moindre less, smaller
(le) moindre the least
moineau *m.* sparrow
moins less, fewer
(le) moins least
mois *m.* month
molle soft
mon my
monde *m.* world
monnaie *f.* change, money
monsieur *m.* gentleman, Sir, Mr.
monter to go up, to climb
monument *m.* monument
morceau *m.* bit, piece
mordre to bite
mordu, (-e) bitten
Moscou Moscow
mot *m.* word
mou, (molle) soft
mouche *f.* fly

mouchoir *m.* handkerchief
mouillé, (-e) wet
(se) mouiller to get wet
moustique *m.* mosquito
mouton *m.* sheep, mutton
mouvement *m.* movement
mouvementé, (-e) animated, bustling
mur *m.* wall
musique *f.* music

N

nager to swim
nageoire *f.* fin
ne ... pas not
neige *f.* snow
neiger to snow
neuf nine
neuf, (neuve) new
neuvième ninth
neveu *m.* nephew
nez *m.* nose
ni ... ni neither ... nor
nickel *m.* nickel
nièce *f.* niece
noir, (-e) black
nom *m.* name
nombre *m.* number
non no
nord *m.* north
nos *pl.* our
notre our
nourriture *f.* food
nous we, us, to us
nouveau, (nouvelle) new
(les) nouvelles the news
nuage *m.* cloud
nuisible harmful
nuit *f.* night

O

objet *m.* object, thing
obliger to bind, to oblige
obscurité *f.* darkness
octobre *m.* October
odeur *f.* odor, smell
odorat *m.* sense of smell
oeil *m.* eye

oignon *m.* onion
oiseau *m.* bird
omelette *f.* omelet
on one, they, people
oncle *m.* uncle
ont (avoir) (they) have
onze eleven
opposer to oppose
or *m.* gold
oreille *f.* ear
organe *m.* organ
ou or
ou ... ou either ... or
où where
oublier to forget
ouest *m.* west
oui yes
ouïe *f.* sense of hearing
ôter to remove, take off
ouvert, (-e) open
ouvrir to open

P

page *f.* page
pain *m.* bread
paire *f.* pair
palais *m.* palace
pantalon *m.* trousers
pantoufle *f.* slipper
paon *m.* peacock
papier *m.* paper
paquet *m.* package
par by, through, via
parapluie *m.* umbrella
parce que because
pardon *m.* pardon
parfait, (-e) perfect
parfaitement perfectly, certainly
parler to speak, to talk
parmi among
parole *f.* word
partie *f.* part
partir to depart, to leave
pas *m.* step, pace
(ne) ... pas not
pas du tout not at all
passé, (-e) past
passer to pass
patte *f.* paw, foot, leg
payer to pay

pays *m.* country
pêche *f.* peach
peigne *m.* comb
(se) peigner to comb one's hair
peindre to paint
peintre *m.* painter
pendant during, while
pendule *f.* clock
pensée *f.* thought
penser to think, to believe
percevoir to perceive
perdre to loose
perdu, (-e) lost
père *m.* father
personne nobody
personne *f.* person
peser to weigh
petit, (-e) little, small
petits pois *m.* green peas
peu few, little
(un) peu a little bit
peur *f.* fear
pharmacie *f.* pharmacy
pharmacien *m.* druggist
phrase *f.* sentence
pied *m.* foot
piquer to sting, to bite
pire worse *(adj.)*
(le) pire worst
pis worse *(adv.)*
(le) pis the worst
place *f.* place, seat, square
plafond *m.* ceiling
plage *f.* beach
plaire to please
plaisanter to joke
plaisir *m.* delight, pleasure
plancher *m.* floor
plante *f.* plant
plat, (-e) flat
plat *m.* dish
pleurer to weep
(il) pleut it is raining
pleuvoir to rain
pluie *f.* rain
plume *f.* pen, feather
plus more
(le) plus the most, the more
plusieurs several
plutôt rather
poche *f.* pocket
poids *m.* weight

poil *m.* hair
point *m.* point, period
pointure *f.* size (of shoes, gloves)
poire *f.* pear
pois *m.* pea
poisson *m.* fish
poitrine *f.* chest
pôle *m.* pole
poli, (-e) polite, polished
police *f.* police
pomme *f.* apple
pomme de terre *f.* potato
pont *m.* bridge
porte *f.* door
porte-monnaie *m.* purse
porter to carry, to wear
porteur *m.* porter
poser to put, to set down
position *f.* position
possible possible
poste *f.* post-office
poule *f.* hen
poulet *m.* chicken
poumon *m.* lung
pour for, in order to
pourboire *m.* tip
pourquoi why
pourtant however
pouvoir can, may, to be able
précis, (-e) precise, accurate
premier, (première) first
premier étage *m.* second floor
prendre to take
préparatif *m.* preparation
préparer to prepare
(se) préparer to get oneself ready
près de near, close to
présent *m.* present
présenter to introduce, to present
presque almost, nearly
prêt, (-e) ready
prier to pray, to beg
printemps *m.* spring
pris, (-e) taken, occupied
prix *m.* price
prochain, (-e) next
produire to produce
professeur *m.* professor
progrès *m.* progress
promenade *f.* walk, drive, ride
(se) promener to go for a walk or ride

prononciation *f.* pronunciation
prononcer to pronounce
proposer to propose
pu (pouvoir) been able
puis then, thereafter

Q

quadrupède *m.* quadruped
qualité *f.* quality
quand when
quarante forty
quart *m.* quarter
quart d'heure *m.* quarter-hour
quatorze fourteen
quatre four
quatrième fourth
que whom, which, that
quel, (-le) what, which
quelque some, any
quelque chose something, anything
quelquefois sometimes
quelqu'un somebody, anybody
question *f.* question
qui who, which, that
quinze fifteen
quitter to leave, to remove
quoi what

R

raconter to tell
radiateur *m.* radiator
radio *f.* radio
rafraîchissements *m.pl.* refreshments
rafraîchir to refresh, to cool
raisin *m.* grape
rallumer to relight
ramper to crawl
rayon *m.* department, counter
recevoir to receive
réciter to recite
reçu, (-e) received
regarder to look at
régler to regulate, to settle
remonter to wind up
rencontrer to meet
rentrer to return
répandre to spill, to spread
repas *m.* meal

répondre to answer, to reply
répondu answered, replied
réponse f. answer
repos m. rest
(se) reposer to rest oneself
représentation f. show
reptile m. reptile
répulsion f. disgust
résidence f. residence
respiration f. breathing
respirer to breathe
restaurant m. restaurant
rester to stay, to remain
retard m. delay
(en) retard late
retarder to delay, to be slow
retenir to hold back
retourner to return, to go back
réveil m. waking, alarm-clock
(se) réveiller to wake up
revenir to come back, return
révolution f. revolution
rez-de-chaussée m. ground floor
rhume m. a cold
riche rich
rien nothing
rire to laugh
rive f. bank, shore
robe f. gown, dress
roi m. king
roman m. novel
rompre to break
rompu, (-e) broken
rosbif m. roast beef
rose f. rose
rouge red
royal, (-e) royal
rue f. street
russe Russian
Russie f. Russia

S

s' himself, herself, itself, them-
    selves, oneself
sa his, her, its
saison f. season
sale dirty
salle f. room, hall
salle à manger f. dining-room
salle d'attente f. waiting-room

samedi m. Saturday
sans without
santé f. health
sauter to jump
sauvage wild
savoir to know
se himself, herself, itself, them-
    selves, oneself
sec, (sèche) dry
seconde f. second
seize sixteen
séjour m. sojourn, stay
semaine f. week
semblable similar, same
sens m. sense, meaning, direction
sensation f. sensation
sentiment m. feeling, sentiment
sentir to feel, to smell
sept seven
septembre m. September
septième seventh
sera (être) (he) will be
serpent m. snake
servir to serve, to wait on, to be
    used
ses pl. his, her, its
seul, (-e) alone, only
si if, whether
si yes
siècle m. century
singe m. monkey, ape
six six
sixième sixth
soeur f. sister
sofa m. sofa
soie f. silk
soif f. thirst
(avoir) soif to be thirsty
soir m. evening
soirée f. evening, soiree
soixante sixty
soleil m. sun
soldat m. soldier
solide strong, solid
sombre dark
sommeil m. sleep
(avoir) sommeil to be sleepy
sommes (être) (we) are
son his, her, its
son m. sound
sortir to go out
soulier m. shoe

soupe *f.* soup
souper *m.* supper
souper to have supper
souple supple, flexible
sourire *m.* smile
sourire to smile
sous under
sous-vêtement undergarment
souvent often
statue *f.* statue
su, (-e) known
sucre *m.* sugar
sucré, (-e) sweet, sugared
sucrier *m.* sugar-bowl
sud *m.* south
suis (être) (I) am
suis (suivre) (I) follow
suivre to follow
supérieur, (-e) superior, upper
sûr, (-e) certain, sure, safe
sur on, onto, above, over
surtout above all
surprise *f.* surprise

T

table *f.* table
tableau *m.* picture
tableau noir *m.* blackboard
tailleur *m.* tailor
tant so much, so many
tante *f.* aunt
tard late
tasse *f.* cup
taxi *m.* taxi
taximètre *m.* (taxi)meter
téléphone *m.* telephone
téléphoner to phone
temps *m.* weather, time
tenir to hold
thé *m.* tea
théâtre *m.* theater
tigre *m.* tiger
tirer to pull, to draw
toilette *f.* dress, toilet
tombeau *m.* tomb
tomber to fall
tôt early
toucher to touch
toucher *m.* sense of touch
toujours always, ever, still

tour *m.* turn, walk, revolution
tour *f.* tower
tout, (-e) all, every, whole
train *m.* train
trajet *m.* distance, way, course
travailler to work
traversée *f.* crossing
traverser to cross
trente thirty
treize thirteen
treizième thirteenth
très very
triste sad
trois three
troisième third
trottoir *m.* sidewalk
trouver to find
TSF *f.* wireless, radio set
tulipe *f.* tulip

U

un, une a, one
usage *m.* use, custom
usé, (-e) worn out
user to wear out
utile useful
utilité *f.* usefulness, utility

V

vache *f.* cow
valise *f.* suitcase, bag
valoir to be worth
(il) vaut it is worth
vendeur, (vendeuse) salesman, seller
vendre to sell
vendredi *m.* Friday
vendu, (-e) sold
venir to come
vente *f.* sale
venu, (-e) come
ver *m.* worm
ver à soie *m.* silk-worm
verre *m.* glass
vert, (-e) green
veston *m.* coat (suit)
vêtement *m.* garment
veuillez (vouloir) will you kindly

viande *f.* meat
victoire *f.* victory
ville *f.* town, city
villégiature *f.* resort, country rest
vin *m.* wine
vingt twenty
violette *f.* violet
visible visible
visite *f.* visit, call, inspection
visiter to visit, to search
vite quick, quickly
vitrine *f.* shop-window
vivre to live
voici here is, here are
voilà there is, there are
voir to see
voiture *f.* car, vehicle
voix *f.* voice
voler to steal, to fly
vouloir to want, to wish
voulu, (-e) wanted, wished
vous you, to you
voyage *m.* travel, trip, journey
voyelle *f.* vowel
voyons! let us see

vrai, (-e) true, genuine
vraiment truly, really
vu, (-e) seen
vue *f.* sight, view

W

wagon *m.* railway carriage
wagon-lit *m.* sleeping-car
wagon-restaurant *m.* dining-car
wagon-salon *m.* parlor-car

Y

y there, to there, to it, in it, on it,
   etc.
yeux *m.pl.* eyes

Z

zéro *m.* zero
zut! hang it!, shucks!